Schirner Verlag

Marjeta Gurtner

DEIN
ERFOLG
IST
ganz
oder gar nicht

Durch ganzheitliches
MENTALTRAINING
zum Erfolg auf allen Ebenen

Schirner
Verlag

ISBN 978-3-8434-1307-7

Marjeta Gurtner:
Dein Erfolg ist ganz oder gar nicht
Durch ganzheitliches Mentaltraining
zum Erfolg auf allen Ebenen
© 2017 Schirner Verlag,
Darmstadt

Umschlag: Murat Karaçay, Schirner,
unter Verwendung von # 231295171
(© AnnPainter),
www.shutterstock.com
Layout: Simone Fleck, Schirner
Lektorat: Alina Machka, Schirner
Printed by: Ren Medien GmbH,
Germany

www.schirner.com

1. Auflage August 2017

Für

CYRILL & TIZIAN

INHALT

VORWORT

Verehrte Leserin, verehrter Leser,

haben Sie Wünsche und Träume? Haben Sie das Gefühl, dass es im Leben noch mehr geben muss? Dann haben Sie mit diesem Buch eine gute Wahl getroffen. Das Leben ist eine »sich selbst erfüllende Prophezeiung«, sagen alle Weisen. Auf dieser Grundlage und der Frage, wie Sie Ihre eigene Zukunft gestalten können, baut dieses Werk auf. In sehr anschaulicher, klarer und direkter Sprache bringt es Marjeta Gurtner ohne viele Umwege auf den Punkt: Sie sind Schöpfer und Gestalter Ihres Lebens. Sie alleine entscheiden bewusst, meistens sogar unbewusst, was Sie in Ihr Leben ziehen.

Die Autorin führt Sie Schritt für Schritt über die Gedankenkraft zur Schöpferkraft, über den emotionalen Status in die »Was-wäre-wenn-Welt«, also in den Bereich, den Sie in jeder Sekunde mental selbst bestimmen können. Sie verbindet östliche Weisheit mit westlichem praktischem Denken und berücksichtigt dabei die Umstände unserer schnelllebigen Zeit. Mit einfachen Übungen zeigt Sie Ihnen, was Sie alles in nur wenigen Minuten erreichen können. Dass Marjeta Gurtner keine Theoretikerin ist, beweist sie in ihrer täglichen Arbeit.

Ich war sehr erfreut, als ich gebeten wurde, das Vorwort zu diesem Buch zu schreiben. Einerseits, weil es mein Herzensanliegen ist, Wege zu finden, wie Menschen ihr Leben leichter gestalten können, damit das ganze Leben ein Erfolg ist und das nicht nur in materieller Hinsicht. Zum anderen, weil es noch viel zu wenige Frauen gibt, die sich diesem wunderbaren Thema gewidmet haben. Die praktischen Tipps und Übungen von Marjeta Gurtner können Ihrem Leben eine Wende geben, Sie werden damit Ihr Wohlbefinden in allen Bereichen Ihres Lebens steigern.

Ich wünsche Ihnen viele Erkenntnisse beim Lesen und enorm viel Erfolg beim Umsetzen des Gelernten,

Ihr

Antony Fedrigotti

EINFÜHRUNG

Während meiner Arbeit an diesem Buch ging ich der Frage nach, wann für mich das Mentaltraining angefangen hatte. Mentaltraining ist ein klar umrissener Begriff, eine Methode, ein »Wenn-dann-Prinzip«. Es erfreut sich stetig wachsender Beliebtheit, und das nicht nur bei Sportlern, Künstlern, Rednern oder Managern.

Betrachten Sie Mentaltraining als eine Disziplin, vergleichbar mit dem körperlichen Training. Um körperlich fit zu werden und zu bleiben, gehen Sie in ein Fitnessstudio und trainieren mit verschiedenen Geräten. Genauso verhält es sich mit Ihrem Geist, Sie müssen geistige – mentale – Übungen machen, um auf geistiger Ebene fit zu bleiben. Denn erst Ihre geistige Fitness ermöglicht Höchstleistung, das ist kein Geheimnis mehr.

Das Mentaltraining basiert auf ganz bestimmten Gesetzen. Diese sind unfehlbar und bewahrheiten sich immer, unabhängig davon, ob Sie an das System glauben oder nicht. Jetzt, während Sie dieses Buch in Ihren Händen halten, wirken die mentalen Gesetze auf Sie. Diese sind Naturgesetze und können damit als Regeln bezeichnet werden, die Ihnen erklären, warum etwas geschieht. Als Beispiel nenne ich hier das Naturgesetz der Schwerkraft. Jeden Tag sind Sie Zeuge dieses Phänomens: Fällt Ihnen etwas aus der Hand, fliegt es nicht weg, sondern geht zu Boden.

Setzen Sie Ihre **GANZE KRAFT** frei, *verändern* Sie damit Ihr Leben.

Oder haben Sie schon einmal versucht, einen Schritt über einen Dachvorsprung ins Leere zu wagen? Tun Sie es nicht! Auch, wenn Sie das Naturgesetz der Schwerkraft nicht kennen, werden Sie in die Tiefe fallen. Das Gesetz der Schwerkraft wirkt garantiert, ob Sie es kennen oder nicht, ob Sie es akzeptieren oder nicht. Seine Wirkung lässt sich nicht stoppen. Genauso verhält es sich mit den mentalen Gesetzen. Das stärkste dieser Gesetze ist das Gesetz der Anziehung, dem ich mich später eingehend widme.

Damit will ich Ihnen verdeutlichen, dass Ihr bisheriges Leben durch mentale Gesetze gesteuert wurde, und dies geschah mehr unbewusst als bewusst. Sie befinden sich mitten im Prozess einer fortwährenden Energiebewegung: Sie senden aus, und Sie erhalten. Aussteigen geht nicht, weil Sie nicht aufhören können, Energie auszusenden. So ist der Punkt, an dem Sie jetzt stehen – Ihre Gegenwart – also nichts anderes als das Ergebnis mentaler Gesetze, die bisher in Ihrem Leben gewirkt haben. Auch wenn Sie diese bisher nicht gekannt oder nicht verstanden haben, wirken sie und wirken ständig und ununterbrochen auf Sie ein. Somit wäre die Frage »Wann hat das Mentaltraining für mich begonnen?« nicht korrekt. »Wann hat mein *bewusstes* Mentaltraining begonnen?«, ist zutreffender. Mentaltraining bewusst zu praktizieren, beginnt mit einer Entscheidung, mit dem Willen zur Veränderung, mit einem Erkennen und Anwenden des Systems, mit dem bewussten Stellen der eigenen Lebensweichen: Von jetzt an geht es hier lang – Richtung Erfolg!

Ich selbst verstehe Mentaltraining als eine Lebenshaltung, die mich zu einem höheren Energieniveau führt, zu mehr Lebensfreude und innerer Ruhe. Erfolg ist lediglich die natürliche Folge davon. Die Entscheidung, mental zu trainieren, führt jeden auf den richtungweisenden Weg, Verantwortung für das eigene Leben zu übernehmen – sowohl für das bisher Geschehene als auch für das Hier und Jetzt und die eigene Zukunft.

Jahrzehntelang wurde, wenn es um Leistung ging, die mentale Komponente außer Acht gelassen. Entweder wurde der Körper einseitig auf sportliche Leistung hin trainiert oder das bewusste und eigenständige Denken durch intensives Faktenlernen vernachlässigt.

Machen Sie sich bewusst: Es sind weder allein Ihr hoher IQ noch allein Ihre Muskeln, die Sie zum Erfolg führen. Ihre mentale Verfassung wirkt auf Ihr Denken und Ihre körperlichen Abläufe und unterstützt oder hemmt Sie. Somit ist Ihre mentale

Stärke die Voraussetzung für Ihren ganz persönlichen Erfolg. Dieser Erfolg bezieht alle Bereiche Ihres Lebens ein: Ihre Gesundheit, Ihre beruflichen Ziele, Ihre finanzielle Situation, Ihre Partnerschaft, Ihre geistige Entwicklung, Ihre Lebensfreude. Jeder Bereich beeinflusst den anderen, stärkt oder schwächt ihn. Ist einer dieser Bereiche geschwächt, verlieren auch die anderen an Kraft. Es gibt keinen Teilerfolg. *Dein Erfolg ist ganz – oder gar nicht.*

Der Mensch ist eine Einheit aus Körper, Geist und Seele oder – anders ausgedrückt – der Mensch ist eine Einheit aus Körper, Bewusstsein und Unterbewusstsein. Lassen Sie, wenn es um die Bewältigung Ihres täglichen Lebens geht, um das Erreichen von Höchstleistung, dieses Zusammenspiel nie außer Acht.

Viele finden die Vorstellung, über ihr mentales Leben nachzudenken, ungewöhnlich, unnütz und absurd. Doch wenn die Unzufriedenheit wächst, die Misserfolge sich mehren und die Krisen unerträglich werden, dann rückt Mentaltraining in den Vordergrund. In meinen Beratungen gebe ich meinen Klienten immer wieder zu verstehen, dass mentale Übungen genau dann zu machen sind, wenn die Seele noch zufrieden ist, um Energiereserven aufzuladen. Der Zweck des Mentaltrainings besteht primär darin, Ihnen Kraft und Sicherheit zu geben, um Ihren Erfolgsweg zu gehen und Ihre Ziele zu erreichen. Wenn Sie sich Mentaltraining zur Gewohnheit machen, wird es gar nicht erst zu der großen Krise kommen.

Mentaltrainerin zu werden, war für mich kein Berufsziel als solches. Was ich allerdings immer schon anstrebte, war der Anspruch, ein zufriedenes und erfülltes Leben zu führen. Als Gymnasiastin beschäftigte mich bereits die Frage, warum sich Menschen so verhalten, wie sie es tun. Denn es gab damals in meinem nahen Umfeld viele, deren Verhalten ich nicht verstand, weshalb ich innerlich dagegen rebellierte. Das Wort »warum« war zu der Zeit für mich zentral und der Anfang eines langen Weges zu meiner Berufung, dem Mentaltraining.

Und so halten Sie, lieber Leser, ein Destillat in Ihren Händen. Dieses Buch ist das Resultat meines langjährigen Suchens nach Antworten. In all diesen Jahren bin ich zu der Überzeugung gekommen, dass es in unserer Macht liegt, unser Leben zu verändern, und das auf nahezu jede beliebige Art und Weise. Wir müssen uns kategorisch weigern, die Dominanz unserer Sorgen, Ängste und Probleme zu akzeptieren. Bereits diese Einsicht erhöht unsere Lebenskraft beträchtlich. Es gibt verschiedene Motive, sich mit Mentaltraining zu beschäftigen. Mein primäres Motiv war, mein eigenes Leben dorthin zu steuern, wo ich es haben wollte. Dies ließ mich meine eigene Kraft und Wirksamkeit spüren. Erst als ich mein Lebensruder in die Hand nahm, erkannte ich die Hindernisse und stellte fest, dass ich selbst mein größtes Hindernis dabei war, Erfolg zu haben und glücklich zu sein. Und so begann in Form von diszipliniertem und konsequentem Training zuallererst die Arbeit an mir selbst.

Heute bin ich überzeugt: Veränderung ist möglich. Ist die Situation auch noch so hoffnungslos, Sie tragen die Kraft in sich, Veränderungen vorzunehmen. Sie halten ein Buch in Ihren Händen, das Ihnen diesen Weg der Veränderung weist.

Wie Sie erfolgreich mit diesem Buch arbeiten

Alles, was Sie tun, wollen Sie auch erfolgreich zu Ende bringen. Erfolg zu haben, ist das natürliche Bedürfnis des Menschen. Niemand begibt sich auf einen Weg, um zu scheitern. Seltsamerweise ist der Begriff »Erfolg« häufig verpönt, er wird mit falschen Assoziationen in Verbindung gebracht wie Unehrlichkeit, Egozentrik und Machtgier. Wie oft höre ich meine Klienten sagen: »Erfolg ist mir gar nicht so wichtig. Ich will einfach zufriedener sein, selbstsicherer und mich über mein Leben freuen können.« Zufriedenheit, Selbstsicherheit, Lebensfreude – all das *ist* doch Erfolg, innerer Erfolg. Sie werden sehen, sobald Sie Ihrem inneren Erfolg Beachtung schenken und sich zuerst einmal auf diesen konzentrieren, wird er sich im Außen zeigen. Erst in dieser Reihenfolge ist Ihr Erfolg ganzheitlich und nachhaltig.

Sind Sie glücklich, steigert dies Ihre Leistungsfähigkeit, motiviert Sie und gibt Ihnen einen Schub nach vorn. Was Sie auch unter Erfolg verstehen, der ganzheitliche Erfolg hat seine Wurzeln immer in Ihrem Inneren. So sind gute Leistungen, Erfolg im Job, Gesundheit sowie ein harmonisches Miteinander in Familie und Partnerschaft mit Ihrer Zufriedenheit – Ihrem glücklichen Seelenleben – verbunden und von diesem abhängig. Eben jene Verbindung und gegenseitige Beeinflussung verstehe ich unter dem ganzheitlichen Mentaltraining. Diese Einführung leitet Sie schrittweise an, »ganz« zu werden. Die thematische Struktur hilft Ihnen dabei, sich einen Überblick zu verschaffen und Ordnung in das Gebiet des ganzheitlichen Mentaltrainings zu bringen.

Dieses Buch stellt für jeden einen Leitfaden auf dem Weg zum Erfolg dar. Vielleicht hatten Sie bisher wenig Erfahrung mit mentalem Training und möchten viele Fragen beantwortet bekommen. Sie würden in der Zukunft vieles gerne anders machen? Hier finden Sie Anleitungen und Übungen, wie es geht. Herzlich willkommen.

Vielleicht sind Sie auch in einem Beratungsberuf tätig und suchen neue Anregungen, Veränderungsmethoden, Übungen und Beispiele. Dieses Buch bietet Ihnen eine große Auswahl. Bewusst habe ich zahlreiche Beispiele angeführt, die Sie jederzeit auf Ihre eigenen Erfahrungen übertragen können. Denn das ist die Schwierigkeit jeder Theorie: »Schön und gut, und was mache ich jetzt damit?« – Dieses Hindernis werden Sie im vorliegenden Buch nicht bewältigen müssen. Sie erhalten klare Hinweise, wie Sie das Gelesene in Ihren Alltag einbinden.

Vielleicht gehören Sie auch zu den Lesern, die zuerst einmal die physikalischen Zusammenhänge verstehen möchten. Auch Sie sind hier richtig. Aufgeführte Beispiele und Experimente aus der Physik verdeutlichen die energetischen Gesetzmäßigkeiten.

Wenn Sie sich ein fundiertes Wissen über Mentaltraining aneignen möchten, dann lassen Sie keine Kapitel aus, sondern gehen Sie in der vorgegebenen Reihenfolge vor. Zum ganzheitlichen Mentaltraining gehört es, die mentalen Abläufe zu verstehen, die eigene schöpferische Kraft zu mobilisieren, alles Hinderliche loszulassen und ein kraftvolles Leben zu führen. Diese vier Schritte stellen die Grundlage dieses Buches dar.

Gleichzeitig fungiert es als Ihr Trainingsbuch. Testen Sie alle Übungen, und markieren Sie sich diejenigen, die Sie von nun an in Ihr tägliches Übungsprogramm aufnehmen möchten. Täglich alle Übungen zu praktizieren, ist weder möglich noch notwendig.

Markieren Sie mit einem Stift alles, was für Sie besonders wichtig ist. Beginnen Sie mit einfachen Übungen, und ersetzen Sie diese nach einigen Wochen durch solche, die bereits etwas mentale Praxis erfordern. Wann der richtige Zeitpunkt des Wechselns da ist, werden Sie zweifellos spüren. Am Ende des Buches habe ich einige Trainingsvorschläge für Sie zusammengestellt. Auch diese können Sie abändern oder ergänzen. Besonders am Anfang sind sie jedoch eine wertvolle Hilfe, um in das Mentaltraining einzusteigen.

Betrachten Sie dieses Buch als Ihren Freund und täglichen Begleiter. Machen Sie Randnotizen, und führen Sie nebenher ein Tagebuch. Schreiben Sie darin alle Ihre mentalen Veränderungen, Fortschritte, Ideen und Ziele auf. Was ist Ihnen gut gelungen, was möchten Sie noch verbessern? Sie dürfen in Ihrem Tagebuch auch notieren, worüber Sie enttäuscht sind, und was nicht funktioniert hat. Leiten Sie daraus neue Ziele ab.

Zeitweise werden Sie sich vielleicht in einer mühsamen Grauzone befinden und ungeduldig werden. Es wird Phasen geben, in denen Sie den Eindruck gewinnen, keine Fortschritte zu machen und stecken zu bleiben. Das ist absolut normal. Doch auch wenn Sie solch ein Gefühl von Stagnation oder sogar Rückschritt haben, Ihr Unterbewusstsein arbeitet ununterbrochen. Es arbeitet immer für Sie und steht immer auf Ihrer Seite. Halten Sie durch, und trainieren Sie weiter auf Ihre Ziele hin. Dieses Durchhalten ist entscheidend für Ihren Erfolg und bringt Sie meilenweit nach vorn.

Um Mentaltraining zu praktizieren, brauchen Sie keine Vorkenntnisse. Alles, was Sie benötigen, ist etwas Zeit und Fleiß. Nichts ist wichtiger als regelmäßiges Üben. Überlegen Sie zuerst einmal, wie viel Zeit Sie täglich in das Training investieren möchten. Sind zweimal 10 bis 20 Minuten täglich möglich? Stellen Sie einige Übungen zusammen, die diesem Zeitrahmen entsprechen. Sie werden erfahren, wie sich Ihr Leben bereits nach kurzer Zeit zu verändern beginnt.

Eine Sichtweise begegnet mir in Beratungen und Seminaren immer wieder: Viele wollen Beweise für die Wirksamkeit des ganzheitlichen Mentaltrainings, noch bevor sie damit begonnen haben. Sätze wie »Ich will zuerst einmal sehen, ob es funktioniert, dann …« oder »Dann wollen wir mal sehen, ob das stimmt, was Sie sagen« habe ich oft gehört. Mit solchen Aussagen ist jeder Veränderungswunsch zum Scheitern verurteilt, denn sie kommen von Menschen, die nicht bereit sind, etwas für ihre Veränderung zu tun. Aussagen solcher Art bilden die Trennlinie zwischen Versagen und Erfolg haben. Im Mentaltraining ist die Reihenfolge genau umgekehrt. Der Beweis kommt, nachdem Sie geübt haben. Der Beweis für die Richtigkeit der Methode ist das Leben selbst. Erst die Anwendung führt zur Erfahrung. Beweisen Sie sich selbst die Richtigkeit des Systems, indem Sie es anwenden und die Veränderungen beobachten. Sie werden überrascht sein!

Vier Schritte zum Erfolg

Inhaltlich ist dieses Buch in vier Teile gegliedert. Da die Themen dieser Teile ineinandergreifen, wird es vorkommen, dass ich mich in gewissen Aussagen wiederhole. Das ist gut so, denn damit wird sich für Sie das Gelesene noch klarer und verständlicher zu einem Ganzen zusammenfügen.

Zunächst geht es im ersten Teil um Ihr Verständnis der mentalen Zusammenhänge. Hier erläutere ich die grundsätzlichen Erkenntnisse, warum Denken wirkt. Unsere Gedanken, Gefühle sowie unser Körper bilden eine Einheit und beeinflussen sich gegenseitig. Doch wie ist es möglich, dass sich Gedanken materialisieren? Zu den Grundlagen auf dem Weg zu Ihrem Erfolg gehört es, die Arbeitsweise Ihres Unterbewusstseins zu verstehen und seine »Sprache« zu lernen. Haben Sie diese Zusammenhänge verinnerlicht, werden Sie Ihre Gedanken, Selbstgespräche und inneren Bilder kritischer prüfen. Sie werden sich nicht mehr mit dem Begriff »Zufall« begnügen.

In Ihnen steckt eine schöpferische Kraft – ihr widme ich den zweiten Teil. Alles, was Sie tun müssen, ist, diese Kraft freizusetzen. Schritt für Schritt lernen Sie, Ihr Leben zu verändern, indem Sie neue Samen setzen. Gehen Sie diese Schritte Ihrer Lebensgestaltung ganz langsam und bewusst, und überzeugen Sie sich selbst von der Richtigkeit der Methode. Immer wieder erhalten Sie Übungen, die Sie in Ihren Alltag übertragen können. Denn alles, was Sie neu erlernen, soll schließlich ein Bestandteil Ihres Alltags werden. Ihr Unterbewusstsein ist Ihr bester Freund. Bis heute haben Sie ihm, ohne es zu wissen, Befehle gegeben, die oft nicht zu dem Leben geführt haben, das Sie beabsichtigten. Bis heute. Um ein glückliches und erfolgreiches Leben zu erreichen, ist es erforderlich, dass Sie alles loslassen, was diesem Ziel hinderlich ist. Welche Gewohnheiten stehen Ihrem persönlichen Fortschritt im Wege?

Im dritten Teil finden Sie Anleitungen und Übungen, wie Sie diese wohl schwierigste Hürde bewältigen. Je mehr Sie sich von Ihren bisherigen schädlichen Überzeugungen und Gefühlen lösen, desto ruhiger und gelassener werden Sie. Ihre innere Gelassenheit hat eine große Auswirkung auf Ihr zukünftiges Leben und ist ein zusätzliches Geschenk, das Sie auf ein höheres Energieniveau bringt.

Der vierte und letzte Teil fordert Sie auf, als Gewinnerpersönlichkeit durch das Leben zu gehen. Machen Sie Optimismus und Begeisterung, gekoppelt mit Selbstsicherheit und Disziplin, zum Bestandteil Ihres täglichen Lebens. Auf diese Weise unterstützen Sie Ihren Veränderungsprozess und erhöhen Ihre Selbstwirksamkeit, denn Sie werden die erforderliche Kraft, auf das eigene Leben einzuwirken, in Gang setzen. Damit erlangen Sie ein Gefühl von Stolz und Macht – Sie gewinnen die Kontrolle über Ihr eigenes Leben.

Beginnen Sie heute damit, große Träume zu träumen, alles loszulassen, was Sie einengt, bewusst ihre Gedankenkräfte einzusetzen, mit Freude und Achtsamkeit jeden Tag zu leben, an Ihren Aufgaben zu wachsen und niemals, wirklich niemals aufzugeben.

VERSTÄNDNIS
mentaler
Zusammenhänge

DIE FUNDAMENTALE ERKENNTNIS

Die Grundlage für das Verständnis mentaler Prozesse und Zusammenhänge ist folgende Behauptung meinerseits: Ihr Leben widerfährt Ihnen nicht einfach so. Es ist Ihr Denken, das alles steuert. Schieben Sie meine Aussage nicht als bedeutungslos weg. Achten Sie von nun an darauf, was Sie denken.

Haben Sie sich auch schon einmal gefragt, warum Ihr Leben so verläuft, wie es verläuft? Hatten Sie je das Gefühl, dass Ihnen Schlimmes widerfährt und Sie nicht adäquat reagieren konnten? Haben Sie in Ihrem Leben schon jemals etwas vermisst und gedacht, Sie hätten keinen Einfluss darauf, ob Sie es erhalten oder nicht? Und im Gegenzug wurde Ihnen immer wieder gesagt, wie wichtig positives Denken, Wünsche, Zielvisualisierungen und Erfolgsgefühle sind? Es ist ganz natürlich, dass Sie sich oft in diesem Zwiespalt befinden: Einerseits kennen Sie die Bedeutsamkeit des richtigen positiven Denkens, andererseits glauben Sie, den Ereignissen in Ihrem Leben ausgeliefert zu sein. Neuere Erkenntnisse der Naturwissenschaften belegen: Denken wirkt sich auf den Menschen und sein Leben aus. Es wirkt gemäß bestimmten Gesetzen. Diese Gesetze zu verstehen und umzusetzen, ist eine wichtige Voraussetzung für die eigene bewusste Lebensführung.

Vieles, was Sie bisher über das positive Denken gehört haben, mag theoretisch korrekt gewesen sein, und trotzdem erreichte es Ihr Herz nicht. Erst wenn Sie sich in eine Theorie vertiefen und sie verinnerlichen, ist sie keine Theorie mehr. Sie erwacht zum Leben, sobald Sie sie verstanden haben.

In diesem Kapitel werden die mentalen Gesetze erläutert, wie und warum sie wirken, und wie Sie diese in Ihrem Leben einsetzen können, um es aktiv optimal zu gestalten. »Sei positiv, denke positiv«, hat jeder schon zu hören bekommen, meistens dann, wenn einem gar nicht positiv zumute war. Seien Sie nicht enttäuscht, aber positives Denken allein – was es auch immer heißen mag – genügt nicht, um das Steuer herumzureißen und Ihr Lebensboot in die gewünschte Richtung zu lenken. Es ist essenziell wichtig, die Gesetze des Denkens zu verstehen, damit Sie Veränderungen vornehmen können. Sie brauchen einen Schritt-für-Schritt-Plan, und Sie brauchen das Vertrauen, dass es mit diesem Plan funktioniert. Denn ich spreche hier von etwas, das für unser Auge unsichtbar ist. Der Mensch kann weniger als ein Zehntel des elektromagnetischen Spektrums wahrnehmen. Radio- und Fernsehwellen zum Beispiel, ultraviolettes und infrarotes Licht, Röntgenstrahlen und Radioaktivität kann das menschliche Auge nicht sehen, trotzdem ist all das da. Und doch glauben viele nur das, was sie sehen, der Rest ist für sie einfach nicht existent.

Wenn Sie Musik hören, verhält es sich sehr ähnlich. Sie können die Schwingungen, die Ihr Herz erfassen, nicht sehen, und trotzdem sind sie da und verzaubern Sie. Was ist für Sie eine Mozart-Sinfonie? Die Noten auf dem Papier? Die Bewegungen der Streicher? Die Nervenzellen der Musiker, die elektrische Impulse umwandeln und an das Gehirn weiterleiten, oder vielleicht die Schwingungen Ihres Trommelfells? Sie können eine Mozart-Sinfonie in viele Teilaspekte zerpflücken, Sie werden das schwingende Etwas, das Ihr Herz berührt, nicht fassen können.

So, wie die Schwingungen der Musik auf Ihre Seele wirken, wirken Gedanken auf Ihr Leben. Beides können Sie nicht sehen, und trotzdem sind sie da. Die neuesten Erkenntnisse der Quantenphysik, der Quantenbiologie und der modernen Mathematik zeigen, dass es die Kraft Ihrer Gedanken und Ihrer Überzeugungsmuster ist, die Sie zu dem werden lässt, der Sie sind. Die Wissenschaft bestätigt uns also: Die wahren Grenzen existieren nur im Kopf.

Mit Ihren Gedanken und Ihren Überzeugungen beeinflussen Sie nicht nur sich, sondern Ihr gesamtes Umfeld. Zugleich funktioniert dies auch umgekehrt. Sie werden von Ihrer Umgebung, dem Verhalten der Menschen und den Ereignissen um Sie herum beeinflusst. Energetisch sind Sie mit Ihrem Umfeld verbunden. Jeder ist mit jedem und alles ist mit allem verbunden. Stellen Sie sich dies einmal bildlich vor. Zwischen Ihnen und jedermann und allem bestehen Verbindungen. Ich bin überzeugt, dass Sie im Nachhinein auf der Basis dieser Vorstellung Erklärungen für Ihre eigenen Erfahrungen finden. Beginnen Sie, bewusst zu beobachten, wo Sie die Wechselwirkung und damit die Kräfte und die Beeinflussung zwischen Ihnen, Ihren Mitmenschen und Ihrer Umgebung erleben.

Meine Katze beispielsweise scheint zu spüren, wann ein Klient zu mir ins Gespräch kommt. Sie ist die perfekte Büro-Katze, spaziert selbstbewusst durch meine Räumlichkeiten, spielt die große Dame, lässt sich nur von ausgewählten Klienten streicheln und verbringt viel Zeit auf ihrem Lieblingsplatz im Nebenbüro. Doch ausnahmslos, einige Minuten bevor ein Klient an der Tür klingelt, setzt sie sich im Vorraum auf immer denselben Platz und starrt die Eingangstür an. Unbeweglich verharrt sie dort, bis es klingelt. Danach zieht sie sich auf ihren Lieblingssessel zurück. Spürt sie den Kommenden, oder spürt sie meine Gedanken, die sich bereits auf ihn einstimmen?

Es gibt Klienten, die sich auf ihr Erstgespräch bei mir akribisch vorbereiten. Kaum angekommen, kramen sie überschnell ihre Notizen hervor und fühlen sich wie im Rampenlicht. Darauf reagiere ich nicht, warte und lächele, lasse das ruhige Ambiente des Besprechungsraums und meine eigene innere Gelassenheit zuerst einmal wirken. Diese Ruhe geht auf den Klienten über, er entspannt sich, er ist angekommen. Sie sehen also, Ausstrahlung hat Kraft.

Was haben Sie selbst diesbezüglich erlebt? Haben Sie durch ein aufgeregtes Auftreten andere nervös gemacht oder mit Ihrer gelassenen Ausstrahlung zur Beruhigung einer Situation beigetragen? Ihre Ausstrahlung wirkt immer, sie ist ein energetisches Feld. Es hat sicher schon Orte gegeben, an denen Sie sich nicht wohlgefühlt haben. Angenommen, Sie besuchen jemanden, doch irgendetwas scheint in dieser Wohnung nicht zu stimmen. Ein Möbelstück, das Sie an Ihre Vergangenheit erinnert? Ein Bild, dessen Farbe Sie traurig stimmt? Zu dem betreffenden Zeitpunkt wissen Sie es oft nicht – sie spüren es nur. Sie nehmen die Energien wahr, und diese wirken auf Ihr Befinden.

Ein gutes Beispiel für Beeinflussung liefert auch die Kleidung. Ein Polizist in Uniform löst bei Ihnen Respekt oder Unbehagen aus, ein Polizist in Jeans dagegen nicht. Durch Experimente wurde darüber hinaus festgestellt, dass die Umgebung den Menschen stark beeinflusst. Stellen Sie sich einmal vor, Sie befinden sich in einem vernachlässigten und schmutzigen Vorort einer fremden Großstadt. Von den Wänden der Häuser bröckelt der Putz. Die Straßenschilder sind mit Farbe besprüht, und auf dem Boden liegt überall Müll. Werden Sie der Versuchung nachgeben, Ihre leere Trinkflasche in eine Ecke zu anderen liegengelassenen Flaschen zu stellen? Schließlich befindet sich bereits fremder Müll auf dem Boden, und Sie fühlen sich unbeobachtet. Oder werden Sie Ihrem Grundsatz treu bleiben, keinen Müll auf der Straße zu hinterlassen?

Je mehr Sie die mentalen Gesetze verstehen, desto mehr durchschauen Sie das Leben und können Zusammenhänge herstellen. Sie entscheiden von nun an selbst, wie weit Sie sich von den Sie umgebenden Menschen und Umständen beeinflussen und lenken lassen wollen. Sie erkennen die Bedeutung Ihrer Selbstverantwortung, und damit beginnt die bewusste Gestaltung Ihres eigenen Lebens.

NICHTS ALS ENERGIE

Dass Gedanken einen Einfluss auf Materie ausüben, wurde in zahlreichen Tests erforscht. Haben Sie Lust auf ein Experiment? Dann lassen Sie sich die nächsten fünf Minuten nicht stören:

Setzen Sie sich auf einen bequemen Stuhl an einen Esstisch. Stützen Sie Ihre Ellbogen auf der Tischplatte ab. Legen Sie Ihre Handflächen aneinander. Betrachten Sie die Spitzen Ihrer Finger. Sehen Sie sich die Länge der beiden mittleren Finger ganz genau an. Möglicherweise ist ein Mittelfinger länger als der andere. In diesem Fall werden Sie sich in den folgenden Minuten auf den kürzeren Mittelfinger konzentrieren. Sind beide Mittelfinger gleich lang, entscheiden Sie selbst, auf welchen Sie sich konzentrieren.

Stellen Sie nun einen Timer auf 3 Minuten, falten Sie die Hände wie zum Gebet zusammen, und schließen Sie die Augen. Konzentrieren Sie sich auf den ausgewählten Finger. Um sich besser zu entspannen, können Sie die gefalteten Hände auf der Tischplatte ablegen. Sehen Sie vor Ihrem inneren Auge, wie sich im ausgewählten Finger die Energie bewegt. Es genügt vollkommen, wenn Sie sich die

Energie als ganz kleine Kügelchen vorstellen. Diese bewegen sich der Länge nach im Inneren des Fingers und drücken mit aller Wucht gegen die Fingerspitze.

Sehen Sie vor Ihrem inneren Auge, wie der Finger zu wachsen beginnt – er wird immer länger. Spüren Sie, wie der Finger länger wird, sehen Sie, wie er wächst? Verweilen Sie in dieser Vorstellung, bis sich der Timer meldet.

Öffnen Sie anschließend die Augen, legen Sie die Handflächen wieder aneinander, und schauen Sie sich Ihre beiden mittleren Finger an. Was stellen Sie fest?

Der Finger ist tatsächlich länger geworden? Erstaunlich, nicht wahr?

Interessant sind Berichte von Menschen, bei denen offenbar irgendein Gerät wie ein Computer oder Fernseher auf ihre Gedanken und Gefühle zu reagieren schien. Offenbar versagte das Gerät ausgerechnet dann, wenn sie dies befürchteten und sprang wieder an, wenn die gerufene Fachperson erschien.

Bekannt sind vor allem die Erkenntnisse des japanischen Forschers Dr. Masaru Emoto. Mit seinem Wassermolekül-Experiment lieferte er einen Beweis, dass positive Gedanken einen physischen Einfluss auf die molekulare Struktur des Wassers nehmen können. Bei diesem Experiment erhielten Versuchspersonen je zwei Flaschen Wasser und wurden aufgefordert, mehrmals täglich der einen Flasche Gedanken der Liebe zu senden, der anderen Gedanken des Hasses. Dr. Emotos Experiment zeigte, dass sich Kristalle des Wassers, die Liebe erhalten hatten, als wunderschöne, detailliert und filigran ausgearbeitete Ornamente zeigten. Die Kristalle des Wassers, die Gedanken des Hasses erhalten hatten, waren vollkommen zerstört und kaum einem Kristall ähnlich.

Zusammengefasst: Gedanken beeinflussen die Struktur des Wassers. Von hohem Wert ist diese Erkenntnis deshalb, weil der Mensch zu ungefähr 70 Prozent aus Wasser besteht. Somit ergibt sich die berechtigte Schlussfolgerung, dass sich der Mensch durch seine Gedanken selbst beeinflusst. Mit der Energie Ihrer Gedanken steuern Sie demnach Ihren Körper.

Um diesen Gedanken anzunehmen, ist es erforderlich, zu wissen, was Materie eigentlich ist. Vereinfacht dargestellt besteht jede Materie – ob fest, flüssig oder gasförmig – aus kleinsten Bausteinen, den Atomen. Diese bestehen ihrerseits aus einem Atomkern und den ihn umkreisenden Elektronen. Der Atomkern besteht wiederum aus kleinsten Teilchen. Die Masse und die Größe dieser kleinen Bausteine der Materie, der Neutronen, Protonen und Elektronen, sind unvorstellbar gering. Der Atomkern macht weniger als den zehntausendstel Teil des gesamten Atomdurchmessers aus.

Und nun das Wesentliche: Alle Teilchen bewegen sich, sie schwingen. Zwischen den schwingenden Teilchen ist viel leerer Raum. Dieser stellt 99,9 Prozent der Materie dar. Daraus folgt: Materie ist leerer Raum. Dieser leere Raum selbst ist jedoch nicht leer, er enthält Energie, die durch die ununterbrochenen Schwingungen entsteht.

Wenn 99,9 Prozent der Materie Energie ist, so darf die Behauptung aufgestellt werden, dass alles Energie ist. Der Mensch ist nichts als schwingende Energie, ebenso sind seine Gedanken nichts als schwingende Energie. Somit sind energetisch alle Dinge miteinander vernetzt. Es gibt keine klare Abgrenzung zwischen »mir« und »den anderen«. Jeder Mensch steht in Wechselwirkung mit jedem und allem um ihn herum.

Mit dieser Erkenntnis verstehen wir die gegenseitige Wechselwirkung und Beeinflussung.

Der Mensch als Sendeturm seiner Gedanken und Gefühle

Jeder Gedanke ist schwingende Energie und hat eine messbare Frequenz. Somit hat jeder Gedanke eine eigene Qualität, je nachdem, ob Sie an etwas Erfreuliches oder an etwas Beängstigendes denken.

Sie sind ein lebendiger Sendeturm, der jeden Tag über 60 000 Nachrichten aussendet. Den größten Teil der Zeit sind Sie also damit beschäftigt zu denken – ob Sie es merken oder nicht. Die meisten Menschen machen sich keine Gedanken darüber, sie denken einfach. Da Sie jetzt aber gelernt haben, dass Ihre Gedanken Einfluss auf Materie haben, sollten Sie von nun an achtsam Ihre Gedanken prüfen.

Wenn Sie sprechen oder jemandem zuhören, denken Sie. Während Sie Zeitung lesen oder fernsehen, denken Sie. Während Sie sich an Vergangenes erinnern oder von der Zukunft träumen, denken Sie. Die einzige Zeit, in der Sie nicht denken, ist, während Sie schlafen. In dieser Zeit arbeitet Ihr Unterbewusstsein mit den letzten Gedanken, die Sie vor dem Einschlafen hatten.

Grundsätzlich herrscht im menschlichen Gehirn eine Entropie, eine Unordnung der Gedanken. Aus der östlichen Lehre kommt ein schönes Gleichnis. Dabei werden die Gedanken mit einem Wagen plappernder Affen verglichen. Es gilt nun, Ordnung in diesen Affenwagen zu bringen.

Hierbei haben Sie zwei Möglichkeiten:

1. Sie lassen die Affen sich tummeln und kreischen und haben keine Kontrolle über das Durcheinander. Genauso lassen Sie Ihren Gedanken freien Lauf und werden von ihnen hin- und hergerissen. Sie werden sozusagen gedacht. Machen Sie sich dabei bewusst, dass Ihre ungezügelten Gedanken dorthin gehen werden, wo Sie zurzeit die größten Sorgen und Probleme haben.

2. Sie zähmen die plappernden Affen, erlangen Kontrolle und übernehmen die Verantwortung. Weil Sie wissen, dass Ihre Gedanken großen Einfluss auf Ihr Leben haben, werden Sie sie bewusst steuern.

Doch Sie senden nicht nur Gedanken ins Universum, ebenso senden Sie Gefühle aus. Zu jedem Gedanken entsteht beinahe zeitgleich das dazugehörige Gefühl. Der Ursprung Ihrer Gefühle sind Ihre Gedanken. Viele Menschen gehen davon aus, dass sie ganz plötzlich und ohne Vorwarnung in ein Gefühl »hineinfallen«. Das ist falsch. Die richtige Reihenfolge ist: zuerst der Gedanke, dann das Gefühl.

Die Bedeutung Ihrer Gefühle kann gar nicht hoch genug bewertet werden. Ihr Gefühl ist die stärkste Botschaft an das Universum, stärker als Ihre Gedanken. Ihr Gefühl lügt nie und teilt Ihnen sehr rasch mit, was Sie gerade denken. Zum Beispiel: Sie erhalten eine schlechte Nachricht, und Sie fühlen sofort eine bleierne Schwere in Ihrer Magengegend. Sie wollen dieses Gefühl nicht und sagen sich ununterbrochen: »Ich bin vollkommen ruhig, ich bin vollkommen ruhig, ich bin vollkommen ruhig …« Enttäuscht werden Sie feststellen, dass die Wiederholung dieser Aussage keine Resultate bringt. Sie werden sich weiter unwohl fühlen.

Warum funktioniert dieser Satz nicht? Weil Sie ihn in der Tiefe Ihres Herzens nicht glauben. Sie sprechen ihn aus, aber Ihr Gefühl sagt etwas ganz anderes. Ihre Worte und Ihr Gefühl sind nicht im Einklang, sie ziehen sozusagen nicht am selben Strang. Ihre Gedanken sagen »Ich habe Angst«, Ihr Mund sagt »Ich bin vollkommen ruhig«, Ihr Gefühl gehorcht Ihren Gedanken und spiegelt sie mit dem bleiernen Gefühl in der Magengegend wider.

An diesem Beispiel erkennen Sie, dass »einfach positiv vor sich hinreden« keine Lösung ist. Ihr Gefühl lässt sich nicht täuschen. In diesem Buch lernen Sie, Ihre Worte und Ihr Gefühl in Einklang zu bringen, sich Ihrer Gefühle bewusst zu werden und sie vorüberziehen zu lassen. Gelingt es Ihnen, bedrückende Gefühle ohne Bachtung vorbeifließen zu lassen, werden diese wirkungslos bleiben.

Manifestation der Gedanken

Stellen Sie sich folgendes Bild vor: Sie haben einen Kessel siedendes Wasser (als Sinnbild für das Universum), Sie nehmen einen Löffel Kaffeepulver (Ihre Gedanken) und mischen es in das siedende Wasser. Nun erhalten Sie einen Kaffee (Ihr Leben).

Sind Sie mit Ihrer Kaffeezubereitung zufrieden? Wenn nicht, dann müssen Sie entweder die Kaffeemenge verändern oder die Kaffeesorte. Das heißt, wenn Sie mit Ihrem Leben nicht zufrieden sind, dann müssen Sie bei Ihren Gedanken beginnen und diese ändern.

Das Kaffeepulver verursacht den Kaffee. Ihre Gedanken verursachen Ihr Leben. Das heißt, Ihre Gedanken werden konkret, sie werden zu Dingen und manifestieren sich in Form Ihres Lebens.

Wie kann man diesen Prozess verstehen? Sie erinnern sich an den energiegeladenen Raum einer Materie? Nun stellen Sie sich vor, diese Energie sei ein riesiger Energieozean. Dieser umgibt und durchdringt auch Sie. Stellen Sie sich bildlich vor, wie Sie darin schwimmen. In diesem Energieozean gibt es Energieballungen, sogenannte Felder. Ihre ausgesandten Gedanken suchen sich nun genau die Energieballung aus, die Ihren ausgesandten Frequenzen entsprechen. Diese Fähigkeit wird als Resonanz bezeichnet. Resonanz ist das Gesetz der Anziehungskraft und dieses ist das stärkste Gesetz im Universum. Vereinigen sich Ihre Gedankenenergien mit diesen Energieballungen, beginnen Ihre Gedanken sich nach einem ganz bestimmten Bauplan zu materialisieren. Ihre Gedanken werden zu Dingen, indem sie sich mit einem Feld, das die gleiche physikalische Beschaffenheit hat, verbinden.

Gedanken erzeugen Gefühle

Einerseits sind Gefühle nichts Mystischen, sondern die Folge eines biochemischen Prozesses im Gehirn, andererseits sind sie nicht greifbar und deshalb schwer in Worte zu fassen.

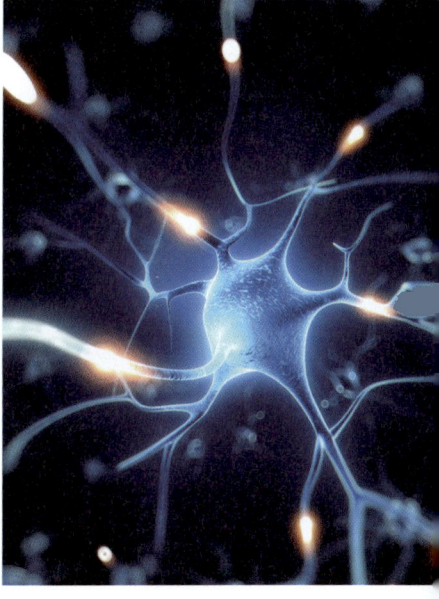

Unser Gehirn ähnelt in mancherlei Hinsicht einem Computer. Verschiedene Bereiche sind für unterschiedliche Funktionen verantwortlich. Mit Ihren fünf Sinnen nehmen Sie Ihre Welt wahr. Reize wie zum Beispiel grelles Licht, eine heiße Kochplatte, Musik oder eine gesprochene Nachricht, werden von Tausenden von Nerven aufgenommen und an verschiedene Gehirnregionen weitergeleitet. Ohne Gehirnforschung zu betreiben, genügt es, zu wissen, dass in einer dieser Gehirnregionen, in der Großhirnrinde, zu jedem sinnlich wahrgenommenen Reiz Gedanken entstehen.

Wenn Sie zum Beispiel mit dem Sinnesorgan »Nase« Rauch wahrnehmen, könnte dazu der Gedanke entstehen: »Hier brennt es!« Eine andere dieser Gehirnregionen, genannt limbisches System, ist verantwortlich für die Entstehung von

Gefühlen. Sie nehmen also Rauch wahr, Sie denken: »Hier brennt es!«, und das dazugehörige Gefühl könnte Angst heißen. Die Reihenfolge ist dabei immer dieselbe:

> zuerst die Wahrnehmung (Rauch in der Nase),
> dann der Gedanke (»Hier brennt es!«),
> zuletzt das Gefühl (Angst),
> fast zeitgleich mit dem nächsten Gedanken (»Nichts wie weg hier!«).

Diese Darstellung ist sehr vereinfacht und trotzdem stimmig. Die Frage, wie genau aus der Aktivierung eines Nervs Gedanken und Gefühle entstehen, ist dagegen für die Wissenschaft noch immer ein großes Geheimnis.

Gedanken beeinflussen die Wahrnehmung

Es ist vollkommen gleichgültig, ob Sie den Geruch von Feuer oder einer Rose wahrnehmen, ob Sie einen Schrei oder ein Lachen hören – in Ihrem Kopf entsteht eine Gedankenkonstruktion, die das Wahrgenommene interpretiert. Alles, was Sie sehen, riechen, schmecken, hören und ertasten, deuten und kommentieren Sie mithilfe einer Folge von Gedanken. Ihre Gedanken interpretieren ununterbrochen das Geschehen. Machen Sie sich bewusst, dass Ihre Wahrnehmung – Ihre Deutung dessen, was um Sie herum geschieht – darüber bestimmt, wie Sie sich fühlen. Oder umgekehrt: Ihre Gefühle und Ihre Stimmungslage sind direkt abhängig davon, wie Sie über das Geschehen um Sie herum denken.

Legen Sie für einige Minuten das Buch beiseite. Schließen Sie die Augen, und denken Sie an eine Situation, die Sie geärgert oder gelangweilt hat.

Welche Sichtweise haben Sie eingenommen, sodass Sie das Ereignis geärgert oder gelangweilt hat? Hätten Sie das Erlebte auch auf eine andere Art interpretieren können? Hätten Sie sich dann weniger geärgert oder weniger gelangweilt? Welchen Vorteil hätte es für Sie, wenn Sie eine Sichtweise lernen könnten, die Ihre gute Stimmung nicht verdirbt oder Sie sogar in eine gute Stimmung versetzt? Sie wären frei. Gehen Sie in dieses Gefühl der Freiheit hinein. Sie ganz allein können Ihre Verfassung bestimmen.

Die meisten halten ihre eigene Wahrnehmung für wahr. Sie sind hartnäckig überzeugt davon, dass ihre subjektive Wahrnehmung wirklich der Realität entspricht. Aber Sie wissen jetzt: Das stimmt nicht.

Hier einige Beispiele, wie die gleiche Gegebenheit auf zwei verschiedene Weisen wahrgenommen werden kann:

Auf der einen Seite freut sich Herr Wagner, dass er am Arbeitsplatz viele Entscheidungen treffen *kann*. Auf der anderen Seite hat Herr Berger jeden Tag Angst in die Firma zu fahren, weil er viele Entscheidungen treffen *muss*. Bereits die Begriffe »können« und »müssen« weisen auf zwei ganz unterschiedliche Wahrnehmungen hin.

So deutet der eine Sportler den Wettkampf als eine Herausforderung – »Ich gewinne!« Ein anderer sieht den Wettkampf als große Gefahr zu versagen – »Bestimmt verliere ich.« Nicht weniger verhängnisvoll ist die Aussage »Hoffentlich verliere ich nicht«.

Hierzu eine kleine Geschichte: Vor etwa 1400 Jahren wanderte ein junger koreanischer Mönch durch die Wüste. Er marschierte den ganzen Tag und in der Nacht schlief er unter einem Baum in einer kleinen Oase. Mitten in der Nacht erwachte er sehr durstig. Weil er nichts sehen konnte, tastete er umher, um Wasser zu finden. Tatsächlich fand er eine Schale, die er zum Mund führte und daraus trank. Es war köstliches Wasser. Er bedankte sich, indem er seine Hände zusammenlegte und sich verbeugte. Am Morgen sah er im Licht der Dämmerung, woraus er getrunken hatte: Es war ein Totenschädel, gefüllt mit einer trüben Flüssigkeit. Würgend übergab sich der junge Mönch voll Ekel. Und er erkannte: Erst das Sehen und das Denken haben ihn zum Erbrechen gebracht.

Das Denken beherrscht alles. Diese Kraft können wir uns zunutze machen.

Entwicklung verschiedener Sichtweisen

Üben Sie sich darin, in jeder Sache und jeder Situation verschiedene Sichtweisen zu erkennen, die positive wie die negative, die fördernde ebenso wie die hinderliche.

Stellen Sie sich vor, Sie würden eine Brille tragen, eine »Wahrnehmungsbrille«. Dies ist eine Spezialbrille mit Filterwirkung, durch die Sie die Welt betrachten. Alles, was der Filter nicht durchlässt, bleibt Ihrer Wahrnehmung verborgen.

Stellen Sie sich nun vor, Sie besäßen verschiedene Brillen mit unterschiedlichen Wahrnehmungsfiltern. Wechseln Sie Ihre Brillen und beobachten Sie, wie sich dies auf Ihre Zufriedenheit auswirkt. Möglicherweise reagieren Sie jetzt freier und gelassener.

Seltsamerweise ist es so, dass unsere Sichtweisen häufig gegen uns arbeiten. Das ist nicht weiter schlimm, denn diese sind ja nicht in Stein gemeißelt und können jederzeit so verändert und gewählt werden, dass Sie sich wohlfühlen. Sie kennen sicher Menschen, die unbeugsam an ihrer eigenen Sichtweise der Dinge festhalten. Lassen Sie sich von einem solch einschränkenden Verhalten nicht beeinflussen.

Hier einige Beispiele für unabänderliche einschränkende Sichtweisen:

> »Das Leben ist ein Kampf.«
> »Die Menschen sind unberechenbar.«
> »Alles Neue ist schwierig.«

Aus diesen Behauptungen nehme ich die subjektive Sichtweise heraus. Dann heißt es nur noch:

- › »Das Leben ist.«
- › »Die Menschen sind.«
- › »Alles Neue ist.«

Im Folgenden erhalten Sie einige Begriffe und Situationen. Denken Sie zuerst positiv, und verbinden Sie Ihre Aussage mit einem guten Gefühl. Unmittelbar danach bewerten Sie die Situation negativ.

Zum Beispiel der Begriff »Spinne«:

Positiv: Sie ist ein spannendes Tier. Gefühle: Freude und Neugierde
Negativ: Das ist ein widerliches Tier. Gefühle: Ekel und Angst

- › Der weite Ozean
- › Verkehrskreuzung
- › Süßigkeiten
- › Abschlussprüfung
- › Ferienreise
- › Gefühle zeigen

Welche Gefühle kommen bei Ihnen durch die negative Bewertung auf?

Die subjektive Wirklichkeit

Trauen Sie sich, und erschaffen Sie Ihre ganz persönliche Wirklichkeit. Eine Wirklichkeit, in der Sie sich wohlfühlen und von der Sie sagen können: »Genau so will ich es haben.« Dazu benötigen Sie nur ein einziges Werkzeug: Ihre Fantasie. Werden Sie zum Träumer. Machen Sie es den Kindern gleich, die großartige Träume haben und von Einschränkungen (noch) nichts wissen. Grundsätzlich ist es ganz einfach – Sie müssen nur beginnen.

Vielen Menschen ist das Träumen auf dem Weg vom Kind zum Erwachsenen verloren gegangen. Dann haben sie aufgegeben.

Und Sie? Haben Sie sich in Träume vertieft, auf ihre Verwirklichung gehofft und es gewagt, über sie zu sprechen? Anschließend hat man Sie vermutlich oft wieder auf den Boden der Wirklichkeit zurückgeholt: »Sei doch kein Träumer, sei doch realistisch!« Wehmütig haben Sie dann Ihren Traum aufgegeben, schließlich sind Träume nur geträumt und nicht wahr. Oder Sie gehören zu denen, die unter allen Umständen ihre Träume verwirklichen wollen. Und da stellt sich die berechtigte Frage: Wie bringen Sie Ihre Träume in Ihre Realität?

Im vorangegangenen Kapitel habe ich erläutert, dass jeder Mensch seine eigene Sichtweise der Dinge hat. Daraus folgt, dass es eine objektive Realität gar nicht gibt, jeder Mensch besitzt seine eigene Realität. Ihre eigene Realität ist nichts anderes als Energie, die Ihren Gedanken entspricht und Formen annimmt. Sie nehmen Ihre Umgebung immer auf eine ganz persönliche Weise wahr und interpretieren alles. Wie Sie das Aufgenommene interpretieren – aufbauend oder eher destruktiv – entscheidet darüber, ob Sie Ihr Leben als mühselig oder als einen freundlichen Ort empfinden.

Der Mensch hält gerne das, was er glaubt, nicht verändern zu können, für die Realität. Mental betrachtet ergibt diese Überzeugung keinen Sinn, da der Mensch grundsätzlich alles verändern kann: seine Gedanken, Gefühle und Erwartungen. Im Außen zeigt sich nur, was im Inneren vorhanden ist.

Befreien Sie sich also aus dem »Gefängnis der Gegebenheiten«, denn darin liegt Ihre große Chance und Aufgabe: Nehmen Sie sich vor, In Zukunft *ganz bewusst* Ihre persönliche Realität durch Ihre Gedanken, Gefühle und Erwartungen zu gestalten. Richten Sie Ihre vollständige Konzentration auf diese drei Begriffe: Gedanken, Gefühle, Erwartungen.

Vermischung der Realitäten

Das eindrückliche und erschütternde »Stanford-Prison-Experiment« beweist, wie stark die Möglichkeit einer Beeinflussung der Realitätswahrnehmung ist. Nicht nur Menschen beeinflussen Menschen, auch soziale Normen und Rollen beeinflussen Menschen. Identifiziert sich ein Mensch sehr stark mit einer Rolle, vergisst er, wer er ist und wird selbst zu dieser Rolle. Auch hier vermischen sich verschiedene Wahrnehmungsebenen.

Das Experiment wurde 1971 an der Stanford University durchgeführt, indem der Keller der Universität zu einem Gefängnis umgebaut wurde. Die Türen wurden verstärkt, Gitter eingebaut, sodass der Universitätskeller wie ein echtes Gefängnis wirkte.

Für die Teilnahme an dem Experiment wurden freiwillige Studenten gesucht. Sie wurden dafür bezahlt und erhielten nach einem Zufallsprinzip die Rolle eines Wärters oder Häftlings.

Für Ihre neuen Rollen wurden sowohl die Wärter als auch die Häftlinge neu eingekleidet. Damit alles möglichst echt aussah, erhielten die Wärter eine Uniform, eine Trillerpfeife und sogar einen Schlagstock. Die Häftlinge erhielten einen Kittel mit aufgedruckter Identifikationsnummer und eine Kette mit Schloss um den Knöchel.

Sowohl Wärter als auch Häftlinge nahmen erschreckenderweise ihre Rollen sehr schnell an. Nach sechs Tagen musste das Experiment abgebrochen werden, da die Situation außer Kontrolle geriet und die Wissenschaftler einschreiten mussten. Was war geschehen? Die Mehrzahl der Wärter begann, die Häftlinge zu schikanieren, zu beschimpfen und zu demütigen. Die Häftlinge ihrerseits wurden immer passiver und ängstlicher.

Obwohl dies nur ein Experiment und nicht »Realität« war, hat sich jeder Student in seine Rolle so stark hineinversetzt, dass sie für ihn zur Realität wurde. Die soziale Rolle übte eine solch unwiderstehliche Zugkraft aus, dass die Studenten nicht mehr zwischen Spiel und Wirklichkeit unterscheiden konnten.

Anhand folgender Beispiele können Sie selbst erfahren, wie beeinflussbar unsere Wahrnehmung ist:

Stellen Sie sich eine angenehme Situation aus Ihrer Kindheit vor. Sie sehen sie ganz klar vor Ihrem inneren Auge. Sie hören Stimmen, sehen Farben und haben das Gefühl, wieder ganz in dieser Situation zu sein. Stellen Sie sich nun eine zweite angenehme Situation vor. Diese spielt ebenfalls in Ihrer Kindheit, hat jedoch *nicht* stattgefunden – sie *hätte* aber stattfinden *können*. Stellen Sie sich ähnliche Farben vor wie in der ersten Vorstellung. Denken Sie ganz intensiv an diese zweite Episode, und erzählen Sie sie einer befreundeten Person. Erzählen Sie ihr das Ausgedachte sehr überzeugend und ausführlich. Denken Sie immer wieder an diese zweite Episode, und malen Sie sich jedes Detail möglichst genau aus. Erzählen sie immer wieder darüber.

Können Sie jetzt noch unterscheiden zwischen dem, was Sie wirklich erlebt und dem, was Sie sich vorgestellt haben? Verfahren Sie weiter in dieser Weise, bis die Grenzen ganz verschwimmen.

Das nächste Beispiel zeigt Ihnen, wie zudem die Interpunktion die Wahrnehmung einer Aussage beeinflusst:

Lesen Sie folgende Aussage: »Das ist. Das? Das! Nicht das?«
Jetzt lesen Sie so: »Das? Ist das das? Nicht das?«
Lesen Sie nochmals: »Das ist das! Das nicht. Das!«

Welche inneren Bilder sehen Sie, wenn Sie die Fragesätze lesen? Ändern sich die inneren Bilder beim Lesen der darauffolgenden Ausrufe?

DIE EINHEIT VON KÖRPER, GEIST UND SEELE

Folgende Betrachtung soll Ihnen helfen, ein besseres Verständnis für sich selbst zu entwickeln. Der Mensch ist ein Beziehungsgeflecht aus Körper, Geist und Seele. In ihm verbinden sich das Materielle und das Immaterielle zu einer Einheit. »Körper«, »Geist« und »Seele« sind dabei bedeutungsgleich mit »Körper«, »Bewusstsein« und »Unterbewusstsein«.

Ihr Körper ist der Spiegel Ihrer Gedanken und Gefühle, das heißt, in Ihrem Körper drücken sich alle Gefühlszustände aus, alle Gedanken und Überzeugungen, und zwar in jeder Sekunde. So, wie Sie denken, fühlen Sie sich.

Dieses Denken und Fühlen setzt im Gehirn bestimmte Prozesse in Gang, die im Körper Veränderungen bewirken. Sie zittern vor Angst oder bekommen Herzklopfen vor Erregung, Sie werden blass vor Schreck, oder es wird Ihnen warm ums Herz, wenn Sie sich wohlfühlen. Umgekehrt bedeutet das, wenn sich auf der körperlichen Ebene etwas verändert, verändert sich auch Ihr Denken und Fühlen.

Überzeugen Sie sich selbst, indem Sie sich jetzt einmal ganz gerade aufrichten, sei es im Sitzen oder im Stehen. Ihr Rücken ist gerade, und die Schultern haben Sie etwas zurückgenommen. Wie geht es Ihnen mit dem, was Sie wahrnehmen? Stimmt Sie der gerade Rücken aktiver und zuversichtlicher?

Nun lassen Sie Ihre Schultern immer weiter nach vorne sinken. Was ändert sich in Ihrer Wahrnehmung? Vielleicht stellen Sie fest, dass Sie schwerer werden, Ihre Stimmung wird bedrückt und passiv. Wenn Sie noch zusätzlich Ihre Stirn runzeln, wirken Sie kritischer und besorgter.

Sie sehen, eine Veränderung des Körpers führt zu einer Veränderung auf der Ebene von Geist und Seele, von Bewusstsein und Unterbewusstsein. Es besteht eine ständige Wechselwirkung zwischen Gedanken, Gefühlen und dem Körper. Diese Wechselwirkung können sie aktiv nutzen, um positive Veränderungen herbeizuführen.

Überzeugen Sie sich selbst mit der folgenden kleinen Übung.

Stärkung der Selbstsicherheit

Setzen Sie sich an einen ruhigen Ort, und schließen Sie Ihre Augen. Stellen Sie sich nun vor, wie eine unsichtbare Hand an Ihrem Scheitelpunkt einen Haken und an diesem Haken einen goldenen Faden befestigt. Behutsam zieht die unsichtbare Hand am goldenen Faden.

Geben Sie dem Zug nach, und richten Sie Ihren Rücken gerade. Die Hand zieht weiter, und Sie strecken Ihren Rücken noch etwas gerader, Ihre Schultern sinken entspannt nach hinten unten. Die Hand zieht weiter, und Sie richten den Nacken und den Kopf gerade auf. Die Hand zieht weiter, und Sie strecken sich so weit Sie nur können. In dieser ausgestreckten Haltung denken Sie: »Selbstsicherheit – Kraft – Stärke. Ich bin vollkommen selbstsicher.«

Öffnen Sie Ihre Augen. Bleiben Sie in dieser Körperhaltung. Beobachten Sie Ihre Gefühle. Wie fühlen Sie sich jetzt? Gehen Sie mit dieser Körperhaltung, mit diesem Gefühl der Stärke und Selbstsicherheit durch den Tag.

Körper und Psyche in Wechselwirkung

Die Erkenntnis, dass der Mensch radikal in die physiologischen Abläufe seines Körpers eingreifen kann, indem er sein Denken ändert, ist nicht neu. Es ist schon lange kein Geheimnis mehr, dass belastende Gedanken und Gefühle den Menschen krank machen können. Ein Symptom ist nichts anderes als eine Botschaft des Körpers. Es will darauf aufmerksam machen, dass auf der psychischen Ebene etwas verändert werden muss.

In meinen Seminaren vergleiche ich den Menschen gerne mit einem Baum. Ein Baum besteht aus einer Baumkrone, einem Stamm und den Wurzeln. Die Wurzeln stehen für die Seele und den Geist des Menschen, für das Unsichtbare. Der Stamm und die Krone stehen für den Körper. Damit ein Baum gedeiht und eine prächtige Krone entwickelt, braucht er viele gute Nährstoffe, die durch die Wurzeln in seine Äste gelangen.

Genauso verhält es sich mit uns Menschen. Unser Körper spiegelt die mentalen Nährstoffe, die ihm zugeführt werden, wider. Über Ihren Körper beziehungsweise über Ihre Körperhaltung nehmen Sie Einfluss auf Ihre Selbstsicherheit und Ihr Wohlbefinden. Ihre Körperhaltung hat praktisch eine unmittelbare Wirkung, wie Sie in der vorherigen Übung feststellen konnten.

Das Gegenteil trifft leider auch zu, und das kennen Sie bestimmt sehr gut. Mehren sich Konflikte in der Partnerschaft, fühlen Sie sich am Arbeitsplatz überfordert, oder bereitet Ihnen der bevorstehende Wohnwechsel Sorgen, dann reagiert Ihr Körper mit Müdigkeit und Antriebslosigkeit, mit Kopfweh und Verdauungsbeschwerden, mit Appetitlosigkeit und Schlafstörungen. Seien Sie sich bewusst: Wenn Ihr Körper reagiert, hat Ihre Seele schon längere Zeit gelitten. Wenn Sie mental stark sind, wird Ihr Körper mit Energie, Lebensfreude und einer besseren Gesundheit antworten. Wenn Sie mental schwach und zerbrechlich sind, wird sich auch Ihr Körper schwach fühlen, und er wird auf die Umwelt zerbrechlich reagieren.

Es gehört zu den Eigenarten des Menschen, dass er seinem Seelenleben, seinem psychischen Wohlbefinden, zu wenig Bedeutung und Aufmerksamkeit schenkt. Noch viel zu wenig fragt er sich, ob seine Gedanken und Gefühle auf seine Gesundheit Auswirkungen haben.

Wie steht es mit Ihnen? Haben Sie schon einmal gezählt, wie häufig Sie sich ärgern? Haben Sie schon einmal beobachtet, mit welchem Gefühl Sie täglich zur Arbeit fahren? Haben Sie sich schon einmal Gedanken darüber gemacht, in welche Konflikte Sie sich immer wieder verstricken, und wie lange Sie danach den belastenden Gedanken noch nachhängen?

Haben Sie schon einmal in Erwägung gezogen, dass Ihre Kopfschmerzen, Ihre Schlaflosigkeit oder Ihr Übergewicht tiefere Ursachen haben könnten? Ich halte das ganzheitliche Mentaltraining für eine hervorragende Methode, um Ordnung auf dieser tieferen Ebene zu schaffen. Wenn Sie innere Ruhe und Zufriedenheit erlangen, wird Ihr Körper entsprechend antworten. Alles entsteht zuerst im Geist, bevor es sich im Außen zeigt.

Diese Wahrheit soll Sie nicht erschrecken. Ganz im Gegenteil, sie soll Sie ermuntern und einladen, mit ganzheitlichem Mentaltraining an Ihren Beziehungen zu arbeiten, an Ihrem Arbeitsplatz hervorragende Leistungen zu erbringen, finanziell zufrieden zu sein und Ihre Freizeit zu genießen. Ganz einfach: Sie sollen ein glückliches und gesundes Leben führen, das nichts anderes als das Resultat eines mental starken seelischen Gerüstes ist.

Es gibt eine Geschichte, die von einem jungen Mann erzählt, der einst zu seinem Meister kam. Der junge Mann hatte einen schleppenden Gang, hängende Schultern, die Mundwinkel so weit unten, dass er sie fast in die Hosentaschen hätte stecken können.
»Meister, mein Leiden ist unerträglich!«
Der Meister nickte, überlegte dann einen Moment und antwortete: »Der gegenwärtige Augenblick ist nie unerträglich. Unerträglich ist, was du über die nächsten Minuten, über die nächsten Tage und Jahre denkst und auf dich hereinbrechen siehst. Deine Gedanken sind es, die dich so verzweifeln lassen. Lebe weniger in der Zukunft, und kümmere dich stattdessen nur um die Gefühle, die du jetzt gerade hast!«

Weil Körper, Bewusstsein und Unterbewusstsein eine Einheit sind und Sie mithilfe des Mentaltrainings ein gesundes Zusammenspiel erlangen, will ich Ihnen nachfolgend vorerst die Funktionsweise und die Aufgaben von Bewusstsein und Unterbewusstsein erläutern.

Bewusstsein und Unterbewusstsein

Unser Verstand besteht aus zwei Teilen. Als »Bewusstsein« wird alles bezeichnet, was unsere Aufmerksamkeit im Wachzustand in Anspruch nimmt. Es ist der analytische Teil, der Gedanken und Gefühle produziert, Sinneseindrücke wahrnimmt, sich erinnert, plant, bewertet. Hier ist der Sitz unseres Willens. Das Bewusstsein ist nicht auf unser Gehirn beschränkt. Wenn Sie etwas ertasten, so ist Ihr Bewusstsein in Ihren Fingerspitzen. Ihr Bewusstsein analysiert also Ihre haptische Wahrnehmung, die Beschaffenheit des Gegenstandes: »Aha, das ist Stoff, fühlt sich seidig an – es muss Seide sein.« Ebenso analysiert Ihr Bewusstsein Ihre visuellen Wahrnehmungen. In einiger Entfernung sehen Sie zum Beispiel ein Haus. Ihr Bewusstsein ist auf dieses Haus fokussiert. Was nehmen Sie wahr? Größe, Form, Farbe, Details? Ihr Bewusstsein analysiert wieder Ihre Wahrnehmung: »Aha, das ist eine Villa, leicht gelber Anstrich, schwere Holztore …« Das Bewusstsein ist Ihr Fokus, Ihre Taschenlampe, immer aktiv und produziert Gedanken, Ideen und Bilder.

Das »Unterbewusstsein« umfasst dagegen den Bereich, der Ihrem Bewusstsein nicht direkt zugänglich ist. Akzeptieren Sie die wissenschaftliche Erkenntnis, dass nichts in Ihrem Leben passiert, ohne dass Sie die Weichen dafür in Ihrem Unterbewusstsein gestellt haben. Vielleicht sprechen Sie gerne von »Zufällen«, »Umständen«, »Schicksal«. Sie benutzen diese Begriffe, weil Sie das, was Ihnen zustößt, nicht erklären können. Die Gründe sind in Ihrem Unterbewusstsein zu suchen.

Das Vorhandensein des Unterbewusstseins ist leicht feststellbar. Bestimmt kennen Sie das Phänomen des Schlafwandelns (Somnambulismus). Der Schlafwandelnde steht nachts auf, kleidet sich an – oder auch nicht – , verlässt das Zimmer, eilt durch Gänge, verrichtet bestimmte Arbeiten und kehrt schließlich in sein Bett zurück. Wenn derjenige aufwacht, kann er sich an nichts erinnern. Sein Körper hat seinem Unterbewusstsein gehorcht.

Das Unterbewusstsein verfügt über einen enormen Einfluss:

› Es speichert die Erinnerungen an alle Erlebnisse, an die Sie sich heute noch erinnern können und auch an solche, die Sie vergessen oder verdrängt haben. Ist Ihr Bewusstsein mit negativen Erlebnissen überfordert, verdrängt es diese unverarbeitet ins Unterbewusstsein. Ihr ganzes Leben ist hier gespeichert.
› Das Unterbewusstsein ist vollkommen neutral, es speichert Ihre Gedanken, Ihre Überzeugungen und Ihre Gewohnheiten, ohne sie zu bewerten. Es unterschei-

det nicht zwischen positiven und negativen Gedanken, zwischen positiven und negativen Überzeugungen. Es speichert sie neutral ab und gibt sie wieder.
> Das Unterbewusstsein verstärkt und materialisiert Ihre Gedanken und Überzeugungen. Denken Sie destruktiv, so nimmt das Unterbewusstsein an, Sie wollen destruktiv sein, und es beginnt, das Destruktive in Ihrem Leben zu verwirklichen.

Das Unterbewusstsein arbeitet also als ein Transformator. Es versteht jeden Gedanken, jedes Gefühl, jede Vorstellung, jedes innere Bild als Anweisung, als Befehl zur Verwirklichung. Das Unterbewusstsein ist Ihr bester Diener, der genau das ausführt, was Sie ihm sagen, nicht mehr, nicht weniger und nicht etwas anderes.

Ihr Unterbewusstsein ist Ihr Navigationsgerät, es arbeitet so präzise wie Ihr Navigationsgerät im Auto. Geben Sie einen Ort, eine Straße und die Nummer ein, wird Sie das Navigationsgerät genau dorthin führen. Es wird nie hinterfragen, ob Sie die richtige oder die falsche Adresse eingegeben haben, ob der Zeitpunkt der richtige oder der falsche ist.

Ebenso führt Ihr Unterbewusstsein – Ihr mentales Navigationsgerät – Sie genau zu dem Ziel, das Sie eingeben. Es hinterfragt nie, ob das Ziel für Sie gut ist oder nicht. Das Unterbewusstsein sagt immer: »Ja, in Ordnung, du bekommst, was du befohlen hast.« Die Befehle erteilen Sie dabei durch Ihre Gedanken, Gefühle, Gewohnheiten und Glaubenssätze.

Nun heißt es, im Kopf zu filtern und zu entscheiden, welche Anweisungen Sie dem Unterbewusstsein geben. Wenn Sie nicht filtern, entscheiden immer Ihre Gewohnheiten und Glaubenssätze. Sie können Ihr Unterbewusstsein mit einem Wagen vergleichen, vor den Pferde gespannt sind. Die Pferde haben keine Zügel und ziehen den Wagen, wohin es ihnen beliebt. Sie müssen ihnen die Zügel anlegen, um sie an den von Ihnen gewünschten Ort zu lenken. Das ganzheitliche Mentaltraining gibt Ihnen diese Zügel in die Hand. Im vorliegenden Buch lernen Sie Schritt für Schritt, die Zügel meisterhaft zu führen.

Der freie Wille

Weil Sie einen freien Willen haben, können Sie selbst bestimmen, was Sie denken, welche Gewohnheiten Sie pflegen, auf welche Ideen Sie sich fokussieren, und was Sie damit in Ihr Leben hineinziehen.

Ihren eigenen Willen kennen Sie sehr gut und glauben wahrscheinlich wie so viele, dass Sie von Ihrem Willen und somit von Ihrem Bewusstsein gesteuert werden. Wie oft haben Sie schon gehört oder jemandem (wohlmeinend) gesagt: »Du musst es nur wollen, dann geht es. Wenn du es nur willst, dann schaffst du es.« Doch diese Aussagen stimmen nicht ganz. Die treffendere Aussage wäre: »Was du dir nicht vorstellen kannst, kann nicht werden. Wenn du es dir nicht vorstellen kannst, brauchst du gar nicht zu beginnen.«

Denn besagter Wille, auf den sich der Mensch so gerne beruft, unterliegt immer, wenn er mit dem Gefühl und der Vorstellungskraft in Streit gerät. Eine Regel ohne Ausnahme besagt, dass im Kampf zwischen Wille und Gefühl immer das Gefühl siegt. Was Sie sich nicht vorstellen können, kann nicht sein.

Folgendes Experiment verdeutlicht diese Regel:

Legen Sie ein ca. 3 Meter langes und 25 Zentimeter breites Brett vor sich auf den Boden. Gehen Sie darüber.

Das schaffen Sie mühelos, richtig?

Ändern Sie die Bedingungen, und verbinden Sie gedanklich zwei Türme einer Kathedrale mit diesem Brett. Werden Sie nun über dieses Brett gehen? Stellen Sie sich diese Situation vollkommen lebendig vor. Jetzt, in diesem Augenblick stehen Sie oben auf dem Kirchturm und sehen das Brett vor sich. Sie heben das Bein an, Sie zittern vor Angst, Sie sehen die Tiefe unter dem Brett, und trotz aller Willenskraft gehen Sie nicht. Vor Ihrem inneren Auge sehen Sie, wie Sie das Gleichgewicht verlieren und in die Tiefe fallen.

Warum fallen Sie nicht, wenn das Brett am Boden liegt, und warum ist die Wahrscheinlichkeit groß, dass Sie fallen würden, wenn das Brett hoch oben angebracht ist? Ganz einfach: Im ersten Fall können Sie sich gut vorstellen, dass Sie es schaffen – Sie haben es schließlich schon erfolgreich getan. Im zweiten Fall können Sie sich das nicht vorstellen, und Ihre Angst vor dem Hinunterfallen ist stärker als Ihr Wille.

Ihre Vorstellungskraft ist also von entscheidender Bedeutung. Sagt Ihnen Ihre Vorstellungskraft »Das kann ich nicht. Ich kann mir diese oder jene Situation nicht vorstellen«, werden Sie es auch nicht schaffen. Aber auch das Gegenteil ist der Fall. Wenn Sie sich eine Situation lebhaft und ganz deutlich vorstellen und dabei sicher sind, dass es sich genau so ereignen wird, wird es auch so eintreten.

Wie unsere Vorstellung und Gefühle Einfluss auf uns nehmen können, zeigt die Geschichte des Hofnarren Gonella. Dieser diente auf dem Hof des Herzogs von Ferrera. Er brachte mit seinen Späßen den Herzog immer wieder zum Lachen, trieb es dabei aber manchmal zu weit. Deshalb beschloss sein Herr, ihm einen Denkzettel zu verpassen und ihm einen Streich zu spielen. Dieser bestand darin, dass der Herzog den Hofnarren im Scherz zum Tode verurteilte.

Der Tag der Hinrichtung war gekommen. Gonella wurde die Beichte abgenommen, und er bekam die letzte Ölung. Er war leichenblass, denn er glaubte fest daran, dass sein letztes Stündlein gekommen sei. Nachdem ihm der Scharfrichter die Augen verbunden hatte, musste er sein Haupt auf den Richtblock legen. Doch anstatt ihn zu enthaupten, goss ihm der Scharfrichter einen Kessel kalten Wassers auf sein Genick. Der Hofnarr Gonella war augenblicklich tot.

Welche Botschaft sandte der Hofnarr Gonella seinem Unterbewusstsein? War seine felsenfeste Überzeugung des nahen Todes die Anweisung an das Unterbewusstsein? Mit dieser Sprache des Unterbewusstseins befasst sich das nachfolgende Kapitel.

Die Sprache des Unterbewusstseins

Das Unterbewusstsein versteht kein einziges Wort, nur Bilder, die hinter jedem Wort stecken. Die Sprache des Unterbewusstseins ist demnach eine bildhafte Sprache. Folgendes Experiment verdeutlicht dies:

Die
SEELE
kann nicht ohne
Bilder
denken.

Aristoteles

Denken Sie das Wort »Baum«. Fast zeitgleich werden Sie vor Ihrem geistigen Auge einen Baum sehen, vielleicht eine Birke, einen Apfel- oder sonst einen Baum. Jeder Mensch stellt sich seinen eigenen Baum vor. Denken Sie nacheinander an Begriffe wie »Glück«, »Urlaub«, »Erfolg« … Was sehen Sie?

Vergleichen Sie Ihre Bildvorstellungen mit denen einer anderen Person. Sie werden erkennen, dass jeder Mensch eine ganz individuelle Vorstellung von der Welt hat.

Die Worte sind dabei zunächst nur leere Begriffe, solange Sie ihnen keine Bilder unterlegen. Die Vorstellungskraft, die sogenannte Imagination, ist eine wesentliche Fähigkeit des Menschen. Ein grundlegender Unterschied zwischen Mensch und Tier besteht darin, dass der Mensch in Bildern denken kann. Diese Fähigkeit nennt man »visualisieren«. Für Kinder ist es selbstverständlich, zu träumen und sich innere Bilder auszumalen. Viele Erwachsene können das nicht mehr so gut. Wenn Sie mit Ihrem Unterbewusstsein kommunizieren wollen, müssen Sie Ihre Vorstellungskraft wieder trainieren. Sie haben diesbezüglich zwei Arten von Vorstellungskraft.

Die *spontane Vorstellungskraft* stellt sich ohne Ihr Zutun ein. Es sind Bilder, die wie von selbst automatisch vor Ihrem inneren Auge entstehen. Meistens zeigen diese Bilder vergangene Erlebnisse, seltener haben sie etwas mit Ihrer Zukunft zu tun und fast nie mit Ihrer Gegenwart. Wenn Sie ein Problem haben, drehen sich die Bilder um dieses Problem. Jeden Tag läuft es ganz ähnlich in Ihrem Kopf ab, jeden Tag sind es ca. 9 000 Bilder, die unkontrolliert ein Eigenleben führen und für Sie zur Gewohnheit geworden sind.

Denken Sie beispielsweise das Wort »Fehler«, werden ganz automatisch Bilder einer Situation, die Sie erlebt haben, und in der Ihnen etwas misslang, vor Ihrem inneren Auge ablaufen. Ihr Unterbewusstsein definiert »Fehler« dabei aufgrund Ihrer Erlebnisse. Das bedeutet, dass Sie bei jedem Wort, das Sie hören, eine bildliche Verbindung zu Ihrer Vergangenheit herstellen.

Die *willentliche Vorstellungskraft* erschafft dagegen neue Konzepte. Dabei bestimmen Sie ganz bewusst, was Sie sich vorstellen wollen. Diese Art der Vorstellungskraft ist für das Mentaltraining die entscheidende, weil Sie dadurch steuern können, ob Sie destruktive Bilder zulassen, oder ob Sie neue und aufbauende Vorstellungsbilder kreieren.

Warum ist es wichtig, willentlich aufbauende Vorstellungsbilder zu kreieren? Wie bereits erklärt, speichert Ihr Unterbewusstsein Ihr ganzes Leben, ähnlich der Speicherplatte eines Computers. Stellen Sie sich das Unterbewusstsein ruhig wie ein Archiv voller Archivkästen vor, in jedem Archivkasten finden Sie Schubladen mit Karteikarten. Auf ihnen ist Ihr ganzes Leben in Form von Bildern festgehalten – nicht als Text. Ihr Unterbewusstsein versteht wie gesagt nur Bilder.

Die Bilder, die Sie zuletzt visualisiert haben, liegen in den oberen Schubladen Ihrer Archivkästen. Erlebnisse, die weit zurückliegen, und die Sie vergessen zu haben geglaubt haben, sind nach unten gerutscht. Diese Denkbilder liegen zwar etwas tiefer, können aber weder verändert noch eliminiert werden. Mit anderen Worten: Was Sie erlebt haben, kann verblassen oder Sie können es verdrängen, aber es wird niemals gelöscht.

Ihre Vorstellungsbilder sind Ihr »Draht« zum Unterbewusstsein, über den Sie dem Unterbewusstsein Befehle erteilen. Deshalb ist es sinnvoll, gezielt aufbauende Bilder zu visualisieren, denn aufbauende Bilder erteilen aufbauende Befehle. Im Kapitel *Kreatives Visualisieren* (siehe S. 80) erhalten Sie Übungen zum systematischen Training Ihrer Vorstellungskraft.

Bevor Sie systematische Vorstellungsübungen machen, können Sie im Voraus Ihr Vorstellungsvermögen testen: Stellen Sie sich so vor einen Spiegel, dass Sie die nächsten 10 Minuten bequem Ihr Gesicht betrachten können. Erforschen Sie Ihr Gesicht, schauen Sie es sich ganz genau an. Werten Sie nicht, denken Sie nicht darüber nach, wie es sein sollte. Betrachten Sie es liebevoll, und nehmen Sie möglichst viele Details auf. Seien Sie geduldig mit sich selbst.

Nach 10 Minuten schließen Sie die Augen. Stellen Sie sich jetzt Ihr Gesicht möglichst detailliert vor Ihrem inneren Auge vor. Sehen Sie es? Wie genau sehen Sie Ihr Gesicht? Welche Details sind verloren gegangen?

Erweitern Sie nun diese Vorstellung. Halten Sie die Augen geschlossen, und stellen Sie sich gedanklich hinter sich. Gelingt es Ihnen? Sehen Sie Ihren Hinterkopf in Ihrer Vorstellung so, als würden Sie wirklich hinter sich selbst stehen? Mit dem Hinhalten eines zweiten Spiegels können Sie prüfen, ob Ihre Vorstellung korrekt war.

Ihr Freund, Ihr Unterbewusstsein

Wie bereits erläutert, ist Ihr Unterbewusstsein Ihr treuer Diener. Es führt alle Anweisungen aus, die Sie ihm geben. Doch Ihr Unterbewusstsein ist noch viel mehr als das: Es ist Ihr bester Freund. Ein Freund ist jemand, der es gut mit Ihnen meint, der Ihnen hilft, eine Lösung zu finden, wenn Sie ein Problem haben, der Sie tröstet, wenn Sie traurig sind. Genau so ein Freund ist Ihr Unterbewusstsein. Dieser Freund ist immer für Sie da, und ich meine wirklich immer, in jeder Situation.

In meinen Beratungen fordere ich meine Klienten auf, sich das eigene Unterbewusstsein als eine liebevolle Gestalt vorzustellen. Ein Wesen, dem man alles anvertrauen kann, alle Träume, Ziele, Visionen, aber auch Probleme, Ärger oder Trauer. Wenn Sie spüren, dass Sie nie alleine sind, kann das für Sie eine große Hilfe in unsicheren Situationen sein.

Möglicherweise fragen Sie sich, welche Gestalt das Unterbewusstsein hat. Genau die Gestalt, die Sie ihm geben. Es ist zuallererst wichtig, dass Sie Ihr Unterbewusstsein spüren, sozusagen die Energie Ihres Unterbewusstseins. Durch die folgende Übung können Sie den Kontakt zu Ihrem Unterbewusstsein herstellen. Seien Sie geduldig, und wiederholen Sie die Übung immer wieder.

Dabei ist es sehr sinnvoll, Ihrem Unterbewusstsein einen Namen zu geben. Dies ist nichts Ungewöhnliches. In vielen Kulturen wird das so gemacht. Ihr Freund braucht einen Namen, dann können Sie viel konkreter mit ihm sprechen. Angenommen, Sie entschließen sich für den Namen Georg. Es ist vollkommen gleichgültig, ob Sie einen männlichen oder einen weiblichen Namen wählen. Sie können nun mit Georg sprechen: »Georg, ich habe ein Problem, ich kann mich nicht entscheiden, gib mir ein Zeichen.« Oder Sie sagen ganz energisch: »So Georg, fertig mit Angst und Unentschlossenheit, ich schaffe es!«

Tun Sie es, geben Sie Ihrem Unterbewusstsein einen Namen, und sprechen Sie mit ihm. Beobachten Sie, was passiert.

Vielleicht fragen Sie sich, was dies mit Mentaltraining zu tun hat, das grenze an Esoterik. Ohne den Begriff zu werten, die nachfolgende Übung hat nichts mit Esoterik zu tun. Hier geht es um Physik. Sie erinnern sich noch: Alles ist Energie, jede Materie. Ihre Gedanken sind Energie, Ihr Unterbewusstsein ist Energie. Es geht darum, innerlich zur Ruhe zu kommen und die Energie Ihres Unterbewusstseins wahrzunehmen. Die nachfolgende Übung dient also dazu, Ihren besten Freund zu spüren und ihm einen Namen zu geben. Wie Sie mit ihm kommunizieren, folgt im Kapitel *Kreatives Visualisieren* (siehe S. 80).

Das Unterbewusstsein wahrnehmen

Setzen Sie sich auf einen bequemen Stuhl – keinen Polstersessel oder ähnliches, damit Ihr Rücken beim Sitzen gerade ist. Ihre Hände legen Sie auf Ihre Oberschenkel. Schließen Sie Ihre Augen, um durch nichts abgelenkt zu werden. Atmen Sie durch die Nase ein und aus. Zählen Sie die Atemzüge. Wenn Sie beim Atmen zählen, schweifen Ihre Gedanken weniger ab. Einatmen … ausatmen … einatmen … ausatmen, lassen Sie sich Zeit.

Richten Sie nun Ihre Gedanken auf Ihre untere Bauchregion. Stellen Sie sich Ihr Becken als eine Schale vor. Diese »Beckenschale« ist das Zentrum Ihres Unterbewusstseins. Legen Sie Ihre Hände auf Ihren Unterbauch. Nun stellen Sie sich unter Ihren Händen eine goldene Kugel vor. Konzentrieren Sie sich ganz auf diese Kugel. Sie strahlt Wärme aus, sie strahlt Licht aus. Stellen Sie sich vor, wie sich Wärme und Licht von hier aus langsam in Ihrem ganzen Körper ausbreiten. Spüren Sie die Wärme unter Ihren Handflächen.

Versinken Sie in dieser Energie. Spüren Sie, wie sie Sie umhüllt und durchdringt. In diesem Gefühl der Geborgenheit sehen Sie vor Ihrem geistigen Auge eine Gestalt. Es ist nicht notwendig, dass Sie genaue Gesichtszüge erkennen, wichtig ist, dass Sie ihre Anwesenheit spüren. Diese Gestalt ist ganz nahe, vielleicht legt sie den Arm um Ihre Schultern. Vielleicht lächelt sie Ihnen ins Gesicht, vielleicht legen Sie den Kopf auf ihre Schultern. Stellen Sie sich genau das vor, was zu diesem Augenblick passt.

Geben Sie jetzt dieser Gestalt, dieser energetischen Wahrnehmung einen Namen. Der erste Name, der Ihnen in den Sinn kommt, ist der richtige. Wiederholen Sie innerlich immer wieder diesen Namen.

Kehren Sie mit einigen tiefen Atemzügen in Ihr Tagesbewusstsein zurück, und öffnen Sie die Augen.

ÜBUNG

Praktizieren Sie diese Übung täglich, am besten mehrere Male am Tag, damit Sie sich an die energetische Wahrnehmung gewöhnen. Denken Sie dabei immer wieder an den Namen Ihres Unterbewusstseins.

DIE GEDANKENGESETZE

Denken ist nichts anderes als das Bewegen von geistiger Energie. Das Leben sagt immer »Ja« zu Ihren Gedanken und wird niemals zwischen guten und weniger guten Gedanken unterscheiden. Genau genommen gibt es gar keine guten oder schlechten Gedanken. Es gibt nur Gedanken, die Sie in Ihren Zielsetzungen fördern, und es gibt solche, die Sie daran hindern, Ihre Ziele zu erreichen.

Die Energie Ihrer Gedanken tritt in Ihrem Leben in Erscheinung. Ihr gegenwärtiges Leben ist demnach die Folge Ihrer vergangenen Gedanken. Ihre heutigen Gedanken erschaffen Ihre Welt von morgen. Vielleicht wehren Sie sich gegen diese Behauptung, weil Ihr heutiges Leben nicht dem entspricht, was Sie gerne hätten – es hätte vielleicht ganz anders kommen sollen. Und trotzdem sind Ihre bisherigen Gedanken leicht in dem zu erkennen, was Sie bis jetzt erlebt haben.

Bis jetzt. Hier öffnen sich neue Chancen und Möglichkeiten. Denn nichts muss so bleiben, wie es ist. Wenn Sie mit Ihrer heutigen Situation nicht zufrieden sind, können Sie Schritt für Schritt alles verändern. Es gibt keinen Grund, sich Vorwürfe zu machen. Wenn Sie sich jetzt entscheiden, Ihr Denken nicht mehr dem Zufall zu überlassen, werden bereits in kurzer Zeit in Ihrem äußeren Leben deutliche Veränderungen erkennbar. Ganzheitliches Mentaltraining lehrt Sie die Kunst des gesunden Denkens.

Das folgende Experiment wird Sie verblüffen:

Eine mittelschwere Versuchsperson sitzt mit geschlossenen Augen auf einem Stuhl. Sie soll sich vorstellen, sie sei schwer wie ein Felsbrocken. Nun versammeln sich vier Personen um den Stuhl. Die Aufgabe dieser vier Personen besteht darin, mit je zwei Fingern die sitzende Person vom Stuhl zu heben. Dabei greifen zwei Personen unter die Achselhöhlen und zwei unter die Kniekehlen der Versuchsperson. Solange die Versuchsperson daran denkt, sie sei ein Felsbrocken, gelingt das Hochheben nur sehr schwer.

Im zweiten Teil des Experiments schließen alle Personen ihre Augen. Die Versuchsperson auf dem Stuhl stellt sich diesmal vor, sie sei leicht wie eine Feder. Die anderen vier Personen stellen sich vor, wie sie die Versuchsperson leicht und problemlos anheben, ca. einen halben Meter über den Stuhl. Alle Personen lassen sich viel Zeit, bis sie die Vorstellungen ganz klar und deutlich vor Ihrem inneren Auge sehen. Dann gibt eine der vier hebenden Personen den Befehl: »Augen öffnen. Auf drei hochheben. Eins, zwei, drei!«

– Versuchen Sie es selbst, Sie werden staunen, wie leicht es jetzt geht.

Gedankenenergien folgen gewissen Gesetzmäßigkeiten. Diese zu kennen, bringt Ihnen Vorteile. Sie können den Zusammenhang zwischen Ihrem Denken und Ihrem Leben besser verstehen.

Bevor ich Ihnen die Gedankengesetze vorstelle, zuerst noch etwas Grundsätzliches. Ich habe es bereits erwähnt, erachte es aber für so wichtig, dass ich es hier noch einmal wiederhole: Das Gehirn, Ihr Bewusstsein also, verwandelt jedes Wort, das Sie hören, und jeden Gedanken, den Sie denken, in ein Bild. Im vorherigen Teil habe ich Sie aufgefordert, das Wort »Baum« zu denken. Unmittelbar nachdem Sie das Wort gelesen haben, entstand in Ihrem Gehirn ein entsprechendes Bild. Dieses Baumbild wurde danach im Unterbewusstsein abgelegt.

Halten wir also fest:

› Gedanken und Bilder sind untrennbar miteinander verbunden.
› Das Unterbewusstsein versteht nur die Bildsprache.
› Das Gehirn unterlegt jedem Gedanken das dazugehörige Bild.
› Daraus folgt: Jeder Gedanke ist ein Befehl an das Unterbewusstsein, weil er zuerst mit einem Bild versehen wird.
› Der »Verbindungsdraht« zwischen Gedanke und Unterbewusstsein ist das Bild.

Das Gesetz der Resonanz

Der Begriff »Resonanz« kommt aus dem Lateinischen (*resonare* = widerhallen) und bedeutet in der Physik das »Mitschwingen«.

Wenn Sie beispielsweise kräftig eine Taste auf einem Klavier drücken, wird im Inneren des Instruments eine Saite angeschlagen. Die Saite schwingt. Gleichzeitig schwingen mit ihr noch andere Saiten, die mit dem betreffenden Ton harmonieren. Die anderen Saiten können gar nicht anders, als mit der angeschlagenen Saite mitzuschwingen, mitzuresonieren.

Ihre Gedanken haben eine Frequenz, die – vergleichbar mit einer Klaviersaite – schwingt. Alles, was die gleiche Frequenz wie Ihre Gedanken hat, wird mitschwingen, das heißt, es wird unweigerlich in Ihr Leben gezogen.

Das Gesetz der Resonanz ist das Gesetz der Anziehungskraft, es besagt: Gleiches zieht Gleiches an. Alles, was in Ihr Leben kommt, ziehen Sie selbst in Ihr Leben hinein – mit Ihren Gedanken, Ihren Gefühlen und Ihren Vorstellungsbildern. Das Gesetz der Anziehung gestaltet alles, was Ihnen in Ihrem Leben widerfährt. Sind Sie mit einem Ereignis in Ihrem jetzigen Leben nicht einverstanden, so fragen Sie sich zuerst einmal, warum Sie genau dieses Ereignis in Ihr Leben hineingezogen haben. Welche Gedanken, welche Gefühle und inneren Bilder sind dieser Situation vorausgegangen. Prüfen Sie diese, denn nur über die mentale Ebene ist eine Veränderung möglich. Mit diesem Wissen können Sie alles verändern, weil Sie sich jederzeit für andere Gedanken, Gefühle und innere Bilder entscheiden können. Vielleicht denken Sie jetzt: »Mir ist es nicht möglich, von meinen sorgenvollen Gedanken wegzukommen.« Es gibt zwei Gründe, warum Sie sich irren:

1. Jeder Gedanke ist eine physikalische Größe mit einer eigenen Beschaffenheit. Niemand verbietet Ihnen, eine andere Frequenz zu wählen. Es verhält sich wie beim Schuhe-Anprobieren. Niemand zwingt Sie, alte und ausgetragene Schuhe noch länger zu tragen. Sie können die alten wegwerfen und neue kaufen. Sie können so lange anprobieren, bis Sie sicher sind: »Diese will ich haben.«

2. Das Leben jedes Menschen wird durch Gewohnheiten gesteuert. Auch Denken ist eine Gewohnheit. Sie haben sich an immer gleiche Gedankengänge gewöhnt, deshalb denken Sie, das müsse so sein. Zugegeben, eine Gewohnheit zu verändern, ist nicht gerade leicht, jedoch möglich. Stellen Sie sich vor,

Sie fahren jeden Tag mit dem Auto zur Arbeit. Sie haben zwei Möglichkeiten, Ihren Arbeitsort zu erreichen. Aus Gewohnheit nehmen Sie immer denselben Weg. Schon einige Jahre lang. Sie denken gar nicht darüber nach, dass Sie auch einen anderen Weg wählen könnten. Sie vergessen, dass Sie frei sind und selbst entscheiden. Hier ist niemand, der Ihnen befiehlt, welchen Weg Sie nehmen müssen.

Haben Sie sich auch schon gefragt, warum ausgerechnet diese Menschen, die zurzeit in Ihrem Leben sind, überhaupt aufgetaucht sind? Sie haben sie angezogen, weil Sie mit dem Denken, dem Fühlen oder dem Verhalten dieser Menschen in Resonanz gegangen sind.

Interessant wird das Gesetz, wenn es um Gefühle geht. Angenommen, Sie fühlen sich verärgert oder gekränkt. In dem Fall würden Sie zu dem Betreffenden sagen: »Du hast mich geärgert« oder »Du hast mich gekränkt.« Das ist jedoch nicht ganz richtig. Ganz korrekt hieße es: »Ich habe mich kränken oder ärgern lassen.« Sie sind mit der Aussage oder dem Verhalten Ihres Gegenübers in Resonanz gegangen. Irgendetwas von dem Verhalten des anderen ist auch in Ihnen, es hat mitgeschwungen. Das heißt, Ihr Denken und Fühlen wirken wie ein unsichtbarer Magnet. Würden Sie nicht mitschwingen, wäre Ihnen die Person – sowohl ihre Aussage als auch ihr Verhalten – gleichgültig.

In Ihrem Umkreis gibt es beispielsweise vielleicht eine sehr genaue, ja übergenaue Person. Immer wieder fällt Ihnen die übertrieben korrekte Art dieser Person auf die Nerven. Warum gehen Sie mit der Pedanterie dieser Person in Resonanz? Zwei Antworten sind möglich:

1. Sie sind ebenso übertrieben genau und möchten es nicht sein, denn Ihre Genauigkeit raubt Ihnen die Freiheit, etwas spontan zu genießen. Indem Sie sich über das Verhalten der anderen Person ärgern, ärgern Sie sich genau genommen über sich selbst. Die andere Person führt Ihnen klar ein Verhalten vor Augen, das Sie selbst haben, es aber nicht haben wollen.

2. Sie sind ein eher lockerer Typ; lieber einmal schnell fertig sein als zweimal darüber nachdenken. »Wie schön wäre es doch, etwas mehr Geduld und Genauigkeit aufzubringen«, denken Sie oft. Und da haben Sie einen Menschen im Umkreis, der genau diese Fähigkeit der Genauigkeit aufweist, die Sie so gerne hätten – zum Davonlaufen.

Suchen Sie die Übereinstimmung. Wenn Sie wieder einmal eine Person ärgert, dann fragen Sie sich, was genau Sie am Verhalten der anderen Person geärgert hat – entdecken Sie die Schnittstelle.

Legen Sie kurz das Buch beiseite, und denken Sie darüber nach, mit welchen Menschen Sie in Resonanz gehen.

Warum? Wo sind die Überschneidungen? Sind das »Jammerer« oder »Macher«? Suchen Sie die Verbindung, und erkennen Sie sich selbst.

Wenn es um das Selbstwertgefühl geht, wird das Gesetz der Anziehung sehr deutlich erkennbar. Fühlen Sie sich in Ihrem Selbstwertgefühl angegriffen, reagieren Sie sehr schnell gekränkt.

Stellen Sie sich folgende Situation vor: An einer Geburtstagsparty halten Sie eine Rede. Sie beginnen, und vorerst läuft alles bestens. Da gähnt eine Person herzhaft laut. Sie sind verunsichert und geraten ins Stocken – Sie beziehen das Gähnen auf ihre Rede und denken: »Meine Rede ist langweilig. *Ich* bin langweilig.«

Warum bleiben Sie nicht gleichgültig? Warum gehen Sie mit dem Gähnen dieser Person in Resonanz? Weil Sie unsicher sind, weil Sie an Ihrer Qualität als Redner oder am Inhalt Ihrer Rede selbst zweifeln. Es gibt verschiedene Gründe, warum Menschen gähnen. Doch das berücksichtigen Sie im Moment der Kränkung nicht.

Aufgrund Ihrer Unsicherheit haben Sie nur eine einzige Möglichkeit herausgefiltert, die Möglichkeit: »Ich bin langweilig.« Diese Unsicherheit ist der Magnet für weitere Situationen, in denen Sie sich gekränkt fühlen.

Das Gesetz der Konzentration

Das Gesetz der Konzentration besagt: Je öfter Sie einen Gedanken wiederholen, desto intensiver wirkt er, desto stärker prägt sich sein Muster ein. Konzentration schafft Verstärkung. Wohin Sie ihre Konzentration richten, davon erhalten Sie mehr. Dies wirkt sich auch auf Ihren Körper aus. Machen Sie folgendes einfaches Experiment, Sie können es mit einem Freund oder Ihrem Partner machen:

Stellen Sie sich bequem hin, und schließen Sie Ihre Augen. Gehen Sie mit Ihren Gedanken in Ihr rechtes Ohrläppchen, und wiederholen Sie gedanklich immer wieder: »Mein rechtes Ohrläppchen ist schwer wie eine Bleikugel.« Stellen Sie sich parallel dazu in Ihrem rechten Ohrläppchen eine Bleikugel vor. Verweilen Sie eine Minute in diesem Gedanken. Anschließend stupst Sie Ihr Partner ohne Kraftaufwand gegen die linke Schulter.

Sie fallen nach rechts. Ihr gesamtes Gewicht hat sich in die imaginierte Bleikugel im rechten Ohrläppchen verlagert.

Konzentrieren Sie nun Ihre Gedanken auf Ihre Körpermitte, auf Ihren Bauchnabel. Wiederholen Sie nochmals eine Minute lang den obigen Gedanken: »Mein Bauchnabel ist schwer wie eine Bleikugel.« Stellen Sie sich dabei Ihren Bauchnabel als Bleikugel vor. Anschließend stupst Sie Ihr Partner mit dem gleichen geringen Kraftaufwand wie zuvor an.

Sie werden stehen bleiben. Ihr Partner wird Sie nicht aus dem Gleichgewicht bringen können. Ihre Kraft ist Ihren Gedanken gefolgt. Ihre Kraft ist in Ihrer Körpermitte.

Dieses Experiment zeigt Ihnen, dass Sie einen Gedanken, damit er wirken kann, stetig wiederholen müssen. Konzentration entsteht, wenn Sie denselben Gedanken häufig denken. Wenn Sie das erste Mal etwas denken, entsteht in Ihrem Gehirn eine flüchtige Spur. Diese Spur wird verblassen, wenn Sie den Gedanken zukünftig fallen lassen. Der Gedanke bleibt wirkungslos. Wenn Sie ihn hingegen stetig wiederholen, werden die Nervenverknüpfungen jedes Mal stabiler, die Spur wird tiefer, die Gedanken wirken.

Je öfter das Wasser durch ein Flussbett fließt, desto tiefer höhlt es den Unter-grund aus. Je häufiger Sie einen Gedanken denken, desto stärker wirkt er in Ihrem Leben.

So stellt sich für Sie die wohl wichtigste Frage Ihres Lebens: »*Was hätte ich gerne? Wie soll mein Leben aussehen?*« Was es jetzt noch zu tun gibt, ist, sich vollkommen darauf zu konzentrieren, was werden soll. Das klingt im Grunde genommen ganz einfach, aber genau hier beginnt für viele ein grundsätzliches Problem: Sie wissen nicht, was sie wollen. Sind Sie der Mensch, der Sie sein wollen? Leben Sie bereits das Leben Ihrer Träume? Wenn nicht, warum nicht? Auf diese Fragen wissen viele keine Antwort,

› weil sie sich noch nie überlegt haben, *wer* sie sein wollen.
› weil sie vor allem ihre Aufmerksamkeit darauf richten, was sie *nicht* wollen.
› weil sie nicht wissen, *was* sie wollen.

Worüber denken Sie die meiste Zeit nach? Über das, was Sie tun wollen und wer-den oder über das, was Sie ärgert und stört? Folgendes Beispiel soll verdeutlichen, was die Macht der Konzentration »anzurichten« vermag: Stellen Sie sich ein frisch verliebtes Paar vor. Die Frau ist absolut begeistert von ihrem sportlichen, athle-tischen, großen, schlanken Partner. Seine chronische Unpünktlichkeit stört sie überhaupt nicht, schließlich ist niemand perfekt. Doch nach einiger Zeit fällt der Frau unangenehm auf, wie häufig sie auf ihren Partner warten muss, manchmal sogar im Regen. Sie vergisst seinen athletischen Körper und ärgert sich. Was ist geschehen? Der Mann hat sich nicht verändert, wohl aber der Fokus der Partnerin. Was am Anfang noch unwichtig schien, rückt in den Vordergrund der Aufmerk-samkeit. Dies verdeutlicht, dass der Mensch selektiv wahrnimmt. Solange die Frau ihre Konzentration auf den sportlichen Körper ihres Partners richtet, nimmt sie seine Unpünktlichkeit nicht wahr. Und umgekehrt: Richtet sie ihre Aufmerksam-keit auf seine Unpünktlichkeit, ist ihr die Sportlichkeit nicht mehr wichtig.

Die nachfolgenden Beispiele zeigen, wie sich die Konzentration auf negative Aspekte auswirkt.

› Wenn Sie vor einem Schuldenberg stehen und Ihre Gedanken immer um die Frage kreisen, wie Sie Ihre Rechnungen bezahlen sollen, konzentrieren Sie sich damit auf die Schulden.

› Wenn Sie jammern und sich über eine Situation beklagen, konzentrieren Sie sich auf diese negative Situation und verstärken sie.
› Wenn Sie krank sind und sich mit anderen über Krankheiten unterhalten, können Sie weniger gut oder gar nicht gesund werden.
› Wenn Sie einen Beruf haben, der Sie unglücklich macht, und Sie jeden Tag zähneknirschend zur Arbeit gehen, können Sie keine andere Arbeit finden.

Gemäß dem Gesetz der Anziehung denken Sie das Unerwünschte und holen es dadurch in Ihr Leben. Durch stete Wiederholung – durch Konzentration auf das, was Sie nicht wollen – erhalten Sie noch mehr von eben dem, was Sie nicht wollen.

Erfolgsfaktor: Konzentration

Es war einmal ein Baum, der hoch oben an einer Felswand wuchs. Der Baum war klein und krumm, seine Wurzeln hatte er in die spärliche Erde in den Felsritzen gekrallt. Durch seine Äste fegte ein eisiger Wind, Sonnenstrahlen bekam er nur wenige ab, denn schon früh am Nachmittag verschwand die Sonne hinter dem Felsen.

Der Baum war sehr unglücklich, schaute neidvoll auf die anderen Bäume, die weiter unten größer und schöner wuchsen und deren Blätter in der Sonne glitzerten. Er seufzte tief und wünschte sich sehnlichst, einer von ihnen zu sein.

Doch eines Morgens, als die ersten Sonnenstrahlen auf ihn fielen und er verträumt ins Tal blickte, erkannte er, wie glücklich er doch war. Er hatte die herrlichste Aussicht, kein anderer Baum konnte so weit sehen wie er. Die Felswand, über die er sich so oft geärgert hatte, bot ihm Schutz vor Schnee und Eis. Seine knorrigen Äste und sein krummer Stamm passten genau hierhin, auf diesen Platz, wo er stand. Und er erkannte die vielen Vorteile, die er hatte.

Neigen wir nicht auch oft dazu, stärker auf die Dinge zu achten, die wir nicht können und nicht haben? Wenn wir uns auf unsere Stärken konzentrieren, darauf, was wir bereits gut machen, werden wir diese vertiefen.

Sie können nicht erfolgreich werden, indem Sie sich über Ihre Schwächen beklagen, sie in den Vordergrund stellen und Ihre Konzentration darauf fokussieren. Dann entgehen Ihnen die Chance, Ihre Stärken zu erkennen, sowie die Freude und die Möglichkeiten, die damit einhergehen. Erfolgreiche Menschen konzentrieren sich auf die eigenen Stärken und trainieren diese. Denken Sie an einen Rosenstrauch: Der Rosenstrauch mit den schönsten Blüten ist der beste, nicht derjenige mit den wenigsten Dornen.

Legen Sie für kurze Zeit dieses Buch zur Seite, und betrachten Sie Ihre gesamte Lebenssituation. Stellen Sie sich die Frage: »Woran erkenne ich, dass ich einzigartig bin?«

Schreiben Sie Ihre Erkenntnisse auf. Lenken Sie Ihre Konzentration vollkommen auf Ihre Stärken. Verpflichten Sie sich jetzt dazu, während der nächsten zwei Wochen *nur* über Ihre Stärken nachzudenken. Welche nutzen Sie, welche bauen Sie aus?

Machen Sie es sich zur Gewohnheit: Lehnen Sie sich von Zeit zu Zeit zurück, und fragen Sie sich: »Worauf konzentriere ich mich zurzeit? Wovon will ich mehr?« Sie werden schnell erfahren: Je öfter Sie den Mut aufbringen, sich auf Ihre Stärken zu konzentrieren, desto besser und stärker werden Sie. Und es gibt jemanden, der Ihnen dabei hilft: Ihr Unterbewusstsein.

Konzentration auf eine Sache bedeutet zugleich, alles andere auszublenden. Solange Sie sich auf Ihre Stärken konzentrieren, können Sie nicht an Ihre Schwächen denken. Denken Sie an das Experiment mit dem Ohrläppchen. Konnten Sie während des Gedankens »Mein rechtes Ohrläppchen ist schwer wie eine Bleikugel« zusätzlich noch an etwas anderes denken? Wohl kaum. Sie können nicht gleichzeitig an zwei Sachen denken, Sie können sich nicht gleichzeitig voll und ganz auf zwei Sachen konzentrieren.

Machen Sie sich bewusst, dass Sie jederzeit Ihre Konzentration dorthin lenken können, wo Sie sie haben wollen. Gehen Sie kurz in die Vorstellung hinein, Sie würden in einem dunklen Raum stehen. Sie sehen gar nichts. Dieser dunkle Raum ist Ihr Leben. In der Hand halten Sie eine Taschenlampe. Diese Taschenlampe ist Ihre Konzentration. Sie zünden die Lampe an und entscheiden, wohin Sie leuchten möchten. Sie entscheiden, wohin Sie Ihre Konzentration richten wollen. Niemand kann Ihnen Ihre Taschenlampe wegnehmen, Sie alleine entscheiden, auf was Sie sie richten.

Zusammengefasst: Im Mentaltraining besteht ein entscheidender Schritt darin, sich von dem, was Sie nicht wollen, abzuwenden und sich zu dem, was Sie gerne in Ihrem Leben haben möchten, hinzuwenden. Konzentration schafft Verstärkung.

Um an meine bereits gestellte Frage anzuknüpfen: Leben Sie das Leben Ihrer Träume? Träumen Sie noch? Hierbei meine ich das Träumen mit offenen Augen. Haben Sie einen Zukunftstraum, der Sie mit Energie nach vorne treibt?

Leider ist es so, dass die meisten Menschen keine Träume mehr haben. Doch wer nichts träumt, kann auch nichts verändern und wird niemals gemäß seinen Träumen leben können. Diese Eigenschaft müssen Sie sich wieder aneignen. Die gegenwärtigen Umstände Ihres Lebens sind absolut nebensächlich. Sagen Sie nicht, Ihr Leben sei »gelaufen«, und behaupten Sie nicht, Sie hätten keine Zeit zum Träumen oder jetzt sei nicht der richtige Zeitpunkt. Diese Ausreden gelten nicht. Wenn Sie erfolgreich sein wollen, müssen Sie auch die Ansicht, Träumen sei nur etwas für Kinder, über Bord werfen. Kindern gelingt es sehr gut, sich als Präsident oder Astronaut zu sehen oder sich als Superman unbesiegbar zu fühlen. Träumen Sie, wiederholen Sie Ihre traumhaften Gedanken jeden Tag. Die Spuren, die Ihre Träume im Unterbewusstsein hinterlassen, werden dadurch immer tiefer. Sie festigen sich. Die Konzentration auf Ihre Träume führt dazu, dass

› Sie mehr Lebensenergie und Schwung bekommen,
› Sie immer neue Ideen erhalten,
› Sie beginnen, an Ihre Träume zu glauben,
› Ihre Träume ein fester Bestandteil Ihres Lebens werden und
› sich Ihre Träume verwirklichen.

Untersuchungen, Experimente und Statistiken haben zudem ergeben, dass die Fähigkeit, sich auf eine Sache vollkommen konzentrieren zu können, ein wesentlicher Erfolgsfaktor ist. Wenn Sie genau wissen, wohin Sie gehen wollen und mit unbeugsamer Konzentration diesen Weg beschreiten, werden Sie Ihr Ziel erreichen. Jedes Ziel, jedes Projekt erfordert Konzentration. Sich konzentrieren heißt, die Gedanken bündeln und nur noch an eine Sache denken. Die Kraft der Gedanken vervielfacht sich dabei.

Je mehr Sie sich auf Ihre Aufgabe konzentrieren, desto bessere Resultate werden Sie erzielen, und Sie werden sich dabei sehr gut fühlen. Diese Konzentration gibt Ihnen ein Gefühl der Selbstkontrolle und macht Sie stolz.

Klärung der persönlichen Ziele

Vielleicht kommt es Ihnen ungewöhnlich vor, wieder zu träumen. In diesem Fall kann Ihnen diese Übung helfen.

Machen Sie die Übung schriftlich, das ist sehr wichtig, ansonsten erhalten Sie nur geringe Resultate. Nehmen Sie ein Blatt Papier zur Hand, und teilen Sie es in zwei Spalten. Auf der einen Seite schreiben Sie alles auf, was Sie sich wünschen. Träumen Sie so richtig hemmungslos. Auf der anderen Seite schreiben Sie detailliert alles auf, was Sie unter keinen Umständen mehr in Ihrem Leben wollen.

Jetzt haben Sie bereits einen ersten Überblick erhalten. Lassen Sie sich mehrere Tage Zeit, und ergänzen Sie geduldig Ihre Liste. Bald werden Sie erkennen, wovon Sie mehr möchten, und worauf Sie zukünftig Ihre Konzentration richten wollen. Aus dieser »Traumliste« werden sich klare Ziele herauskristallisieren. Indem Sie lernen, mit Ihren Zielen richtig zu arbeiten, beginnen diese sich zu verwirklichen.

Ihre Ziele sind Fixpunkte, die Ihrem Leben eine Ausrichtung geben. Dieser Weg vom aufgeschriebenen Ziel bis zu dessen Verwirklichung will bewusst und konzentriert zurückgelegt werden. Er ist ein Bestandteil Ihres glücklichen Lebens, deshalb gebührt ihm große Aufmerksamkeit. Diesem *Ihrem* Weg widmet sich der zweite Teil meines Buches. Zum ganzheitlichen Erfolg gehört es, alle Hinweisschilder entlang des Erfolgsweges zu beachten und zu berücksichtigen.

Nun gilt: Je mehr Sie sich auf Ihren Weg konzentrieren, desto glücklicher werden Sie in jedem Bereich Ihres Lebens. Sie sind unterwegs, um Ihren ganzheitlichen Erfolg zu verwirklichen.

Das Gesetz der Erwartung

Das Gesetz der Erwartung besagt, dass Sie genau das bekommen, was Sie erwarten. Ihre Erwartungen sind Ihre bildlichen Vorstellungen von dem, was noch in der Zukunft liegt. Ihre Erwartungen sind Energien, die genau das in Ihr Leben hineinziehen, was Sie über das noch Bevorstehende denken. Mit anderen Worten, Sie steuern stets auf Dinge zu, die Sie zuvor denken und sich bildlich vorstellen.

Der Begriff »Erwartung« beinhaltet, dass Sie einem bestimmten Ereignis oder einem bestimmten Ergebnis entgegenblicken. Wenn Sie die Menschen in Ihrer Umgebung beispielsweise als Freunde betrachten, gehen Sie locker und entspannt auf sie zu. Dabei haben Sie eine Ausstrahlung und ein Verhalten, das diese Menschen in Ihr Leben hereinzieht. Sie machen die Erfahrung: »Ja, das sind Freunde.« So prägen Sie mit Ihren Erwartungen Ihre Erfahrungen.

Grundsätzlich gilt: Denken und erwarten Sie das Positive, dann erhalten Sie es, weil Sie es in Ihr Leben hereinziehen. Denken und erwarten Sie das Negative, erhalten Sie es ebenfalls, da Sie nach demselben Gesetz das Negative in ihr Leben hereinziehen. Das hat den einfachen Grund, dass Sie sich unterschiedlich verhalten, je nachdem was Sie erwarten.

Sind Sie beispielsweise skeptisch, ob Sie die neue Arbeitsstelle aufgrund des Glaubenssatzes »Ich bin schon zu alt« auch wirklich erhalten, werden Sie diese mit großer Wahrscheinlichkeit tatsächlich nicht bekommen, da Ihr Verhalten ein negatives Resultat anziehen wird. In Ihrem Verhalten, in Ihrem Sprechen, in Ihrer Körperhaltung spiegelt sich immer Ihre Erwartungshaltung.

Dagegen werden starke positive Erwartungen Sie dazu antreiben, sich besonders Mühe zu geben, was wiederum zu einer positiven Ausstrahlung führt. Da Sie ein gutes Endergebnis erwarten und vollkommen überzeugt davon sind, dass Sie die Fähigkeit zu dieser Leistung haben, wirken Sie motiviert und tatkräftig.

Zusammengefasst: Ihre Erwartung beeinflusst Ihr Verhalten, und Ihr Verhalten zieht ein bestimmtes Resultat an. Denken Sie über Ihre Erwartungen nach. Negative Erwartungen können Sie davon abhalten, einen unbekannten Weg einzuschlagen oder einen Weg zu Ende zu gehen.

Erwartungen können für Verwirrung und innere Konflikte sorgen, insbesondere dann, wenn sie überhöht sind (siehe *Übersteigerte Erwartungen loslassen*, S. 166) oder sich an andere Personen richten.
Hier finden Sie einige Beispiele:

› Sie haben Freunde eingeladen und *erwarten*, dass Sie für Ihre Tischdekoration gelobt werden.
› Sie *erwarten* von Ihren Kindern, dass sie immer ihre Jacken an der Garderobe aufhängen.
› Sie *erwarten* von Ihrem Partner, dass er pünktlich zum Essen nach Hause kommt.
› Sie *erwarten* von Ihrem Ferienhotel ein vortreffliches Mittagsbuffet.

Diese Liste können Sie unendlich weiterführen. Mit einer solchen »kleinlichen« Erwartungshaltung ziehen Sie sich Ärger

Was die
ZUKUNFT
betrifft, so ist
deine
Aufgabe
nicht, sie
vorauszusehen,
sondern sie zu
ERMÖGLICHEN.

Antoine de Saint-Exupery

und Probleme in Ihr Leben. Darum ist es empfehlenswert, sie fallenzulassen. Wobei sich auch hier das Gesetz der Erwartung erfüllt: Indem Sie *erwarten* und unbedingt wollen, dass ihre Freunde Sie für die schöne Tischdekoration loben, erzeugen Sie Angst und Druck – energetische Blockaden und innere Absperrungen. Ersetzen Sie stattdessen diese kleinliche Erwartungshaltung mit einer Überzeugung, die Sie sehr zufrieden machen wird: »Ich nehme es so, wie es ist.«

Befreiung von negativen Erwartungen

Schließen Sie Ihre Augen, und stellen Sie sich vor, wie Sie auf einem Steg am Meer stehen. Wölben Sie Ihre Hände zu einer Schale. Stellen Sie sich nun vor, wie aus Ihren Händen alle negativen Erwartungen herausströmen und die Schale füllen.

Sie halten nun alle Erwartungen in Ihren Händen. Sie können sich die Erwartungen als eine Kugel vorstellen oder als eine Anzahl kleiner Kügelchen. Werfen Sie nun Ihre Erwartungen in die Wellen. Sie sehen sie davontreiben, bis sie kleiner und kleiner werden und schließlich verschwinden.

Bleiben Sie noch eine Weile in dieser Vorstellung, und atmen Sie die frische Meeresluft ein.

Nachdem Sie diese Übung gemacht und Ihre negativen Erwartungen verabschiedet haben, sagen Sie ganz entschieden: »Heute erwarte ich das Beste.« Machen Sie eine Gewohnheit daraus, und betrachten Sie Ihr Leben als ein Geschenk, als eine Quelle ständiger Freude. So werden Sie Ihr Leben dann auch erfahren, weil Sie mit Ihrer Erwartung genau diese Freude in Ihr Leben ziehen werden – Ihre Erwartung ist ein Magnet.

Kennen Sie die Geschichte von den zwei Samenkörnern, die nebeneinander in der Erde steckten?

Das erste Samenkorn freute sich: »Ich will wachsen, ich will wachsen! Ich werde meine Wurzeln tief in die Erde strecken und mit meinem Köpfchen die Erdkruste durchbrechen. Ich werde kräftig wachsen und mich zu einem stattlichen Baum entwickeln. Ich werde den Morgentau und die Sonne auf meinen Blättern spüren und den Wind, wie er mit meinen Ästen spielt. Ich freue mich, ich will wachsen!«

Das zweite Samenkorn aber sprach: »Ich fürchte mich. Wenn ich meine Wurzeln tief in die Erde wachsen lasse, weiß ich nicht, was mich dort unten erwartet. Vielleicht tut es mir weh. Wenn ich die Erdkruste durchbreche, könnte ich brechen, und ich weiß auch nicht, welche Gefahren über der Erde auf mich lauern. Nein, nein, ich bleibe hier und warte, bis es noch sicherer ist.«

Und jedem Samenkorn geschah nach seiner Erwartung. Das erste Samenkorn entwickelte sich zu einem starken Baum, das zweite blieb so, wie es war.

Beiden Samenkörnern war gemeinsam, dass sie keine Gewissheit hatten, wie es kommen werde. Was sie unterschied, war ihre Erwartung.

Das Gesetz der Kausalität

Das Gesetz der Kausalität ist das Gesetz von Ursache und Wirkung. Nichts geschieht zufällig. Sokrates erwähnte bereits 425 v. Chr., dass alles einen Grund haben müsse.

Alles, was in Ihrem Leben passiert, geschieht aus einem bestimmten Grund.

Es gilt, zuerst die beiden Begriffe »Ursache« und »Wirkung« zu verstehen. Die »Wirkung« ist Ihr Leben, das, was Ihnen täglich widerfährt. Dieser Wirkung geht etwas voraus, nämlich die »Ursache«. Diese ist immer geistiger Natur wie Ihre Gedanken, Ihre Gefühle, Ihre Erwartungen, Ihre inneren Bilder. Jeder Gedanke, jedes Gefühl, jede Erwartung, jedes innere Bild drängt danach, sich zu verwirklichen.

Das Gesetz der Kausalität besagt, dass Sie in Ihrem Leben genau das erhalten, was Sie verursachen. Auch wenn Sie die Gründe nicht kennen, warum etwas passiert, heißt das nicht, dass es keine Gründe dafür gibt. Das Gesetz der Kausalität ist ein Urgesetz, es bewahrheitet sich immer, weil Ihre Gedanken, Gefühle und inneren Bilder Energien sind, die Sie fortwährend ins Universum aussenden, und Sie können aus diesem Mechanismus nicht aussteigen. Es ist dem Universum gleichgültig, ob Sie destruktive oder aufbauende Energien aussenden. Nach dem Gesetz der Resonanz werden diese Energien irgendwann in Ihr Leben treten.

Wie gesagt, Ihre Gedanken, Gefühle und inneren Bilder sind die Ursache, es sind Energien, die Sie fortwährend ins Universum aussenden. Es ist dem Universum gleichgültig, ob Sie destruktive oder aufbauende Energien aussenden. Nach dem Gesetz der Resonanz werden diese Energien irgendwann in Ihr Leben treten. Wenn Sie mit Ihrem Leben nicht zufrieden sind, haben Sie jederzeit die Möglichkeit, in diese Kette von Ursache und Wirkung einzugreifen, indem Sie die Ursache verändern.

Ernten, was gesät wurde

Eine Möglichkeit, um sich das Kausalitätsgesetz besser vorstellen zu können, ist das Säen und Ernten. Die Natur zeigt das Gesetz eindeutig: Wenn der Bauer Weizen sät, wird er auch Weizen ernten, weil sich die Natur nicht irrt. Sie können sich auch den umgekehrten Weg vorstellen: Wenn der Bauer Weizen erntet, hat er auch Weizen gesät. Ihre Gedanken sind die Samen, und jeder Same trägt bereits seine Verwirklichung in sich.

Betrachten Sie einmal Ihr gegenwärtiges Leben. Gehen Sie in der Zeit zurück, und überlegen Sie, was Sie gesät haben, was die Ursache ist, dass Ihr Leben so ist, wie es derzeit ist. Finden Sie Ihr Leben optimal, so, wie es gegenwärtig ist?

Viele Menschen stellen erstaunt fest, dass das, was herauskommt, nicht das ist, was sie haben wollten. Das macht nichts, denn es lässt sich jederzeit alles ändern. Die Vergangenheit können Sie nicht mehr verändern, die Zukunft aber liegt noch vor Ihnen. Sie können in diesem Augenblick eine bessere Zukunft verursachen, indem Sie bessere Samen säen, indem Sie bewusst Gedanken, Gefühle und Bilder wählen, die Sie zu einem erfolgreichen Leben führen.

Dieses Gesetz der Kausalität eröffnet Ihnen unendliche Freiheit. Jeden Augenblick säen Sie Zukunft. Sie sind frei, zu säen, was immer Sie wollen. Das, was Sie säen, wächst. Das Gesetz der Kausalität zwingt Sie, Verantwortung zu übernehmen. Denn immer sind Sie es selbst, der sät. Niemand kann auf Ihrem Acker fremde Samen säen, außer Sie lassen es zu. Das Gesetz befreit, denn Sie können jederzeit Ihrem Leben eine Wendung geben, indem Sie eine andere Saat wählen.

SCHÖPFERISCHE
Kraft

ZIELE BESTIMMEN
DIE RICHTUNG

Die mentalen Gesetzmäßigkeiten zu verstehen, ist das eine. Diese anschließend im eigenen Leben aktiv umzusetzen, ist das andere. Der entscheidende Schritt ist der von passiv zu aktiv. Passiv heißt: »Ja, ich habe verstanden, das ist in Ordnung so.« Aktiv heißt: »Ich beginne jetzt sofort.« Hier erhalten Sie nun die Methode, mit deren Hilfe Sie Ihre aktive Lebensgestaltung und -steuerung anpacken.

Sie sind nun aufgefordert, die im Folgenden vorgestellten Übungen möglichst bald in die Praxis umzusetzen. Sie müssen nicht von heute auf morgen Ihr ganzes Leben verändern. Praktizieren Sie vorerst einige wenige Übungen, machen Sie diese erst einmal zu Ihrer Gewohnheit, indem Sie sie täglich anwenden.

Die Übungen sind nicht schwierig, und trotzdem sind sie möglicherweise das Schwierigste, was Sie jemals getan haben, denn sie erfordern Fleiß, Geduld und Zeit. Doch Sie werden reich belohnt – mit einem ganzheitlich glücklichen und erfüllten Leben. Sie werden nicht lange auf Veränderungen warten müssen.

Mit folgenden mentalen Schritten erreichen Sie erfolgreich Ihre Ziele:

1. Sie bestimmen die Richtung, wohin es von nun an gehen soll, indem Sie Zielklarheit gewinnen.

2. Mit dem kreativen Visualisieren holen Sie Ihre Zukunft in die Gegenwart.

3. Der innere und äußere Dialog, Ihre Selbstgespräche und Ihre Kommunikation mit anderen Menschen unterstützen Sie bei der Zielerreichung.

4. Sie programmieren Ihr Unterbewusstsein.

5. Sie verinnerlichen die Erfolgsgesetze und führen ein kraftvolles Leben.

Der entscheidende erste Schritt besteht darin, aufzuwachen und das Lebensruder an sich zu reißen. Wenn Sie das Leben in die eigenen Hände nehmen und bewusst gestalten, gehen Sie einen Erfolgsweg, weil Sie Schritt für Schritt Ihr enormes Potenzial entdecken und lernen, Ihren schöpferischen Fähigkeiten zu vertrauen. Vergessen Sie nie, dass 80 Prozent Ihres Erfolgs auf mentaler Stärke basieren. Entscheiden Sie sich hier und jetzt. Sie können das!

Haben Sie gewusst, dass Menschen und Brieftauben etwas gemeinsam haben? Wie Sie sicher wissen, haben Brieftauben einen unglaublich gut ausgeprägten Orientierungs- und Heimkehrsinn. Das heißt, sie fliegen auf dem schnellsten Wege nach Hause. Offenbar haben sie einen meisterhaften »inneren Kompass«, eine Art innere Landkarte. Brieftauben finden den Heimweg sogar dann, wenn man sie in einem völlig fremden Gelände aussetzt. Darüber hinaus besitzen sie ein Zeitgefühl und können am Stand der Sonne die Himmelsrichtungen be-stimmen. Außerdem benutzen sie ebenso wie Zugvögel das Erdmagnetfeld zur Orientierung.

So weit so gut, doch worin besteht nun der Zusammenhang zwischen Brieftau-ben und Menschen?

Stellen Sie sich einmal vor, Sie lassen an einem fremden Ort – vielleicht 1000 Kilometer weit weg vom heimatlichen Schlag – eine Taube aus ihrem Vogelkäfig. Sie merkt sofort, wohin sie fliegen muss, um wieder nach Hause zu kommen. Sie wird in die Luft steigen, einige Male kreisen und schnurstracks heimwärts fliegen. Sie wird innerlich gesteuert, und diese innere Steuerung wird als »kybernetischer Mechanismus« oder »kybernetische Zielsuchfunktion« bezeichnet. Sie hat ein Ziel, und sie wird dieses Ziel treffsicher erreichen.

Ähnlich den Brieftauben bewegt sich jeder Mensch automatisch auf sein Ziel zu, vorausgesetzt er hat es nur klar genug formuliert. Denn auch der Mensch besitzt diese innere kybernetische Steuerung und bewegt sich von »Ich bin jetzt hier« nach »Ich will aber dorthin«. Und trotzdem gibt es Menschen, die bewegen sich nirgendwohin, sie wissen nicht, wo sie stehen, und sie wissen nicht, wohin sie möchten. Sie haben kein Ziel. Andere wiederum nutzen sogar die Ziellosigkeit mancher Menschen für ihre eigenen Zwecke und geben ihnen Ziele vor. Fremden Zielen zu folgen, ist ebenfalls unbefriedigend.

EINSCHÄTZUNG DER PERSÖNLICHEN ZIELE

Viele Menschen, die überzeugt sind, Ziele zu haben, kommen nicht über Alltagsziele wie Rasen mähen, Auto waschen oder mit dem Hund spazieren gehen hinaus. Hier geht es aber um ganz andere Ziele. Um Ziele, die wie strahlende Lichter entlang Ihres Weges leuchten.

Betrachten Sie Ihr Leben, und schätzen Sie sich ein: Sind Sie jemand, der außer während des Schlafens und in der Freizeit nur Probleme sieht? Hangeln Sie sich von Wochenende zu Wochenende und erledigen Ihre Arbeit möglichst ohne aufzufallen? Alles Neue macht Ihnen Angst, deshalb packen Sie es auch nicht an, und Sie halten es für ziemlich unsinnig, sich über die Zukunft Gedanken zu machen?

Trifft dieses Bild auf Sie zu, dann haben Sie vermutlich keine Ziele.

Sind Sie jemand, der im Spiel des Lebens gewinnen will? Betrachten Sie jedes Problem als einen Impuls für einen Schritt nach vorne? Das, was Sie tun, macht Ihnen Spaß, und Sie sind bereit, Aufgaben und Anstrengungen auf sich zu nehmen, um sich weiterzuentwickeln? Sie machen sich aktiv Gedanken über Ihre Zukunft und legen großen Wert auf Selbstbestimmung? Sie lieben Veränderung und Wachstum und übernehmen Verantwortung für Ihr Leben, auch wenn es nicht wie erwartet abläuft?

Trifft dieses zweite Bild auf Sie zu, dann gratuliere ich Ihnen herzlich! Ergänzen Sie Ihre Lebensführung mit den Ideen, Methoden und Übungen in diesem Buch. Trifft eher das erste Szenario auf Sie zu, dann kann ich Ihnen erst recht gratulieren. Sie halten das richtige Buch in der Hand, um Ihre Situation zu verändern.

Die richtige Formulierung der Ziele

Ich habe Sie bereits aufgefordert, zu träumen und Ihre Träume aufzuschreiben. Bestimmt hat Ihre Fantasie gesprudelt wie ein erfrischender Brunnen. Das hat Ihnen Schwung gegeben.

Stellen Sie sich nun vor, Ihre Träume und Wünsche, die Sie bisher geträumt haben, sind ein wunderschönes Haus. Jeder Raum in diesem Haus hat nur eine Absicht: Sie erfolgreich und glücklich zu machen. Doch dieses Haus, in dem Sie von nun an leben möchten, muss noch gebaut werden. Sie brauchen einen Architekten, dem Sie genau beschreiben, wie Ihr wunderbares Haus, Ihr erfolgreiches Leben, aussehen soll. Ihr Architekt ist Ihr Unterbewusstsein, und dieses verlangt von Ihnen lediglich eine genaue Bestellung, ein klares Bild. Nur das Endprodukt – Ihr Traumhaus – ist jetzt wichtig, weder die Bauführung noch der Weg zu Ihrem Traumhaus. Wählen Sie aus Ihren Träumen diejenigen aus, die in ihrem Glanz und in ihrer Helligkeit herausragen. Das sind Ihre Ziele. Jetzt wird es sehr konkret, und dies ist der entscheidende Unterschied zwischen einem Traum und einem Ziel. Das Ziel hat eine konkrete Gestalt, einen Namen. Stellen Sie sich das gewünschte Ergebnis genau vor.

Vergleichen Sie sich mit einem Friseur. Bevor er mit dem Schneiden der Haare beginnt, sieht er die Person mit bereits geschnittenem Haar vor sich. Gleiches gilt für Sie: Sehen Sie Ihr Ziel, bevor Sie den Weg dorthin beginnen.

Doch was ist zu tun, wenn Sie immer noch nicht wissen, was Sie wollen? Wenn Sie an die Verwirklichung Ihres Ziels nicht glauben, weil Sie den Weg dorthin nicht kennen? Heute müssen Sie diesen Weg noch nicht kennen. Ein Ziel abzutun, nur, weil Sie in diesem Moment noch nicht wissen, wie Sie es erreichen, ist voreilig. Das *wie* ist im Moment nicht wichtig. Es zählt einzig die Frage: »*Was* hätte ich gerne?«

Bestellung an das Universum

Beginnen Sie in dieser einfachen Übung damit, sich über Ihr jetziges Leben einen Überblick zu verschaffen. Beschreiben Sie Ihren Tagesablauf. Wie sieht ein gewöhnlicher Tag bei Ihnen aus? Schreiben Sie die einzelnen Tätigkeiten ganz genau auf, als würden Sie ein Formular einer Befragung ausfüllen. Sie beginnen mit der ersten Frage: »Was sehen Sie als Erstes, wenn Sie die Augen am Morgen öffnen?« Durchforsten Sie auf diese Weise Ihren gesamten Tagesablauf.

Sehen Sie sich diesen Ablauf am nächsten Tag genau an. Mit welchen Aspekten Ihres Tagesablaufs sind Sie nicht zufrieden, an welchen Stellen ist Veränderung notwendig? Nehmen Sie ein neues Blatt zur Hand, die Überschrift lautet »Meine Bestellung«. Mithilfe des geführten Tagesablaufs schreiben Sie Ihre Bestellung an das Universum. Was bestellen Sie, um Ihren Alltag glücklicher zu verbringen?

Vielleicht fällt es Ihnen leichter, Ihr Ziel herauszukristallisieren, wenn Sie Ihre ideale Lebenssituation beschreiben. Wo würden Sie gerne leben, wie sieht Ihr Familienleben aus, wie stellen Sie sich Ihren idealen Arbeitsplatz vor …?

Diese Fähigkeit, schriftlich ein Idealbild Ihres zukünftigen Lebens zu gestalten, unterscheidet Sie bereits von der Mehrheit der Menschen.

In einer Harvard-Studie von 1979, die sich über 10 Jahre erstreckte, ging es um die Frage, wie effektiv es sei, die eigenen Ziele aufzuschreiben? Folgende interessante Ergebnisse hat diese Studie gebracht:

› 83 Prozent der Abgänger hatten keine konkrete Zielsetzung für ihre Karriere.

> 14 Prozent der Absolventen hatten zwar eine konkrete Vorstellung, diese aber nicht schriftlich festgehalten.
> 3 Prozent der Abgänger hatten klare Zielvorstellungen und diese auch schriftlich ausgearbeitet.

Die 14 Prozent der Absolventen verdienten 10 Jahre später das Dreifache im Vergleich zu den Absolventen der ersten Gruppe. Die dritte Gruppe, die 3 Prozent der Abgänger, verdiente das Zehnfache im Vergleich zu den Absolventen der ersten Gruppe. Aus dieser Studie entnehmen wir, dass die Gruppe derjenigen, die sich ernsthaft mit ihren Zielen auseinandersetzen, sehr klein ist. Zudem führen schriftlich festgelegte Ziele überproportional häufiger zum Erfolg.

So weit die Studie. Interessanterweise bestätigen sich die Ergebnisse dieser Studie in meinen Beratungen und Seminaren. Meine Klienten können mehrheitlich ihre Ziele nicht formulieren, weil im Vordergrund der Gedanke »Mehr erreichen muss ich gar nicht« steht. Sobald der Klient den Eindruck hat, sein Ziel zu kennen, kommt es zum Widerstand, das Ziel aufzuschreiben. Das Verschriftlichen wird als Zeitvergeudung angesehen, denn »wozu soll ich es aufschreiben? Ich weiß doch, was ich will …«

Genau an diesem Punkt trennen sich die Wege. Wer seine Ziele schriftlich festlegt, wird sie mit großer Wahrscheinlichkeit erfolgreich erreichen. Wer seine Ziele nicht aufschreibt, wird sie vermutlich nicht erreichen. Es ist ganz einfach und trotzdem für die meisten Menschen unüberwindbar. Schriftlich festgelegte Ziele beinhalten eine Eigendynamik. Ihr schriftlich festgelegtes Ziel

> ist ein konkreter Auftrag an Ihr Unterbewusstsein: »Ich will es so …«
> ist ein Vertrag mit Ihnen selbst: »Ich habe mit mir abgemacht, dass …«
> ist ein Motivationsknopf: »Ich habe eine Verabredung mit meinem Ziel, die mich vorantreibt.«
> ist ein Versprechen: »Ich bin bereit, mein Ziel zu erreichen, darum schreibe ich es auf.«
> appelliert an Ihr Gewissen: »Wenn ich mir verspreche, mein Ziel zu erreichen, dann muss ich auch etwas dafür tun.«
> ist eine Entscheidung, die Sie zwingt, konkret das, was sein soll, und das, was nicht mehr sein soll, zu trennen.
> ist ein Startschuss und bringt Sie dazu, zu beginnen.

Ziele richtig formulieren

Nachdem Sie Ihr ideales Lebensszenario aufgeschrieben haben, nehmen Sie nun etwa 10 Karteikarten zur Hand, und schreiben Sie auf jede Karte eines Ihrer Ziele.

Jedes Ziel steht im direkten Zusammenhang mit Ihrer idealen Lebensgeschichte. Wählen Sie ganz einfache Formulierungen. Sie sprechen mit Ihrem Unterbewusstsein, und das ist spielerisch und kindlich.

> Formulieren Sie Ihre Ziele so knapp und so genau wie möglich. Eine Formulierung wie »Ich will berühmt und reich werden« funktioniert aus zwei Gründen nicht: Erstens steht das Ziel in der Zukunft, und zweitens ist es zu allgemein. »Reich und berühmt« muss weiter präzisiert werden. Wann fühlen Sie sich reich? Geht es um mehr Zeit, Geld, mehr innere Gelassenheit? Wollen Sie Ihr Einkommen maximieren, dann geben Sie Ihrem Ziel eine genaue Zahl. Wodurch wollen Sie berühmt werden? Woran erkennen Sie, dass Sie berühmt sind? Allein unter dem Wort »berühmt« kann sich Ihr Unterbewusstsein nichts vorstellen. Zerlegen Sie diesen Wunsch in Segmente. Das erste Segment könnte »Ich freue mich über meine einnehmende Ausstrahlung« oder »Mit Überzeugung übernehme ich die Führungsrolle im Theater« heißen.

> Unabsichtlich werden Zielvorstellungen oft negativ formuliert wie zum Beispiel »Ich möchte Angst vermeiden«. Mit dieser Formulierung richten Sie Ihre Aufmerksamkeit auf das Problem »Angst«, was zu einer Verstärkung der Angst führen kann. Sagen Sie lieber: »Ich fühle mich in jeder Situation selbstsicher«, »Ich habe Vertrauen in meine Fähigkeiten.« »Ich will aus dieser Krise heraus«, funktioniert wiederum nicht. Worin besteht Ihre Krise? Sie könnten formulieren: »Ich stärke meine Durchsetzungskraft.«

> Auch Verneinungen führen zu einer falschen Suggestion und einem Fokus auf das Problem. Die Aussage »Ich will bei dieser Prü-

fung nicht durchfallen« ist hinderlich, weil Ihr Unterbewusstsein das Wort »durchfallen« registriert. Schreiben Sie keine Vermeidungssätze und Verbote wie »Ich darf nicht so viel Süßes essen«. Welche Eigenschaft hilft Ihnen, die Prüfung zu bestehen? Ersetzen Sie das Bild von etwas Süßem. Formulieren Sie: »Ich gehe mutig durch mein Studium. Ich kann mich gut konzentrieren. Während der Prüfung bleibe ich ruhig und konzentriert«. Oder: »Jeden Tag esse ich einen frischen Salat. Ich belohne mich mit einer köstlichen Frucht.« Lassen Sie Ihrer Fantasie freien Lauf.

› Ihre Ziele dürfen sich nicht gegenseitig entkräften. Sie können nicht gleichzeitig zwei verschiedene Richtungen einschlagen wie zum Beispiel ein berühmter Musiker mit einem aufregenden Leben sein wollen und sich zugleich ein Einsiedlerleben im Kloster wünschen. Sie erreichen Ihre Ziele schneller, wenn diese sich gegenseitig verstärken, wie im obigen Prüfungsbeispiel gezeigt.

› Sie erreichen Ihre Ziele leichter, wenn Sie zu jedem Ziel bestärkende Charaktereigenschaften formulieren. Heißt Ihr Ziel beispielsweise »Kundenmaximierung« oder »Geschäftsaufbau«, fragen Sie sich, welche Charaktereigenschaft Sie beim Erreichen dieses Ziels begrenzt? Welches Hindernis müssen Sie überwinden? Welche Charaktereigenschaften sollen gestärkt werden? Ihr Wille und Ihre Selbstsicherheit? Durchhaltevermögen? Disziplin? So könnte ein gut formuliertes Ziel heißen: »Ich vermehre meine Kundenzahl auf … Kunden« und dazu unterstützend: »Selbstsicher führe ich Telefongespräche.«

Bewahren Sie die Karteikarten mit Ihren Zielen für die folgenden Kapitel auf.

Die eigenen Ziele testen

Bevor Sie ein Ziel in Ihren Fokus nehmen, sollten Sie es vorher – ähnlich einem Kleidungsstück – anprobieren. Sie sollten prüfen, ob es das richtige Ziel ist. Das, was Sie sich wünschen, muss nicht gezwungenermaßen das Richtige für Sie sein. Die erste Prüfung besteht darin, sich bei jedem Ihrer Ziele zu fragen, ob es eigene oder fremde Ziele sind. Sind es Leistungen, die andere von Ihnen erwarten, oder wollen Sie dieses Ziel aus vollem Herzen für sich selbst erreichen? Ihre Liste muss aus Zielen bestehen, auf die Sie persönlich unter keinen Umständen verzichten wollen, sodass Sie absolut unglücklich wären, wenn Sie sie nicht erreichen würden.

Lösen Sie sich von schablonenhaften Zielen wie eine Villa zu besitzen, Direktor einer Firma zu werden oder die Traumfigur von Claudia Schiffer zu erreichen. Prüfen Sie jedes Ziel, indem Sie in Ihrer Vorstellung die Situation nach Erreichen Ihres Ziels durchspielen. Wenn Sie eine Villa haben, ist Ihre finanzielle Belastung hoch, Sie müssen sich um die Erhaltung kümmern. Wollen Sie das wirklich? Sich für ein Ziel zu entscheiden, ist nicht im Sinne von »Ich wünsche mir mal etwas, mal sehen, was passiert« zu verstehen. Verliert Ihr Verstand nach wenigen Minuten das Interesse an Ihrem Ziel, können Sie es von Ihrer Liste streichen. Probieren Sie

ruhig mehrere Tage Ihr Ziel an. Visualisieren Sie Ihren Wunsch so genau, als hätten Sie dieses Ziel schon erreicht. Wollen Sie es immer noch erreichen?

Das Ziel hinter dem Ziel

Es gibt zwei Arten von Zielen, materielle Ziele und solche, bei denen es um Ihre innere Veränderung geht. Ich vertrete die Ansicht, dass sich hinter jedem – oder fast jedem – materiellen Ziel ein immaterielles Ziel versteckt. Wenn Sie sich mehr Geld wünschen, können dahinter Ziele wie »Sicherheit«, »Anerkennung«, »Ansehen«, »Unabhängigkeit« stehen. Vielleicht verbirgt sich hinter Ihrem Ziel der Wunsch nach der Abwesenheit von Angst oder Stress.

Fragen Sie sich daher: »Was verursacht mir Stress?« »Was macht mir Angst?« Formulieren Sie die Wurzel Ihres Problems betreffende Ziele. Sind es Glaubenssätze, die bei der Erreichbarkeit Ihrer Ziele im Wege stehen? Müssen Glaubenssätze verändert werden? Identifizieren Sie Ihre hinderlichen Glaubenssätze (siehe *Das Glaubenssystem*, S. 182).

Befassen Sie sich mit der Wurzel Ihres Problems, und formulieren Sie es als Ziel, zum Beispiel:
Ihr Problem: »Ich ärgere mich über das Verhalten meiner Kinder.«
Ihr Ziel: »Ich stärke meine Selbstsicherheit, damit ich meinen Kindern Grenzen aufzeigen kann. Ich stärke meine Ausgeglichenheit, damit ich ruhig bleibe.«

Erstrebenswerte innere Ziele sind beispielsweise Ausgeglichenheit, Lebenslust, Selbstsicherheit, Freude, innere Ruhe oder Liebe. Oft ist es so, dass sich alle anderen Ziele fast automatisch einstellen, sobald diese inneren Veränderungen stattgefunden haben. Wenn Sie sich den idealen Partner wünschen, so werden Sie diesen mit Sicherheit finden, wenn sie mehr Lebensfreude, Selbstsicherheit und innere Ruhe ausstrahlen.

Denken Sie über diese Ziele hinter Ihren Zielen nach.

Die Erreichbarkeit der Ziele

Sie können Ihre schöpferische Kraft für das Erreichen ganz verschiedener Ziele nutzen. Wie gesagt, diese Ziele können materieller Besitz sein, persönliche Freiheit oder eine Verhaltensänderung. Es ist äußerst sinnvoll, sich zuerst auf die immateriellen Ziele zu konzentrieren, oder zumindest, sie parallel zu den materiellen Zielen in den Fokus zu nehmen. Es ist nebensächlich, in welchen Umständen Sie sich gerade befinden, die entscheidende Frage ist: »Was wollen Sie?«

Denken Sie niemals, das Leben sei gelaufen, und Sie könnten nichts mehr verändern. Vor allem wenn es um die Veränderung der Glaubenssätze geht, denken viele gerne so. Glaubenssätze sind keine in Stein gemeißelten Wahrheiten. Sie können jederzeit von vorne beginnen. Vergangenheit ist nicht gleich Zukunft. Weil sich die meisten Menschen auf ihre Schwächen konzentrieren und ihre Fähigkeiten gar nicht mehr sehen, haben sie aufgehört, zu träumen und sich Ziele zu setzen. Die meisten Menschen glauben vielmehr nicht daran, dass sie ihre innere Stärke, die den Erfolg erst ermöglicht, trainieren und erreichen können. Doch je mehr Sie Ihre Zukunft vor Ihrem inneren Auge sehen und in Zukunftsfantasien versinken, desto stärker werden Sie sich fühlen und desto selbstverständlicher wird die Verwirklichung.

Auf Ihren 10 Karteikarten haben Sie wahrscheinlich hauptsächlich kurzfristige Ziele aufgeschrieben, die Sie innerhalb eines Jahres erreichen werden. Vermutlich haben Sie auch einige langfristige Ziele festgehalten, auf die Sie sich hin entwickeln müssen. Beide Arten von Zielen brauchen Sie. Die langfristigen Ziele können gar nicht hoch genug sein.

Die meisten Menschen unterschätzen, was sie in 7 oder 10 Jahren erreichen können. Die Erreichung der langfristigen Ziele ist heute noch nicht wichtig, im Vordergrund steht Ihre geistige Entwicklung, Ihr Fortschritt als Mensch auf dem Weg zu diesen langfristigen Zielen.

Heute gilt Ihre Konzentration den kurzfristigen Zielen, die Sie innerhalb eines Jahres erreichen wollen. Viele überschätzen, was sie in diesem Zeitraum erreichen können. Wählen Sie Ziele, nach denen Sie sich ausstrecken müssen, die Sie vorwärts bringen, die Sie gerade noch glauben können. Wie viel Erfolg können Sie glauben? Wo platzieren Sie Ihre innere Messlatte? Ist es möglich, innerhalb eines Jahres Ihr Einkommen zu verdreifachen? Ist es möglich, in einem Jahr der Besitzer eines teuren Sportwagens zu sein?

Zu hohe Ziele sind ein Motivationskiller und lähmen, zu kleine natürlich auch. Fragen Sie sich: »Welche Veränderung würde mich im Moment am glücklichsten machen?«, und: »Wie hoch ist das Ziel, an das ich noch glauben kann?« Fragen Sie zu Beginn nicht, was realistisch ist, träumen Sie erst einmal.

Ein zeitlicher Rahmen für die Ziele

Es ist wichtig, einen zeitlichen Rahmen zu definieren, innerhalb dessen Sie Ihr Ziel erreichen möchten. Ihr Unterbewusstsein kann nicht für Sie arbeiten, wenn Sie Ihrem Ziel keine Frist setzen. Bei einem kurzfristigen Ziel sollte das Zeitlimit ein Jahr nicht übersteigen. Unterteilen Sie das Jahr in sinnvolle Abschnitte, und schreiben Sie auf, bis wann Sie jeden der obigen Punkte aus ihrer To-do-Liste erledigt haben wollen.

Indem Sie Ihre Ziele aufschreiben, indem Sie das wichtigste Ziel bestimmen, sich eine Frist setzen, und indem Sie eine To-do-Liste führen, lösen Sie einen Erfolgsmechanismus aus. Dieser Erfolgsmechanismus speist Sie mit Kraft und motiviert Sie. Er gibt Ihnen Schwung nach vorne. Deshalb ist es so wichtig, dass Sie jeden Tag etwas zu Ihrer Zielerreichung tun. Dadurch bleibt Ihre Kreativität in Bewegung. Sie dürfen in Ihrem Denken an Ihr Ziel nicht stehen bleiben.

Haben Sie schon einmal ein Auto angeschoben? Wenn das Auto zu rollen beginnt, ist es einfach. Wenn es aus irgendeinem Grund stehen bleibt, ist es enorm schwierig, es wieder in Bewegung zu bringen.

Im übertragenen Sinne können Sie sich selbst als dieses Auto vorstellen. Haben Sie erst einmal den nötigen Schwung aufgebaut, dann brauchen Sie ihn nur noch aufrechtzuerhalten. Das wird Ihnen leicht gelingen, vorausgesetzt Sie bleiben niemals stehen, nicht einmal dann, wenn es schwierig wird.

Vergleichen Sie Ihren Schwung mit einem Schneeball. Diesen Schneeball zu formen, ihn auf die Bahn zu bringen und ihn den Berg hinunterrollen zu lassen, ist anstrengend und kostet Sie Zeit. Doch wenn der Schneeball einmal rollt, wird er weiterrollen und wachsen und alles überrollen, was sich ihm in den Weg stellt. Ähnlich verhält es sich mit Ihrer Energie. Der Beginn des Weges Richtung Ziel ist anstrengend, doch Sie entwickeln sich weiter und werden stärker. Schließlich werden Sie zu einem Perpetuum mobile, das niemand bremsen kann.

Konzentration auf das wichtigste Ziel

Mit Ihren 10 Karteikarten aus der Übung *Ziele richtig formulieren* (siehe S. 72) haben Sie eine Übersicht über Ihre Ziele erhalten. Sortieren Sie nun die Karten. Die weniger wichtigen Ziele legen Sie beiseite. Zum Schluss sollte die Karte mit Ihrem wichtigsten Ziel vor Ihnen liegen. Ist dies ein materielles Ziel, schreiben Sie zu diesem Ziel sofort eine zweite Karte, auf der Sie das Ziel hinter Ihrem Hauptziel notieren.

Heißt ihr Ziel beispielsweise »Ich nehme 15 Kilo ab«, könnten Sie auf die zweite Karte schreiben: »Ich liebe mich so, wie ich bin« oder »Ich werde von meinen Mitmenschen akzeptiert.« Es ist sehr wichtig, das innere Problem zu erkennen.

Vorher war Ihre Wunschkraft noch zerstreut, jetzt ist sie auf dieses eine Ziel bzw. diese zwei Ziele konzentriert. Indem Sie Ihre Energie von anderen schwächeren und weniger wichtigen Zielen abziehen, konzentrieren Sie Ihre ganze Kraft auf das *eine* Ziel und die *eine* innere Veränderung.

Nehmen Sie nun ein Blatt Papier, und machen Sie sich eine Liste. Als Titel formulieren Sie Ihr Ziel als Frage: »Was muss ich tun, um …?« Sie könnten zum Beispiel schreiben: »Was muss ich tun, um 15 Kilo abzunehmen?«

Schreiben Sie nun mindestens zehn Antworten. Am Anfang ist diese Aufgabe leicht, die ersten drei oder vier Antworten finden Sie schnell. Danach wird es schwieriger. Doch je mehr Sie nachdenken, desto kreativer werden Sie und finden außergewöhnliche Antworten.

Es ist sehr wichtig, diese Liste immer bei sich zu haben. Wo Sie auch sind, Ihre Ideenliste ist jederzeit greifbar. Warum? Weil es schwierig ist, auf Befehl eine Idee zu haben. Sich hinzusetzen und zu denken: »Jetzt brauche ich eine Idee«, ist unsinnig. Ihre Ideen sprudeln, wenn Sie entspannt sind, beim Spazierengehen, beim Joggen, wenn Sie ein Buch lesen oder in der Zeitung blättern. Eine Begegnung oder ein gutes Gespräch können Quellen wertvoller Ideen sein.

Verstehen Sie jetzt, was bei konsequentem Praktizieren dieser Übung geschieht? Das Ziel und die Ideen zur Umsetzung werden immer bedeutender und nehmen immer mehr Raum in Ihren Gedanken ein. Es wird der Zeitpunkt kommen, da werden Sie alle Ihre Gedanken jederzeit auf Ihr Ziel ausrichten.

Alles, was Sie tun, alles, was Sie denken, hat eine einzige Absicht: Sie Ihrem Ziel näherzubringen.

Wenn Sie das im Hinterkopf behalten, wird es Ihnen leichtfallen, sich dazu zu verpflichten, jeden Tag einen oder mehrere Punkte zum Erreichen Ihres Ziels anzupacken. Die erledigten Punkte streichen Sie durch, dann haben Sie die Kontrolle. Tun Sie jeden Tag etwas, um Ihrem Ziel näherzukommen.

Zusammengefasst: Je häufiger und intensiver Sie über Ihr Ziel nachdenken, desto mehr Emotionen werden Sie entwickeln, desto größer ist der Bereich in Ihrem Gehirn, der sich mit Ihrem Ziel befasst. Bis schließlich Ihr ganzes Denken nur auf dieses eine Ziel ausgerichtet ist. Wie Sie parallel dazu hinderliche Glaubenssätze verändern, lesen Sie im Kapitel *Das Glaubenssystem* (siehe S. 182) nach.

ÜBUNG

KREATIVES VISUALISIEREN

Sie haben gelernt, Ziele richtig zu setzen und sich auf ein Ziel zu fokussieren. Wenn Sie dieses Ziel wirklich erreichen wollen, müssen Sie das Feuer Ihrer Begeisterung fortwährend erhalten. Das gelingt Ihnen, indem Sie Ihr Ziel durch lebhafte Vorstellung, durch Ihr bildhaftes Denken, zum Leben erwecken. Erst die Zielvisualisierung haucht Ihrem Ziel Leben ein.

Beim bildhaften Denken – dem sogenannten kreativen Visualisieren – geht es um die Methode, die eigene Vorstellungskraft zu nutzen, um das zu erschaffen, was Sie wirklich wollen. Dabei handelt es sich um nichts Neues oder Ungewöhnliches. Immer, wenn Sie Ihren Tagträumen nachhängen, wenden Sie das Visualisieren bewusst oder unbewusst bereits an. Sie sitzen vor Ihrem Computer, aber im Geist halten Sie sich an Ihrem letzten Urlaubsort auf. Sie sehen sich im Restaurant sitzen, spüren den Wind in den Haaren, riechen das gute Essen, und Sie empfinden wieder die Freude von damals. In solchen Augenblicken visualisieren Sie.

Während Ihrer Arbeit am Computer ist vor allem Ihre analytische linke Gehirnhälfte aktiv. Beim Tagträumen ist die emotional gesteuerte rechte Gehirnhälfte wichtig.

Die Fähigkeit zum Visualisieren ist in allen Menschen angelegt und eine unverzichtbare Voraussetzung, um Ziele zu erreichen. Wenn es Ihnen gelingt, sich Ihr Ziel ganz lebhaft vorzustellen, als geschähe es wirklich in der äußeren Welt, dann haben Sie bereits den Prozess der Realisierung eingeleitet. Damit erreichen Sie eine Identifikation mit Ihrem Ziel. Je häufiger Sie Ihr Ziel visualisieren, desto stärker ist die Verschmelzung zwischen dem, was ist und dem, was werden soll. Damit holen Sie die vorgestellte Zukunft in die erlebte Gegenwart.

Sie können Ihre Vorstellungskraft trainieren. Dabei geht es nicht nur um die visuellen Vorstellungen. Sie nehmen Ihre Umwelt mit allen Sinnen wahr, damit sind der Geschmacks- und Geruchssinn, der Tastsinn und das Gehör eingeschlossen. Selbstverständlich hat jeder Mensch Präferenzen, wenn es darum geht, die Umwelt sinnlich wahrzunehmen, doch sollen nachfolgend alle Kanäle trainiert werden.

Training für die Vorstellungskraft

Führen Sie die folgenden Übungen mit geschlossenen Augen durch. Dadurch fällt das Konzentrieren auf die inneren Bilder leichter.

Vorstellung der Farben:
Stellen Sie sich nacheinander folgende 3 Farben vor: rot, gelb und blau. Falls Sie Mühe haben, sich diese Farben vorzustellen, können Sie auch einen Gegenstand in der entsprechenden Farbe imaginieren wie zum Beispiel einen Ball: einen roten Ball, einen gelben Ball, einen blauen Ball. Verweilen Sie lange bei Rot, dann lange bei Gelb, dann lange bei Blau. Anschließend wechseln Sie schneller von einer Farbe zur anderen. Gelingt Ihnen die Vorstellung dieser 3 Farben gut, üben Sie mit weiteren Farben.

Eine weitere Möglichkeit, um Ihre Farbvorstellung zu trainieren, besteht darin, Gegenstände verschiedener Farben zu betrachten, danach die Augen zu schließen und sich möglichst genau die jeweilige Farbe vorzustellen.

Vorstellung einfacher geometrischer Formen:
Stellen Sie sich nacheinander einen Kreis, ein Quadrat und ein Rechteck vor. Nehmen Sie eine dieser 3 Figuren wie zum Beispiel den Kreis, und wechseln Sie seine Farben. Nun wird der Kreis in Ihrer Vorstellung zu einem Reifen, dem Sie eine Farbe geben. Vor Ihrem inneren Auge stellt sich der Reifen auf und dreht sich schnell, sodass optisch eine Kugel entsteht. Stellen Sie sich diese Kugel in Ihrer gewählten Farbe vor. Während sich die Kugel dreht, bewegt sie sich auf einer unsichtbaren Schiene von Ihnen weg und kommt dann wieder näher. Spielen sie mit ihr, indem Sie sie ihre Farbe wechseln lassen und sie einmal näher holen und dann wieder wegschicken.

Vorstellung der Düfte:

Diese Übung können Sie sehr gut beim Kochen machen. Nehmen Sie Düfte ganz bewusst wahr, sei es gebratener Speck oder Rosmarin. Versuchen Sie dann zu einer anderen Tageszeit und an einem anderen Ort, den Duft wieder zurückzuholen. Stellen Sie sich im Zug den Duft des Kaffees vor. Oder Sie treffen sich mit einer Person und nehmen ganz bewusst ihr Parfüm wahr. Holen Sie den Duft nach einigen Tagen in Gedanken wieder zurück.

Vorstellung des Geschmacks und der Geräusche:

Kosten Sie während einer Mahlzeit in einem Restaurant oder Imbiss ganz bewusst den Geschmack einzelner Speisen wie zum Beispiel den Geschmack von Blumenkohl. Nehmen Sie die Stimmen um sich herum wahr. Konzentrieren Sie sich auf einzelne Stimmen und Worte. Auf dem Heimweg holen Sie die Stimmen in Ihrer Erinnerung zurück. Wie haben sie sich angehört? Holen Sie den Geschmack der Speisen zurück. Welche Konsistenz hatte der Blumenkohl? Wie hat das Vanilleeis geschmeckt?

Vorstellung ganzer Handlungsabläufe:

Praktizieren Sie diese Übung am Abend. Schließen Sie Ihre Augen, und machen Sie eine Rückschau. Stellen Sie sich dabei eine Situation vor, die Sie am Tag erlebt haben. Beziehen Sie möglichst alle Sinne mit ein. Wer war anwesend? Wer hat sich wie bewegt? Wer hat was gesagt? Erinnern Sie sich an die Klangfarbe und die Lautstärke der Stimmen? Erinnern Sie sich an ein besonderes Parfüm? Haben Sie etwas gegessen oder getrunken? Holen Sie den Duft und den Geschmack in der Erinnerung zurück.

Vorstellung der Gefühle:

Erleben Sie Gefühle ganz bewusst (siehe S. 139, *Beobachter der eigenen Gefühle*). Machen Sie am Abend eine Rückschau, indem Sie ein bestimmtes Gefühl wie zum Beispiel Freude zurückholen. Erinnern Sie sich zuerst an die Szene, in der Sie Freude empfunden haben. Lassen Sie sich anschließend in dieses Gefühl hineinsinken, bis Sie es ganz verinnerlicht haben. Wechseln Sie danach zum Beispiel in das Gefühl der Ungeduld.

Das Drehbuch des Lebens

Betrachten Sie Ihr Leben als ein Schauspiel, Sie sind nicht nur der Hauptdarsteller Ihres Lebensfilms, sondern auch der Drehbuchautor, der Regisseur, der Kameramann, Sie spielen alle Nebenfiguren und sind sogar der Zuschauer.

Schreiben Sie nun ein Drehbuch Ihres Ziels, so, als hätten Sie das Ziel bereits erreicht. Fragen Sie sich zu diesem Zweck, woran Sie erkennen, dass Sie Ihr Ziel erreicht haben. Wie sieht die Zielsituation aus? Hier einige Beispiele:

Wenn Ihr Ziel darin besteht, Ihre Selbstsicherheit zu stärken, dann schreiben Sie einen Film darüber, wie Sie ein Gespräch selbstsicher führen. Dabei beschreiben Sie Ihre Haltung, Ihre Stimme, Ihre Gestik und Mimik.

Wenn Sie eine Sportleistung anstreben, stellen Sie sich vor, wie Sie über die Ziellinie rennen und gewinnen. Sie sehen sich eine Siegerpose machen, hören die Menschen jubeln usw.

Wenn Ihr Ziel Vitalität ist, dann beschreiben Sie in Ihrem Film, wie Sie einen gesunden Salat essen, sich sportlich betätigen und vital aussehen.

Wenn Sie eine Prüfung bestehen wollen, dann beschreiben Sie Ihren Weg zum Schreibpult, wie Sie Ihre Prüfung in Ruhe und voller Konzentration lösen. Oder Sie schildern das Gespräch mit dem Prüfer. Sie können auch den Moment beschreiben, in dem Sie die Prüfung mit dem positiven Bescheid erhalten.

Sie müssen die für Sie wichtigste Situation herauskristallisieren, um sie dann möglichst präzise zu beschreiben. Schildern Sie, was Sie sehen, was Sie hören, beschreiben Sie die Farben, die Lichtverhältnisse, den Raum oder die Umgebung draußen.

Das Wichtigste an Ihrem Drehbuch sind Ihre Gefühle. Ihre Zielvisualisierung ist ohne Ihre Gefühle nicht wirksam. Das bedeutet, Sie brauchen Siegesgefühle, die Sie in Ihr Drehbuch einfließen lassen.

Haben Sie schon einmal einen herzzerreißenden Film im Kino gesehen? Leonardo Di Caprio und Kate Winslet am Bug der Titanic? Wahrscheinlich schwappte das Gefühl von Romantik und Freiheit vom Atlantik auf der Leinwand bis zu Ihnen ins Kino. Kurz danach raste Ihr Herz vor Aufregung, und Ihr Atem geriet ins Stocken, als die Passagiere versuchten, sich vom sinkenden Schiff zu retten. Sie haben ein Wechselbad der Gefühle durchlebt, obwohl Sie selbst überhaupt nicht auf der Titanic dabei waren. Ihr Gehirn kann nicht unterscheiden, ob Sie eine Szene »nur« anschauen oder selbst erleben. In Ihrem Gehirn arbeiten die sogenannten Spiegelneuronen. Diese produzieren und senden Gefühle, egal ob Sie selbst jemanden in den Arm nehmen oder ob Sie es lediglich bei jemand anderem sehen.

Diese Spiegelneuronen sind in der Lage, die ganze Palette menschlicher Gefühle zu imitieren. Denken Sie daran, was Sie Ihrem Körper antun, wenn Sie einen Horrorfilm oder einen Krimi zu genießen glauben. Möglicherweise bilden Sie sich ein, sich dabei zu entspannen, doch Ihr Körper befindet sich in einem Zustand höchster Spannung und erhält Adrenalinschübe, als müssten Sie mit einem Löwen in einer Arena der Antike kämpfen. Ihr Körper leidet, Ihr Energiepegel ist nicht weit vom Nullpunkt entfernt, ob Sie es glauben oder nicht.

Darauf basierend können Sie sich sicher leicht vorstellen, welche Wirkung der innere Film Ihres Ziels auf Ihre Spiegelneuronen hat: Die Erreichung Ihres Ziels verursacht gute Gefühle.

Lesen Sie immer wieder Ihr Ziel-Drehbuch, und versinken Sie in der Szene, bis sich gute Gefühle eingestellt haben, bis Sie nicht mehr realisieren, was Vorstellung und was Wahrheit ist. Wenn die guten Gefühle am stärksten sind, können Sie eine Bewegung machen, eine Siegespose, die Ihre Euphorie zum Ausdruck bringt.

Gute Gefühle für Ihr Drehbuch des Lebens

Doch was ist zu tun ist, wenn sich bei Ihnen die gewünschten Siegesgefühle nicht einstellen? In der Regel stellen sich positive Gefühle nicht ein, wenn Sie von Ihrem Ziel noch nicht überzeugt sind und zweifeln. Im Moment ist es nicht wichtig, ob Sie an Ihr Ziel glauben oder nicht. Es ist sogar verständlich, dass Sie noch nicht daran glauben, sonst hätten Sie es ja bereits erreicht. Daran zu glauben, können Sie sich nicht befehlen, Sie können aber lernen, an Ihr Ziel zu glauben. Was ist zu tun, wenn sich gute Gefühle noch nicht einstellen? Angenommen, Sie haben sich das Ziel gesetzt, eine selbstsichere Persönlichkeit zu werden: Heute können Sie noch nicht glauben, dieses Ziel zu erreichen, da Sie Mühe haben, mit fremden Menschen ins Gespräch zu kommen, Herzklopfen beim Sprechen haben, sich verhaspeln usw.

Nehmen Sie sich 10 Minuten Zeit, und setzen sie sich an einen ruhigen Ort. Erinnern Sie sich an eine frühere Situation, in der Sie vollkommen selbstsicher waren. Es kann ein Erlebnis sein, das weit zurückliegt. Gehen Sie mit Ihrer ganzen Vorstellungskraft in diese Erinnerung hinein. Das gleiche Gefühl der Selbstsicherheit wie damals wird sich sehr bald einstellen. Bleiben Sie möglichst lange in diesem Gefühl. Wechseln Sie anschließend die Bühne. Sie treten auf die Bühne Ihres Zielfilms, und das Gefühl der Selbstsicherheit nehmen Sie mit auf die neue Bühne.

Spielen Sie diesen Wechsel, dieses Mitnehmen des guten Gefühls, möglichst oft, bis Sie es nicht mehr brauchen. Je häufiger es Ihnen gelingen wird, das Gefühl der Selbstsicherheit mit dem Zielfilm zu verbinden, desto eher findet auch eine Verschmelzung statt. Damit wächst Ihr Vertrauen, dass Sie es schaffen.

ÜBUNG

Die eigene Ausstrahlung im Drehbuch des Lebens

Welches Ziel Sie auch immer visualisieren, die Gefühle, die Sie dabei aussenden, sind von größter Bedeutung. Gefühle lassen Sie wissen, ob Sie im Einklang mit Ihren Zielen stehen. Sie können noch so oft Erfolgsbilder visualisieren, wenn Sie dabei ein »Versagergefühl« im Bauch haben, werden Sie Ihr Ziel mit großer Wahrscheinlichkeit nie erreichen.

Lebensfreude ist ein wichtiges Kriterium für die Verwirklichung Ihrer Wünsche. Sie ist eine sehr starke Ursache für die Lebensumstände, in denen Sie sich bereits befinden und in denen Sie zukünftig leben werden. Wenn Sie sich gut fühlen, sind auch Ihre Gedanken kraftvoll, und Sie erschaffen eine Zukunft, die im Einklang mit Ihren Wünschen steht.

Einerseits bilden Gedanken immer den Ursprung – die Gefühle folgen und entsprechen den Gedanken. Umgekehrt gilt: Ihre Gefühle teilen Ihnen rasch mit, wie Sie denken. Sie sind ein großes Geschenk, denn sie täuschen sich nie. Gefühle lassen sich nicht verbieten oder unterdrücken, Gedanken hingegen schon.

Ihre Gefühle lassen Sie beispielsweise erkennen, ob Sie wirklich Ihre eigenen Ziele anstreben, oder die Ziele von jemand anderem. Ihre Gefühle rebellieren sofort, wenn Sie nicht aus innerer Überzeugung handeln, wenn Sie »Ja« oder »Nein« sagen, nur, um zu gefallen. Ihr Verstand sagt: »Du solltest«, Ihr Mund sagt: »Ja«, Ihr Gefühl schreit: »Das will ich nicht!« – Sie sind bedrückt, missmutig. Ihre kraftraubenden Gedanken wie beispielsweise »Dieser Besuch zermürbt mich, aber ich muss ihn machen ...« haben kraftraubende Gefühle zur Folge.

Achten Sie von nun an darauf, wie Sie sich fühlen. Dann lernen Sie Ihre Gedanken immer besser kennen. Nichts bringt Sie Ihren Zielen näher als die Übereinstimmung zwischen Ihren kraftvollen Gedanken und Ihren kraftvollen Gefühlen. Ihre Ausstrahlung ist ein Signal dafür, wie hoch der Pegel ihrer Lebensfreude momentan ist.

Was strahlen Sie aus?

Ihre Ausstrahlung ist Ihre Visitenkarte, mit der Sie alles nach außen tragen, was in Ihrem Innern vor sich geht. Ist Ihr Energieniveau hoch, so tragen Sie das nach außen, ist es niedrig, ebenfalls.

Ihre Lebensfreude und Ausstrahlung – und damit Sie selbst – sind ein wichtiges Werkzeug bei Ihrer Zielverwirklichung. Das lässt sich auch auf energetischer Ebene verdeutlichen. Lebensfreude ist Energie von ganz bestimmter Qualität. Nach dem Gesetz der Resonanz wird diese Energie Umstände in Ihr Leben hineinziehen, die genau der Frequenz Ihrer Lebensfreude entsprechen. Im folgenden Kapitel werde ich auf die Wirkung und Bedeutsamkeit Ihrer Lebensfreude zurückkommen.

Damit Sie überhaupt Positives in Ihr Leben ziehen können, müssen Sie sich mit Ihrer Ausstrahlung befassen und diese gegebenenfalls optimieren. Mit einem Lächeln können Sie bereits vieles verändern. Gewöhnen Sie sich daran, ein freundliches und natürliches Lächeln auf Ihren Lippen zu tragen. »Wer nicht lächeln kann, sollte seinen Laden geschlossen halten«, sagt ein chinesisches Sprichwort. Doch mit einem Lächeln verzaubern Sie nicht nur die anderen, sondern tun auch etwas für sich selbst. Denn andere reagieren auf Ihr Lächeln und erwidern es – damit geht es auch Ihnen besser.

Dankbarkeit ist ein wahrer Kraftspender und das wichtigste Gefühl, wenn es um die Verwirklichung Ihrer Ziele geht. Gewöhnen Sie sich daran, jeden Tag dankbar zu sein. Es gibt viele ganz alltägliche Dinge, für die Sie dankbar sein können. Nichts ist selbstverständlich, alles ist beachtenswert. Das Überraschende dabei ist: Je dankbarer Sie sind, desto mehr Aspekte entdecken Sie in Ihrem Leben, für die Sie dankbar sein dürfen.

Welcher Zusammenhang besteht zwischen Dankbarkeit und Ihrer Zielerreichung? Ein nigerianisches Sprichwort sagt: »Sei dankbar für wenig, und du wirst viel finden.« Dies lässt sich auf das Energiegesetz beziehen: »Wohin ich meine Aufmerksamkeit richte, davon bekomme ich mehr.«

Seien Sie bereits heute dankbar dafür, dass Sie Ihr Ziel erreicht haben. Dadurch signalisieren Sie Ihrem Unterbewusstsein, dass Sie Ihr Ziel schon verwirklicht hätten. Das Unterbewusstsein kann Ihnen die Realisierung ihres Ziels daher nicht mehr verwehren! Somit ist Dankbarkeit der Weg zur Verwirklichung.

DER INNERE UND ÄUSSERE DIALOG

Wenn es um die Zielerreichung geht, wird sich Ihnen ein starker Widersacher in den Weg stellen: Sie selbst. Denn Sie sind selbst Ihr härtester Gegner. »Sie selbst«, damit meine ich Ihr Bewusstsein und Ihr Unterbewusstsein. Entweder spielen die beiden für oder gegen Sie. Sie werden Ihre Ziele erreichen und Erfolg haben, wenn Sie es schaffen, beide zu Ihren »Freunden« zu machen.

Ihr Bewusstsein ist der Zweifler, der innere Kritiker, dem Sie nicht viel recht machen können. Dieser Zweifler fordert Beweise und stellt Vermutungen auf, er hinterfragt und verleitet Sie zu Unentschlossenheit. Er findet in jedem »Ja« das »Aber« und in jeder Suppe das Haar, und hartnäckig wird er versuchen, Sie von Ihrem Ziel abzubringen.

Manchmal entwickelt sich Ihr Bewusstsein auch zum inneren Schweinehund, der wieder einmal faul sein will. Er tritt in Erscheinung, wenn es unangenehm und schwierig wird. Wenn Fehler passieren. Dann findet er verschiedenste Gründe, Ihre Lust am Tun zu sabotieren, Ihre Motivation zu untergraben und Ihnen jegliche Selbstdisziplin zu rauben. Er lenkt Sie auf jede nur erdenkliche Weise ab und flüstert Ihnen im gegeben Moment zu: »Bloß nichts riskieren, das könnte gefährlich werden und ganz böse danebengehen!«

Ihr Unterbewusstsein ist im Grunde Ihr bester Freund und macht alles, was Sie ihm sagen. Doch sagen Sie ihm immer das Richtige? Was geschieht, wenn Sie ihm Anweisungen geben, die Sie vom Ziel weg- und nicht zum Ziel hinführen? Angenommen, Sie haben bisher alles richtig gemacht, und es klappt trotzdem nicht. Ungewollt haben Sie ihr ziel dann weggewünscht.

Nehmen wir einmal an, Sie haben sich als Ziel gesetzt, einen sportlichen Wettkampf zu gewinnen. Sie haben einen Trainingsplan aufgestellt und befolgen ihn. So weit, so gut. Immer wieder kommen Ihnen Sätze in den Sinn wie »Wenn das Wetter einigermaßen ist, kann ich es schaffen« oder »Es sind starke Sportler am Start, da brauche ich schon eine Portion Glück, um zu siegen«. Mit solchen Selbstgesprächen können Sie nicht gewinnen, da fehlt es Ihnen an Durchsetzungswillen gegenüber den Konkurrenten. Ihr innerer und äußerer Dialog müssen Ihre Zuversicht festigen, damit Sie das Ziel leichter erreichen. Unter dem inneren Dialog verstehe ich Ihre Selbstgespräche. Der äußere Dialog ist Ihre Kommunikation mit anderen.

Zusammengefasst bedeutet das, Ihre schriftliche Zielsetzung, Ihr innerer Zielfilm, Ihre Visualisierung dieses Films, Ihre Gefühle der Freude und Dankbarkeit ergänzen Sie jetzt mit unterstützenden Selbstgesprächen, die Sie immer wieder auf Kurs halten. Der Erfolgsweg ist ein Puzzle. Die einzelnen Teile haben Sie erhalten. Bleiben Sie im Spiel, bis es nur noch eins gibt: Ihr Ziel. Sie denken, Sie sehen, Sie fühlen, Sie riechen, Sie hören, Sie schmecken Ihr Ziel. Und das Universum hat keine Wahl, es sagt »Ja« zu Ihrem Ziel.

Affirmationen – Der innere Dialog

Eine Affirmation ist ein sprachliches Werkzeug, eine Aussage, ein kurzer Satz, der Sie ununterbrochen an Ihr Ziel erinnert. Ihre Affirmation ist eine unterstützende und motivierende Kurzfassung Ihres Ziels. Durch sie bestärken Sie Ihren Vorsatz. Zudem festigt sie Ihr Vertrauen an die Erreichbarkeit Ihres Ziels. Mittels der Affirmation sprechen Sie mit Ihrem Bewusstsein, das Ihre Worte versteht. Sobald Sie Ihre Affirmation mit Ihrem Zielbild unterlegen, sprechen Sie nicht nur mit Ihrem Bewusstsein, sondern auch mit Ihrem Unterbewusstsein, das Ihre Bilder versteht. Damit erst wird die Affirmation zur konkreten Anweisung.

Affirmationen müssen sorgsam formuliert werden. Richtig formuliert sorgen sie dafür, dass Sie nicht von Ihrem Zielkurs abkommen. Falsch formuliert erzeugen sie Leistungsdruck und Stress und bringen keine Ergebnisse.

Affirmation (lat. *firmus* = stark, fest, kräftig) bedeutet Bejahung, Bestätigung, Bekräftigung. Sie besagt entschieden, dass etwas schon jetzt so ist, wie Sie es haben wollen. Hiermit ist eine verbale Aussage gemeint, die Sie mit einer affirmativen Körperhaltung verstärken können. Eine Affirmation ist eine Selbstbeeinflussung, eine Autosuggestion, sie kann mit einem Mantra oder einem Gebet verglichen werden. Alle Religionen dieser Welt arbeiten mit Mantras und Gebeten, die in steter Wiederholung gemurmelt oder gesprochen werden. So ist es auch mit den Affirmationen: Ihre stete Wiederholung führt zu erhöhter Wirkkraft.

Die Idee der Beeinflussung durch Affirmationen ist dabei für niemanden etwas Neues. Unbewusst wenden Sie Autosuggestion schon immer an, indem Sie fortwährend mit sich selbst plaudern. Von dem Augenblick an, an dem Sie beginnen, Ihre Umwelt bewusst wahrzunehmen, führen Sie Selbstgespräche und beeinflussen damit Ihr Unterbewusstsein. Eine der schwierigsten Herausforderungen im Mentaltraining ist das Stoppen dieser unkontrollierten Beeinflussung und das Ersetzen durch bewusst unterstützende Aussagen.

Die Wirksamkeit der Affirmationen

Wie bereits gesagt, beim Formulieren der Affirmationen müssen Sie sorgsam arbeiten. Die Affirmation muss sowohl das Bild Ihres Ziels als auch das damit verbundene Gefühl in Ihnen aufflammen lassen. Sie bestärkt Ihr Vertrauen, dass Sie das Ziel erreichen. Sie wiederholen Ihre Affirmation mit Liebe und Überzeugung, ein halbherziges »Ich wünsche mir da mal etwas« bringt keine Resultate. Sie können Ihre Affirmation laut sprechen, murmeln, nur denken oder sogar singen, Sie können auch dazu tanzen oder malen.

Die Urvölker murmeln ihre Mantras monoton vor sich hin. Emile Coué, der Begründer der modernen bewussten Autosuggestion, empfiehlt, die Affirmation laut zu sprechen. Wenn Sie Ihre Affirmation hören, nehmen Sie über den Sinneskanal »Ohr« Ihre Affirmation auf. Die Affirmation nur zu denken, wirkt nicht. Ebenso empfiehlt Coué, die Affirmation 20 Mal hintereinander zu wiederholen. Auch das ergibt Sinn, da Ihr Unterbewusstsein die Wiederholung braucht. Damit Sie nicht zählen müssen, schlägt Coué vor, 20 Knoten in eine Schnur zu machen und diese abzuarbeiten, indem Sie bei jedem Knoten die Affirmation wiederholen.

In meinen Seminaren habe ich herausgefunden, dass das Singen der Affirmation – vor allem bei kurzen und prägnanten Affirmationen – sehr wirksam ist. Probieren Sie diese Möglichkeit aus. Welcher Song gefällt Ihnen ganz besonders? Singen Sie Ihre Affirmation zu dieser Melodie. Wenn Sie dazu noch tanzen, verbinden Sie Lebensfreude mit Ihrer Affirmation. Gibt es eine bessere Ausstrahlung?

Hatten Sie schon einmal eine Phase der Energielosigkeit und Unlust, blieben Sie auf Ihrem Erfolgsweg stecken oder machten sogar Rückschritte? Dann wissen Sie bestimmt auch, dass sich, sobald Sie lebensfreudiger wurden, das Erfolgsrad wieder zu drehen begann. Alles gelang Ihnen wieder einfacher und machte mehr

Spaß. Seien Sie erfinderisch, Ihre Affirmation begleitet Sie den ganzen Tag. Wenn Sie im Stau stehen, wenn Sie an der Kasse warten, wenn Sie aus dem Zugfenster hinausschauen, wenn Sie auf dem Zahnarztstuhl sitzen, wenn Sie mit Ihrem Hund spazieren gehen, Ihre Affirmation ist immer dabei.

Halbherzig arbeiten geht nicht. Druck erzeugende Gedanken wie »Wenn ich heute nach Hause komme, muss ich noch meine Affirmation sprechen«, bringen nicht viel. *Sie sind* Ihr Ziel, Ihre Affirmation, Ihre Bilder, Ihre Gefühle, und zwar überall, wo Sie sich gerade befinden.

Es gibt zwei Tageszeiten, zu denen Sie die Wiederholung der Affirmation nicht auslassen sollten: morgens vor dem Aufstehen und abends vor dem Einschlafen. Der Grund dafür ist Ihre Gehirnfrequenz zu diesen Zeitpunkten.

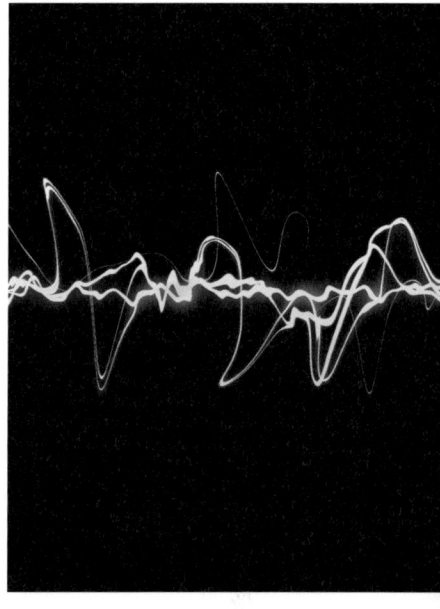

Je nach Frequenzbereich kennt Ihr Gehirn verschiedene Bewusstseinszustände. Es befindet sich entweder im Alpha-, Beta-, Theta- oder Delta-Wellen-Bereich:

› Alpha-Wellen-Bereich: 8 bis 13 Hz
› Beta-Wellen-Bereich: 14 bis 40 Hz
› Theta-Wellen-Bereich: 4 bis 8 Hz
› Delta-Wellen-Bereich: unter 4 Hz

Sicherlich kennen Sie den Unterschied zwischen Tiefschlaf und hoher Wachsamkeit. Im Schlaf befindet sich Ihr Gehirn in einem Zustand tiefster Entspannung, während Sie arbeiten ist Ihr Gehirn dagegen in einem intensiven Denkmodus.

Die Beta- Wellen gehören zum Bereich des bewussten Denkens, sie dominieren im Wachzustand. Ihre Aufmerksamkeit ist in diesem Zustand nach außen gerichtet, Sie sind wach und konzentriert. Diese hohe Frequenz stellt sich auch ein, wenn Sie besorgt, innerlich unruhig sind, oder wenn Sie Angst haben. Die Theta-Wellen stellen sich dagegen bei Schläfrigkeit ein. Dies ist Ihr Dämmerzustand zwischen Wachen und Schlafen. Ist ihre Entspannung und Ruhe sehr tief, hat Ihr Gehirn von Alpha- auf Thetawellen umgestellt. Sie erleben traumartige Bilder, die mit Erinnerungen zusammenhängen. In dieser Phase ist Ihre Intuition wach, sie öffnet den Weg zu kreativen Ideen. Im traumlosen, erholsamen Tiefschlaf stellt Ihr Gehirn auf Delta-Wellen um. Diese sind auch für tranceähnliche Zustände bezeichnend.

Im Mentaltraining ist der Zustand im Alpha-Wellen-Bereich für die Programmierung des Unterbewusstseins der entscheidende. Diesen Zustand erreichen Sie bei geschlossenen Augen, dann sind Ihre Gedanken ganz nach innen gerichtet. Sie haben ein wohliges Gefühl, Ihr Gehirn ist wach und entspannt zugleich, deshalb ist Ihr Unterbewusstsein in dieser Phase am beeinflussbarsten.

Stellen Sie sich eine Brücke zwischen Ihrem Bewusstsein und Ihrem Unterbewusstsein vor. Über diese Brücke sendet das Bewusstsein Ihre Affirmationen und Bilder als Auftrag an Ihr Unterbewusstsein. Die Alpha-Wellen eröffnen somit den Zugang zu Ihrem Unterbewusstsein. Den Bereich dieser Alpha-Wellen erreichen Sie auch im »Flow«, wenn Sie in eine Tätigkeit vertieft sind und dabei die Zeit vollkommen vergessen. Kurz vor dem Einschlafen und nach dem Aufwachen geraten Sie automatisch in den Zustand im Alpha-Wellen-Bereich. Was Sie vor dem Einschlafen denken und mit welchen Bildern Sie einschlafen, ist deshalb sehr wichtig, weil mit diesen Bildern das Unterbewusstsein während Sie schlafen weiterarbeitet. Regelmäßig vor dem Einschlafen Ihre Affirmationen zu sprechen und Ihren Zielfilm zu visualisieren, ist aus diesem Grund eine äußerst wichtige Gewohnheit.

Nehmen Sie sich zusätzlich 10-15 Minuten am Tag Zeit, um in den Zustand im Alpha-Wellen-Bereich zu gelangen. Tun Sie dies am besten immer zur gleichen Zeit, damit Ihnen die Entspannung und das Visualisieren zur Gewohnheit werden.

Zusammengefasst: Das menschliche Gehirn produziert immer ein ganz spezifisches Gehirnwellenmuster, das sich den verschiedenen Zuständen, die von Wachzustand bis Tiefschlaf reichen, anpasst.

Die Hürden des Affirmierens

Bei der Formulierung von Affirmationen gibt es einiges zu beachten:

1. Affirmationen sind besonders wirksam, wenn diese sich auf die Veränderung einer persönlichen Eigenschaft beziehen. Formulieren Sie zuerst eine von Ihnen angestrebte Veränderung Ihres inneren Befindens wie Freude, Lebenslust,

Vitalität, innere Gelassenheit oder Energie. Kleben Sie mit der Formulierung nicht zu stark an einem äußeren Ziel. Zuerst erfolgt die Veränderung im Innern, danach im Außen. Zudem bewirken Formulierungen, die das Erreichen von materiellen Dingen beinhalten, oft ein passives Verhalten und erwecken den Glauben, alles komme ohne eigenes Dazutun. Gleichzeitig begünstigen übersteigerte materielle Erwartungen Druck wie beispielsweise folgende Affirmationen:

»Ich habe eine Million auf meinem Konto.«
»Ich wohne in einer Villa.«

2. Affirmationen sollten kurz sein, jedoch nicht zu direkt. Bei zu direkten Affirmationen meldet sich schon bald eine zweifelnde innere Stimme: »Das ist ja lächerlich, das stimmt gar nicht, mach dir nichts vor!«

   Beispiele für zu direkte Affirmationen sind:
   »Ich bin schön!«
   »Ich bin selbstbewusst!«
   »Ich bin reich!«

3. Ebenso bringen unrealistische Affirmationen keinen Erfolg, da Sie diese zum jetzigen Zeitpunkt noch nicht glauben können. Ganz im Gegenteil, solche Affirmationen setzen Sie unter Druck und führen zu Enttäuschungen:

   Beispiele für unrealistische Affirmationen sind:
   »Ich bin gesund!« (Dabei leiden Sie an einer schweren Krankheit.)
   »Ich bin erfolgreich!« (Dabei halten Sie sich für den größten Versager.)
   »Ich liebe meine Arbeit!« (Dabei hassen Sie Ihren Job.)
   »Ich bin positiv!« (Dabei sind Sie mit nichts und niemandem zufrieden.)

4. Häufig werden viel zu lange Affirmationen gesprochen – gleich einem Gebet. Diese sind zwar wohlgemeint, doch allzu langatmig und deshalb nicht verwendbar. Denken Sie daran, dass Sie zu jeder Affirmation ein Bild brauchen. Sich beispielsweise zu folgender Affirmation ein Bild zu machen, ist äußerst schwierig: »Die ewige und grenzenlose Kraft des Universums lässt mich jetzt in einen gesunden und tiefen Schlaf sinken, indem sie alle Verkrampfungen aus meinem Körper und meinem Gemüt weichen lässt und mich mit einem Übermaß an Wohlbefinden segnet.«

5. Verwenden Sie in der Affirmation keine Problemwörter und keine Verneinungen, denn beides erinnert Sie jedes Mal beim Sprechen an Ihr Problem und verstärkt es wie zum Beispiel:

»Meine Wut ist weg!«
»Ich komme nie mehr zu spät!«
»Meine Schweißausbrüche lassen nach!«

6. Affirmationen in der Zukunftsform zu formulieren, wird ebenfalls nicht zum gewünschten Ergebnis führen. Es wird nie eintreffen, weil das Unterbewusstsein nur eine Zeit kennt, und die ist Jetzt. Beispiele für Formulierungen in der Zukunftsform sind:

»Von nun an werde ich meine Zeit besser einteilen!«
»Ich werde fleißig arbeiten!«
»Ich werde eine wunderbare Arbeitsstelle bekommen!«

Wirksame Affirmationen

Grundsätzlich kann jede positiv formulierte Aussage eine Affirmation sein. Ihre Zahl ist unbegrenzt. Für ihre Formulierung gelten folgende Grundregeln:

› Sie sind positiv und aufmunternd.
› Sie werden im Präsens formuliert. (Sie leben bereits in der Veränderung: »Ich genieße jetzt großen finanziellen Erfolg.«) Damit holen Sie die erstrebte Zukunft in die Gegenwart.
› Sie sind kurz und einfach, als wären sie für ein Kind bestimmt.
› Sie sind handlungsorientiert.
› Sie unterstützen Ihre Zuversicht und Kraft, das Ziel zu erreichen.
› Sie erwecken positive Gefühle in Ihnen.
› Sie sind so formuliert, dass Sie sie glauben können.

Zu jeder Affirmation gehört ein inneres Bild, das Sie visualisieren. So stellen Sie sich zum Beispiel bei der Affirmation »In jeder Situation bleibe ich ruhig und gelassen« eine Situation vor, in der Sie vollkommen ruhig und gelassen bleiben. Angenommen, ein entscheidendes Gespräch steht Ihnen bevor. Als Vorbereitung wiederholen Sie schon einige Tage vorher täglich Ihre Affirmation. Dabei stellen Sie sich die entscheidende Situation vor. Sie sehen vor Ihrem inneren Auge Ihre Körperhaltung, die Ruhe und Gelassenheit ausstrahlt, Sie hören sich ruhig sprechen. Sie nehmen sich bereits jetzt genau so wahr, wie Sie sich an diesem entscheidenden Gespräch verhalten wollen: »Ich bleibe ruhig und gelassen.« Je präziser, desto besser. Sie brauchen diese Vorstellungsbilder unbedingt. Können Sie sich zu einer Affirmation kein Bild machen, verändern Sie die Affirmation, bis Sie das Bild vor Augen haben.

Bevor Sie eine Affirmation formulieren, stellen Sie sich zuerst einmal das Endergebnis Ihres Ziels vor. Danach überlegen Sie, welche Fähigkeit Sie bei der Erreichung Ihres Ziels benötigen und fördern wollen. Besonders wirksam sind Affirmationen, die Ihren Stress und Ihre Angst abbauen.

Im Folgenden finden sie Beispiele zu verschiedenen Themen.

Persönliche Entwicklung:
› »Ich bin es wert, meine Bedürfnisse auszusprechen.«
› »In jeder Situation bleibe ich ruhig und gelassen.«
› »Ich spreche mit ruhiger Stimme, alles, was ich zu sagen habe, ist wichtig.«
› »Ich akzeptiere mich genauso, wie ich bin.«
› »Ich atme ruhig und konzentriere mich auf meine Aufgabe.«
› »Jeden Tag freue ich mich über kleine schöne Ereignisse.«
› »Ich nehme mir Zeit und genieße den Augenblick.«
› »Ich freue mich und strahle Lebensfreude aus.«
› »Es ist gut, so zu sein, wie ich bin«

Gesundheit:
› »Energie durchströmt jede Zelle meines Körpers.«
› »Jeder Zelle meines Körpers sende ich Liebe.«
› »Ich freue mich über meinen kräftigen und vitalen Körper.«
› »Ich höre sorgsam auf die Botschaften meines Körpers.«
› »Ich gönne meinem Körper Ruhe und Entspannung.«
› »Gesunde Ernährung ist mir wichtig.«
› »Ich achte auf meine Gedanken und wähle sie sorgfältig aus.«
› »Meine strahlende Lebenskraft macht mich glücklich.«
› »Das Leben begeistert mich und erfüllt mich mit neuer Energie.«
› »Ich bedanke mich für ein Leben voller Gesundheit.«
› »Ich nehme mir Auszeiten.«

Wohlstand und Erfolg:
› »Jeder Tag bringt mir wunderbare Möglichkeiten des Wachsens.«
› »Auf allen meinen Wegen werde ich geführt – ich vertraue darauf.«
› »Ich genieße es, Geld zu verdienen.«
› »Ich öffne mich dem Wohlstand, und er fließt mir in allen Bereichen zu.«
› »Erfolg ist selbstverständlich für mich.«
› »Ich liebe meine Arbeit und verdiene dabei viel Geld.«
› »Ich verdiene es, in Wohlstand zu leben.«

Partnerschaft und Beziehung:
› »Mit meiner positiven Kraft ziehe ich positive Menschen in mein Leben.«
› »Ich akzeptiere und liebe andere Menschen so, wie sie sind, und sie akzeptieren und lieben mich.«
› »Ich lebe in einer liebevollen Beziehung.«
› »Voller Liebe wende ich mich meinem Partner zu.«

Beruf und Arbeit:
› »Achtsam teile ich meine Zeit ein.«
› »Ich erlaube mir, Fehler zu machen.«
› »Jederzeit gebe ich mein Bestes.«
› »Ich erkenne meinen Wert.«
› »Ich arbeite mit meinen Kunden offen und ehrlich.«
› »Ich kann mich gut konzentrieren und erledige meine Arbeiten mit Freude.«

Dies sind nur einige Möglichkeiten. Formulieren Sie in diesem Sinn Ihre eigene Affirmation.

Sind Sie diesen Schritt gegangen, dann haben Sie Ihren inneren Dialog, Ihre Selbstgespräche, mittels Ihrer Affirmationen in die unterstützende Richtung gesteuert. Regelmäßig im Zustand des Alpha-Wellen-Bereichs gesprochen und mit inneren Bildern unterlegt, entfalten sie ihre große Wirkung. Das genügt aber nicht. Ihre Affirmation – Sie können zwei bis drei Affirmationen gleichzeitig anwenden – wird zu Ihrer Denkgewohnheit, die Sie ununterbrochen begleitet, bis Sie zu dem werden, was Ihre Affirmation aussagt. Ununterbrochen, immer, wie ein transparenter Schleier vor Ihren Augen. Einfach immer.

Nun kommt ein wichtiger Faktor dazu: Ihre Geduld und Zeit. Was immer Sie sich bisher vorgenommen haben, lassen Sie sich Zeit für Ihre Veränderung. Wiederholen Sie diszipliniert Ihre Affirmationen, stellen Sie sich die dazugehörenden inneren Bilder vor, und lassen Sie sich Zeit. Auch wenn Sie zeitweise glauben, keine Fortschritte zu machen, Ihr Unterbewusstsein arbeitet ununterbrochen im Hintergrund.

Das Leben ist ein Schauspiel, es will gespielt werden. Also nehmen Sie Druck heraus, seien Sie nicht ungeduldig, ansonsten dauert es länger, bis sich Erfolge abzeichnen. Alles, was zählt, ist die stete Wiederholung und Ihre Lebensfreude, nicht Ungeduld oder Ihre akribische Beobachtung, wie weit Sie bereits gekommen sind.

Eine Geschichte erzählt von einem jungen Mann, der seinen Zen-Meister fragte: »Wie lange wird es dauern, bis ich Befreiung erlange?« Der Zen-Meister antwortete ihm: »Vielleicht zehn Jahre.«
»Und wenn ich mich besonders anstrenge, wie lange dauert es dann?«, fragte der Schüler.
»Dann kann es zwanzig Jahre dauern«, erwiderte der Meister.
»Aber ich will so schnell wie möglich an mein Ziel gelangen. Ich nehme jede Härte auf mich«, versicherte der junge Mann.
»Dann«, erwiderte der Meister, »kann es bis zu vierzig Jahre dauern.«

Jede Veränderung braucht Zeit. Sie treiben Ihre Veränderung voran, indem Sie geduldig Ihre täglichen Übungen erledigen und geschehen lassen.

Im Folgenden erfahren Sie, wie Ihr äußerer Dialog ebenso unterstützend und zielorientiert wird.

Kommunikation mit anderen –
Der äußere Dialog

Der äußere Dialog – das sind Ihre Gespräche mit anderen. An Ihrer Sprache erkennt man Ihr Denken. Über Ihr Sprechen wirken Sie auf andere.

Sokrates sprach zu einem neuen Schüler: »Sprich, damit ich dich sehe.« Es ist Ihre Art zu sprechen, die Sie sympathisch oder unsympathisch macht. Ihre Art der Kommunikation mit anderen ist mit entscheidend dafür, ob Sie sich zu Ihrem Ziel hinbewegen, oder ob Sie sich von Ihrem Ziel entfernen.

Über Ihre Worte, über Ihr Sprechen beeinflussen Sie darüber hinaus nicht nur Ihre Mitmenschen, sondern auch sich selbst. Ebenso beeinflussen die Aussagen anderer Sie und Ihr Denken. Diese wechselseitige Kommunikation ist unglaublich wichtig auf Ihrem Weg zum Erfolg.

Vergessen Sie nie, dass Sie Ihr Ziel nur über gute Gefühle erreichen. Ihre Affirmationen, Ihre inneren Bilder dienen dazu, in Ihnen gute Gefühle zu verursachen, und diese gestalten Ihre Zukunft. Beachten Sie deshalb folgende Regeln:

1. Sprechen Sie immer selbstbestärkend und lebensbejahend.

2. Suchen Sie die Gesellschaft positiver und lebensbejahender Menschen.

Selbstbestärkende und lebensbejahende Kommunikation

Demonstrieren Sie mit Ihren Aussagen Stärke, Klarheit und Selbstbewusstsein. Dadurch steigern Sie Ihre Lebensfreude und Ihr Zielbewusstsein. Als Jammerlappen erreichen Sie Ihre Ziele nie.

Dies sind einige Möglichkeiten, um Lebensfreude mittels Kommunikation zu optimieren:

Werden Sie ein Künstler der kleinen Komplimente:
Begrüßen Sie Ihren Kollegen oder Ihren Partner mit den Worten »Heute siehst du aber blass aus« – auch wenn es stimmen mag –, ist die Stimmung von Anfang an sehr schlecht, und Ihr Partner wird höchstwahrscheinlich noch blasser. »Ich freue mich, dass du da bist«, »Ich freue mich, mit dir ein wenig zu plaudern« – damit richten Sie dagegen den Fokus auf das Positive.

Suchen Sie in jeder Situation die Möglichkeit, Ihrem Gegenüber etwas Nettes und Aufbauendes zu sagen. Lassen Sie also in unserem Beispiel die Blässe unbeachtet. »Dein sportliches Hemd steht dir gut und sieht sehr schick aus«, klingt viel besser, sorgt für ein Lächeln bei Ihrem Gegenüber und lenkt die Gedanken beiderseits in eine gute Bahn.

Wählen Sie motivierende Aussageformen,
egal, ob Sie über andere oder über sich selbst sprechen wie zum Beispiel »Schon möglich, dass ich zurzeit noch nicht genug Erfahrung habe, lernen macht mir jedoch Spaß. Bald werde ich die Maschine alleine bedienen« oder »Ich werde täglich üben, dann geht es jeden Tag besser«.

ÜBUNG

Statt negativer Aussagen geben Sie Alternativen:
Anstelle von »Pass auf, dass du keinen Unfall baust« könnten Sie sagen: »Konzentriere dich auf die Straße, wir machen die Musik etwas leiser.« Anstelle von »Ich will ja nicht jammern, aber …« sagen Sie: »Ich habe mich entschlossen …«

»Weichmacher« machen weich:
Treffen Sie Entscheidungen, und wählen Sie eindeutige Formulierungen. Vermeiden Sie Sätze wie »das muss nicht sein«, »eigentlich nicht wirklich«, »eigentlich nicht schlecht«, »könnte besser sein«, »da kann man nichts ändern« oder »man muss halt nehmen, was da kommt«.

Eliminieren Sie Möglichkeitsformen:
Diese schwächen die Aussagen, zum Beispiel: »Ich könnte nachfragen, ob es geht«, »Ich würde mich auch dafür interessieren«, »Das müsste ich zuerst überdenken« oder »Wenn ich nur wüsste, dass ich für diese Übungen Zeit hätte, könnte ich in Betracht ziehen, sie zu tun, doch müsste ich zuerst etwas verändern, und das würde ich nie tun.«

Kein Erfolg dieser Welt ist jemals mit Möglichkeitsformen zustande gekommen. Erfolg erfordert eine klare Stellungnahme. Ihre klare Sprache zeigt Ihr klares Denken.

Bevor Sie etwas sagen, prüfen Sie, welche Folgen Ihre Aussage hat. Wird Sie Ihnen oder jemand anderem Energie geben oder vielmehr Energie entziehen?

Hierzu eine kurze Geschichte: Eines Tages kam ein Mann zum griechischen Philosophen Sokrates.
»Höre, Sokrates, ich muss dir berichten, wie …«
»Halt ein«, unterbrach ihn der Philosoph. »Hast du das, was du mir sagen willst, durch drei Siebe gesiebt?«
»Drei Siebe? Welche?«, fragte der andere verwundert.
»Ja! Drei Siebe! Das erste ist das Sieb der Wahrheit. Hast du das, was du mir berichten willst, geprüft, ob es auch wahr ist?«

»Nein, ich habe es erzählt bekommen und …«

»Nun, so hast du sicher mit dem zweiten Sieb, dem Sieb der Güte, geprüft. Ist das, was du mir erzählen willst – wenn es schon nicht wahr ist – wenigstens gut?«

Der andere zögerte. »Nein, das ist es eigentlich nicht. Im Gegenteil …«

»Nun«, unterbrach ihn Sokrates, »so wollen wir noch das dritte Sieb nehmen und uns fragen, ob es notwendig ist, mir das zu erzählen, was dich so zu erregen scheint.«

»Notwendig gerade nicht …«

»Also«, lächelte der Weise, »wenn das, was du mir eben sagen wolltest, weder wahr noch gut noch notwendig ist, so lass es begraben sein, und belaste weder dich noch mich damit.«

Die Menschen tun etwas sehr gerne: Sie verlieben sich in ihre Wut, in ihren Schmerz und in ihr Leiden. Dann wollen sie es allen Menschen erzählen. Doch dabei kommt nichts Brauchbares heraus, keine Lösung.

Kontakt zu den richtigen Menschen

Es ist für jeden eine sehr wichtige Erfahrung, mit Menschen, die ähnlich denken wie man selbst, zusammen zu sein. In der Harvard University wurde bei einer 25 Jahre laufenden Studie festgestellt, dass 95 Prozent des Erfolgs eines Absolventen davon abhängt, mit welchen Menschen er sich umgibt. Erfolgreiche Menschen verbünden sich mit erfolgreichen Menschen. Erfolglose verbünden sich mit erfolglosen. Negative Menschen sind Ihre Bremsen. Die meisten Probleme, die Sie in Ihrem Leben haben, verursachen negative Menschen, mit denen Sie in Kontakt stehen.

Kehren Sie Menschen, die Sie entmutigen und nicht gut für Sie sind, den Rücken. Sind Sie der Ansicht, Sie *müssten* sich sämtliche Probleme anderer anhören, darüber diskutieren oder sie sogar lösen? Nein, das müssen Sie nicht. Machen Sie sich nichts vor. Ist für Sie je etwas Gutes dadurch herausgekommen, dass Sie sich mit negativen Menschen umgeben haben? Was war größer, die Anzahl der für Sie schlechten oder die der positiven Ergebnisse?

Die meisten Menschen sprechen aus Gewohnheit nur über Probleme, sie jammern aus Gewohnheit und reden aus Gewohnheit über die täglichen Katastrophenmeldungen.

Weigern Sie sich, bei diesen zerstörerischen Gewohnheiten mitzumachen.

Nun gibt es noch eine weitere Art von negativem Geschwätz: Die Versagerbotschaften. Ich fordere Sie auf, nicht auf diese zu hören, denn sie wirken sich sehr zerstörerisch auf Ihre Lebensfreude aus.

Stellen Sie sich vor, Sie haben eine gute Idee, die Sie Ihrem Ziel wieder einen Schritt näherbringt. Sie sind aufgewühlt und wollen sich mitteilen. Sie möchten, dass die Menschen um Sie herum an Ihrer Idee und an Ihrem Ziel teilhaben.

Nun kommt eine harte Prüfung auf Sie zu: Die meisten Menschen werden Sie mit Versagerbotschaften überhäufen. Sie werden versuchen, Ihnen klarzumachen, wie unerreichbar Ihr Ziel ist, und wie schwierig es ist, Ihre Idee umzusetzen. Es ist schlichtweg sinnlos, sich zu bemühen. Sie werden zu hören bekommen, wer alles gescheitert ist, und warum Sie abbrechen sollten.

Das sind Versagerbotschaften. Diese wollen Ihnen signalisieren, dass Sie mit Ihrem Ziel falsch liegen, dass Ihre Träume nur Schäume sind. Schwierig wird es vor allem dann, wenn diese Versagerbotschaften von Ihren Freunden oder Ihrer Familie kommen. Vergessen Sie nicht: Es ist vollkommen freiwillig, auf diese Botschaften zu hören. Sie müssen es nicht.

Zusammengefasst: 95 Prozent ihrer Emotionen werden dadurch bestimmt, wie Sie mit sich selbst und mit anderen reden. Wenn Sie negativ reden, werden Sie unglücklich. Wenn Sie aufbauend reden, sind Sie glücklich. Ihre Emotionen sind verantwortlich dafür, wie schnell Sie Ihre Ziele erreichen. Zudem werden Sie von Menschen, die Sie umgeben, beeinflusst. Prüfen Sie Ihr Umfeld, prüfen Sie diese Menschen. Wer passt nicht mehr zu Ihnen und Ihrem aufbauenden Denken?

Deshalb gilt der Grundsatz: Negative Gespräche verhalten sich wie ein Feuer. Wenn Sie kein Holz nachlegen, erlischt es.

DAS GESPRÄCH MIT DEM UNTERBEWUSSTSEIN

Bisher ging es um Fakten. Sie haben das Ziel festgelegt, Ihr Drehbuch geschrieben und die Affirmation als ein unumgängliches unterstützendes Instrument kennengelernt.

Nun geht es darum, das Bewusstsein und das Unterbewusstsein in Kontakt zu bringen, und zwar ganz gezielt. Vergessen Sie nie: Einzig über Ihr Unterbewusstsein können Sie Ihre Ziele verwirklichen.

Stellen Sie sich Ihr Unterbewusstsein als ein wunderbares Kino mit einer riesigen Leinwand vor. Was auf dieser Leinwand erscheint, bestimmt, was Sie erleben. Wenn Sie auf dieser Leinwand den inneren Film Ihres Ziels abspielen, wird Ihr Unterbewusstsein den Inhalt Ihres Ziels in Ihrem Leben herbeiführen. Sie müssen Ihr Ziel auf der Leinwand sehen, sonst kann es sich nicht verwirklichen.

Wie bereits gesagt: Ihr Unterbewusstsein kann nicht unterscheiden, was wirklich geschehen und was eingebildet ist. Auch Fantasien sind für Ihr Unterbewusstsein absolut wahr. Das, was Ihr Unterbewusstsein auf der Leinwand erlebt, ist zu 100 Prozent seine Gegenwart und wird zu Ihrer Wirklichkeit.

Die folgende Anleitung in zwei Schritten dient der Verwirklichung Ihres Ziels, der Manifestation.

1. Schritt: Hier testen Sie, ob Sie sich Ihr Ziel wirklich vorstellen können. Das Drehbuch Ihres Ziels haben Sie bereits erstellt. Suchen Sie sich einen ruhigen Ort, und schließen Sie die Augen. Spielen Sie Ihren Zielfilm möglichst exakt und plastisch in bunten Farben durch. Steigen Sie in diesen Film hinein, und sehen Sie Gegenstände, fassen Sie diese an. Welchen Duft nehmen Sie wahr, was schmecken Sie?

Stellen Sie sich auch vor, was Sie beim Erreichen Ihres Ziels fühlen. Können Sie ein Detail vor Ihrem inneren Auge noch nicht sehen, konzentrieren Sie sich so lange darauf oder ändern Sie es, bis das Bild in Ihrer Vorstellung ganz deutlich zu sehen ist.

2. Schritt: Das Visualisieren fällt Ihnen jetzt leicht. Sie kennen alle Details. Nun programmieren Sie Ihr Unterbewusstsein. »Programmieren« heißt, das Unterbewusstsein in seinen aufnahmefähigsten Zustand zu versetzen und ihm dann den Film vorzuführen.

Wie Sie hierbei vorgehen, erfahren Sie im Kapitel *Die Programmierung des Unterbewusstseins* (siehe S. 106).

Die Meditation

Meditation ist etwas sehr Einfaches und völlig Natürliches. Versetzen Sie sich im Alltag in diesen Zustand der tiefen Entspannung, um regelmäßig den Kontakt zum Unterbewusstsein herzustellen.

Der US-amerikanische Autor Ken Wilber, der sich vor allem mit der Zusammenführung von Philosophie, Wissenschaft und Religion befasst, vergleicht die Meditation mit dem Eintauchen in das Meer. An der Wasseroberfläche wogen die Wellen hin und her, das Meer ist unruhig. Je tiefer Sie nach unten tauchen, desto ruhiger wird es. Meditation ist das Eintauchen in diese Ruhe, in diesen Raum der Stille, der in jedem verborgen ist.

Meditieren können Sie im Sitzen ebenso gut wie im Gehen. Der Zweck ist immer der gleiche: Sie schalten das bewusste, aktive Denken aus. Dabei konzentrieren Sie sich auf einen Gegenstand, ein Bild, einen Ton oder ganz einfach auf Ihren Atem.

Meditation bedeutet nicht, dass Ihre Gedanken schweigen, Sie dürfen sich nicht unter Leistungsdruck setzen. Ihre Gedanken werden weiter auftauchen. Sie können sie nicht abstellen. Aber Sie schenken diesen aufkommenden Gedanken keine Beachtung und verfolgen sie nicht. Sie lassen sie einfach vorbeiziehen wie Wolken am Himmel.

Ärgern Sie sich nicht, falls Sie abschweifen oder belastende Gedanken auftauchen. Holen Sie Ihre Gedanken immer wieder behutsam zurück zu Ihrem Atem. Sie werden beobachten, wie sich Ihr Körper und Ihr Geist entspannen und Ihre Ängste und Sorgen verblassen. In dieser Stille erkennen Sie Ihren Weg und schöpfen Kraft, diesen auch zu gehen.

Die Geschichte von dem einsamen Samariter, der seit Jahren in einer Höhle lebte, verdeutlicht sehr schön den Hintergrund der Meditation als eine Begegnung mit sich selbst:

Eines Tages kamen zu ihm Pilger und fragten ihn: »Was für einen Sinn siehst du in deinem Leben der Stille?«
Der Mönch war gerade beschäftigt mit dem Schöpfen von Wasser aus einer Zisterne. Er sprach zu seinen Besuchern: »Schaut in die Zisterne. Was seht ihr?«
Die Leute blickten in die tiefe Zisterne und meinten: »Wir sehen nichts.«
Als einige Zeit vergangen war, forderte der Einsiedler die Leute erneut auf: »Schaut in die Zisterne, was seht ihr?«
»Jetzt sehen wir uns selbst.«
Da sprach der Einsiedler: »Als ich vorhin Wasser schöpfte, war das Wasser unruhig. Jetzt ist das Wasser ruhig. Das ist die Erfahrung der Stille. Man lernt sich selbst kennen.«

Die Erfahrung der Stille bringt Sie in Berührung mit Ihrem Unterbewusstsein. Während der Meditation verändern sich die Gehirnwellen. Verstärkt treten Alpha- und Theta-Wellen auf, die Kennzeichen für eine tiefe Entspannung sind.

Die Kommunikation mit Ihrem Unterbewusstsein nehmen Sie als Intuition wahr, vielleicht tauchen während der Meditation Bilder und Gefühle auf. Lassen Sie diese Erfahrungen zu, ohne sie weiter zu analysieren. Vielleicht erhalten Sie Einsichten und Antworten, die Ihnen bislang verborgen blieben. Regelmäßiges Meditieren beeinflusst darüber hinaus Ihr vegetatives Nervensystem, es senkt den Blutdruck, verbessert den Stoffwechsel, bewirkt eine Verlangsamung des Herzschlages und steigert die kognitiven Fähigkeiten.

Im Zustand der Meditation vermitteln Sie Ihrem Unterbewusstsein Ihr Ziel. Mit Ihren Zielvorstellungen erzeugen Sie ein Kraftfeld. Diese Energie ist Ihre Bestellung an das Universum. Nach dem Gesetz der Resonanz beginnt sich damit Ihr Ziel zu manifestieren.

Die Programmierung des Unterbewusstseins

Schritt für Schritt führe ich Sie nun bis zur Manifestation, bis zur Verwirklichung Ihres Ziels. Dazu haben Sie die einzelnen Schritte bereits kennengelernt. Wir werden diese Schritte zu einer Folge, zu einem Programm, zusammensetzen. Weil Sie für Ihre Zielerreichung die Unterstützung Ihres Unterbewusstseins brauchen, müssen diese Schritte so gestaltet werden, dass Ihr Unterbewusstsein sie versteht und ausführen kann. Grundsätzlich besteht der Weg der Verwirklichung aus drei Schritten:

› Zuerst erreichen Sie durch Entspannung den Alpha-Zustand.
› In diesem Entspannungszustand erfolgt die intensive Vorstellung Ihres Ziels.
› Das Unterbewusstsein nimmt Ihre Vorstellungsbilder dann als Anweisung auf.

Ich spreche von einer Programmierung des Unterbewusstseins, weil sich die von Ihnen visualisierten Bilder tief in das Unterbewusstsein einprägen und dort gespeichert werden. Stellen Sie sich vor, Ihr Unterbewusstsein sei ein Computer, und Sie schreiben und speichern ein neues Programm, das Programm Ihres Ziels.

Der Zustand der Entspannung ist dabei sehr wichtig. Ihre Gedanken, die Sie im Wachzustand haben, stören beim Visualisieren. Sobald Sie sich entspannen, deaktivieren Sie Ihr Tagesbewusstsein. Auch nehmen Sie Ihre – möglicherweise noch zweifelnde – innere Stimme im entspannten Zustand nicht wahr. Diesen Prozess der Visualisierung müssen Sie oft durchführen, das Unterbewusstsein braucht die Wiederholung. Dadurch wächst in Ihnen die Gewissheit, dass Sie Ihr Ziel auf alle Fälle erreichen werden. Während der Visualisierung empfinden Sie Ihre Vorstellungsbilder und Ihre Gefühle ebenso wirklich wie Ihre »realen« Erlebnisse. Diese Verschmelzung zwischen Ihrem Ziel, das noch in der Zukunft liegt, und dem Jetzt ist die wichtigste Voraussetzung für die Erreichung Ihres Ziels. Damit holen Sie die vorgestellte Zukunft in die erlebte Gegenwart. Sie nehmen Ihren Erfolg vorweg und verändern Ihre Einstellung zum Ziel. Aus möglichem Erfolg wird Gewissheit.

Wenn Sie ein Ziel *wirklich* erreichen wollen, dann ist Ihr Vorhaben eine Verpflichtung, die Sie mit sich selbst eingehen. Dieses Ziel begleitet Sie an jeden Ort, Sie können es nicht abstellen. Wenn Sie am Strand liegen, denken Sie über Ihr Ziel nach und visualisieren es, ebenso während Sie kochen, einkaufen, Sport machen oder zur Arbeit fahren.

Ziele visualisieren –
Zwischen Zukunft und Gegenwart

Bei Praktizierenden des Mentaltrainings sorgt ein scheinbares Paradoxon für Bedenken und Verwirrung. Zu Konflikten führt der Widerspruch zwischen der Idee, ganz im Hier und Jetzt zu leben und andererseits der Notwendigkeit, das noch in der Zukunft liegende Ziel zu visualisieren und es damit in die Gegenwart zu ziehen.

Dieser Widerspruch löst sich auf, wenn Sie Ihre Zielerreichung auf einer tieferen Ebene betrachten. Die vorherigen Übungen haben Sie darin unterstützt, das Gefühl der Gewissheit, dass Sie Ihr Ziel erreichen können, zu entwickeln. Haben Sie diese Gewissheit, so haben Sie Ihr Ziel gedanklich bereits erreicht. Als Folge davon hören Sie auf zu kämpfen. Sie lassen das Ziel los, Sie sind ja bereits bei diesem angelangt. Der Leistungsdruck löst sich damit auf. Ist der Leistungsdruck aufgehoben, können Sie das Hier und Jetzt entspannt genießen.

Haben Sie dennoch Mühe mit dieser Gleichzeitigkeit von Zukunft und Gegenwart?

Stellen Sie sich vor, Sie stehen am Ufer eines Flusses und wollen auf die andere Seite gelangen. Eine Brücke gibt es nicht. Sie begeben sich ins Wasser, Sie halten den Wellen stand und kommen Schritt für Schritt voran. Sie konzentrieren sich auf jeden gegenwärtigen Schritt, und gleichzeitig haben Sie das klare Ziel, das andere Ufer zu erreichen, ununterbrochen vor Augen. Dieses Ziel, unversehrt ans andere Ufer zu gelangen, ist so stark, dass Sie mit äußerster Sorgfalt jeden Schritt gehen. Beides ist da und lebt gleichzeitig: Ihre Zukunft und der gegenwärtige Augenblick.

Körperentspannung

Die körperliche Entspannung ist eine wesentliche Voraussetzung für Ihren Erfolg. Da der Körper und das Unterbewusste nicht trennbar sind, reagiert der Körper in Konfliktsituation immer mit Muskelverspannungen. Heißt Ihr Denkmuster »ich muss ...«, so leiden Sie vermutlich unter Verspannungen im Hals- und Schulterbereich. »Ich kann nicht ...«, führt zu Verspannungen im Bauchbereich.

Der amerikanische Arzt Edmund Jacobsen erforschte den Zusammenhang zwischen seelischer Belastung und körperlicher Anspannung. Er fand heraus, dass Stress und Angst zu einer Anspannung der Muskeln führen. Ebenso stellte er fest, dass das Wohlbefinden des Menschen durch bewusste Muskelentspannung positiv beeinflusst wird.

Bei der von Jacobsen begründeten progressiven Muskelentspannung werden die einzelnen Muskeln zuerst angespannt, kurz gehalten, und anschließend wird die Spannung gelöst.

Folgende Übung enthält Elemente der progressiven Muskelentspannung. Wenn Sie möchten, können Sie den Text auf einen Tonträger sprechen und anschließend abspielen.

Beachten Sie dabei, dass Sie langsam und ruhig sprechen und Sprechpausen einlegen, damit sich Ihre Körperentspannung einstellen kann. Ihre Sprechpausen betragen zwischen 30 Sekunden und einer Minute.

Progressive Muskelentspannung

Machen Sie es sich an einem ruhigen Ort, an dem Sie nicht gestört werden, bequem. Legen Sie sich hin, lockern Sie einengende Kleidung, und schließen Sie Ihre Augen. Ihre Beine sind leicht gespreizt, und Ihre Fußspitzen fallen sacht nach außen. Ihre Arme liegen locker neben dem Körper. Nun folgt ein Text in der Ich-Form mit Pausenvermerken, damit Sie ihn auf einen Tonträger sprechen können:

»Ich spüre meinen Körper auf der Unterlage und fühle mich vom Boden beschützt und getragen. Gleichmäßig atme ich durch die Nase ein und wieder aus. Beim Einatmen wölbt sich mein Bauch, beim Ausatmen senkt er sich wieder. Mein Atem versorgt mich mit schöpferischer Energie.

Mein Atem strömt ein, und er strömt wieder aus. Bei jedem Einatmen lasse ich Entspannung durch mich fließen, bei jedem Ausatmen lasse ich weiter los. Ich erlaube mir, einige Zeit in diesem ruhigen Atemrhythmus von »entspannen« und »loslassen« zu bleiben.

Mit meiner Aufmerksamkeit gehe ich jetzt zu meiner rechten Hand und balle sie zur Faust. Ich spanne sie fest an, ganz fest, noch fester. – Pause – Ich spüre die Spannung in meiner rechten Faust. – Pause – Jetzt lasse ich los. Meine rechte Hand ist jetzt ganz entspannt.

– Pause –

Nun spanne ich meine rechte Faust und meinen rechten Unterarm an. Ich spanne beide fest an, ganz fest, noch fester. – Pause – Ich spüre die Spannung in meiner rechten Faust und in meinem rechten Unterarm. – Pause – Jetzt lasse ich los. Meine rechte Hand und mein rechter Unterarm sind jetzt vollkommen entspannt.

– Pause –

Nun erweitere ich meine Aufmerksamkeit auf meinen rechten Oberarm. Ich spanne meine rechte Faust, meinen rechten Unter- und Oberarm an, ganz fest, noch fester. – *Pause* – Ich halte die Spannung – *Pause* – und lasse wieder los. Meine rechte Hand, mein rechter Unter- und Oberarm sind nun vollkommen entspannt.

– Pause –

Jetzt gehe ich mit meiner Aufmerksamkeit in die linke Hand. Ich balle sie zur Faust und spanne sie an, fest, noch fester. – *Pause* – Ich spüre die Spannung in meiner linken Faust. – *Pause* – Ich lasse los. Meine linke Hand ist ganz entspannt.

– Pause –

Nun spanne ich meine linke Faust und meinen linken Unterarm an. Ich spanne sie fest an, ganz fest, noch fester. – *Pause* – Ich spüre die Spannung in meiner linken Faust und meinem linken Unterarm. – *Pause* – Jetzt lasse ich los. Meine linke Hand und mein linker Unterarm sind vollkommen entspannt.

– Pause –

Nun spanne ich meine linke Faust, meinen linken Unter- und meinen linken Oberarm an. Ich halte die Spannung fest, ganz fest. – *Pause* – Ich spüre die Spannung in meiner linken Faust, an meinem linken Unter- und Oberarm. – *Pause* – Jetzt lasse ich los, und ich entspanne meine linke Hand, meinen linken Unter- und meinen linken Oberarm.

– Pause –

Jetzt gehe ich mit meiner Aufmerksamkeit in mein rechtes Bein, ich spanne es fest an. Mein rechtes Bein ist ganz fest angespannt. – *Pause* – Jetzt lasse ich los. Mein rechtes Bein ist nun vollkommen entspannt.

– Pause –

Mit meiner Aufmerksamkeit gehe ich zu meinem linkes Bein. Ich spanne es an, fest, ganz fest. – *Pause* – Jetzt lasse ich los und fühle die wunderbare Entspannung.

– Pause –

Mit meiner Aufmerksamkeit gehe ich nun in die Zehen meiner beiden Beine und rolle sie ein, als wollte ich einen Bleistift halten. Ich spanne sie an, fest, ganz fest. – *Pause* – Ich lasse wieder los.

– Pause –

Jetzt spanne ich mein Gesäß an. Ich halte die Anspannung, fest, ganz fest – *Pause* – und lasse los.

– Pause –

Nun gehe ich mit meiner Aufmerksamkeit zu meinem Gesicht. Ich ziehe beide Augenbrauen hoch und lege meine Stirn in Falten. Ich spanne sie an – *Pause* – und lasse wieder los. Jetzt ziehe ich die Augenbrauen nach unten, presse die Augen fest zusammen und runzle meine Stirn. Ich spanne an – *Pause* – und lasse los.

– Pause –

Ich drücke meine Zunge nach oben an den Gaumen – *Pause* – und lasse los. Jetzt presse ich die Lippen fest aufeinander – *Pause* – und lasse wieder los.

– Pause –

Jetzt spanne ich meinen Hals und meinen Nacken an – *Pause* – und lasse die Spannung wieder los. Mit meiner Aufmerksamkeit gehe ich zu meinen Schultern. Ich ziehe die Schulterblätter hinten zusammen und spanne die Schultermuskeln fest an. – *Pause* – Ich lasse los und spüre die Entspannung.

– Pause –

ÜBUNG

Nun ziehe ich meine Schultern nach oben bis zu den Ohren und spanne sie an. – *Pause* – Ich lasse los. Die Schultern sind jetzt entspannt und gelöst.

– Pause –

Jetzt spanne ich meinen Bauch an. Ich spüre die Spannung in meinen Bauchmuskeln. – *Pause* – Ich lasse wieder los und spüre die Entspannung.

Meine Bauchdecke hebt und senkt sich bei jedem Atemzug. Mein Atem fließt ruhig und gleichmäßig. Mein ganzer Körper ist jetzt entspannt. Ich genieße die Ruhe und Entspannung.«

An dieser Stelle ist die progressive Muskelentspannung beendet. Ich empfehle Ihnen, in diesem wunderbaren Zustand zu bleiben und übergangslos in die Meditation überzugehen. Durch die vorhergehende progressive Muskelentspannung vervielfachen Sie die Wirkung Ihrer Meditation und somit Ihrer Programmierung.

Meditation zum Grund des Sees

Auch diesen Meditationstext können Sie sehr gut auf einen Tonträger sprechen:

»In meiner Fantasie betrete ich durch eine Tür einen großen Raum. In diesem Raum fühle ich mich sehr wohl und geborgen. Ein Sessel steht für mich bereit, ich gehe auf ihn zu und setze mich hinein.

Ich erkenne vor mir an der Wand eine Leinwand, und auf dieser Leinwand sehe ich ein Bild. Es ist das Bild einer Landschaft, die mir sehr vertraut ist. Hier habe ich schon viel Zeit verbracht und mich wohl und entspannt gefühlt. Es ist ein Ort, an dem ich mich vollkommen geborgen fühle.

Wie magisch zieht mich dieser vertraute Ort an, ich stehe aus dem Sessel auf und gehe zur Leinwand. Ich komme immer näher und stehe schon ganz dicht vor ihr. Diese wunderbare Landschaft verzaubert mich, sie ist mein Ort der vollkommenen Stille. Ich mache einen großen Schritt, steige in das Bild hinein und finde mich auf einem kleinen Hügel wieder.

Von hier oben habe ich eine atemberaubende Aussicht und betrachte unten in der Talmulde die Landschaft, die Wiese, die Blumen, den Waldrand, den glitzernden See. Ein schmaler Pfad führt steil ins Tal, und auf diesem steige ich langsam tiefer. Immer weiter schreite ich auf dem schmalen Weg ins Tal hinunter. Jeder Schritt bringt mich tiefer.

Nun habe ich den See erreicht. Hier erblicke ich einen großen Stein. Ich setze mich auf ihn und sehe auf das Wasser. Wie gebannt betrachte ich die spiegelglatte Wasseroberfläche. Sie ist ruhig, vollkommen ruhig, und mein Auge blickt tief in das Wasser. Bis auf den Grund des Sees geht mein Blick. So verweile ich längere Zeit. Auf

ÜBUNG

dem Grund des Sees erkenne ich nun das Bild meines Ziels, mein ganzer Zielfilm spielt sich vor meinen Augen ab.

Ich versinke in dieser Betrachtung, ich genieße mein Ziel, ich höre Stimmen und Geräusche, ich sehe Farben, ich rieche Düfte – ich nehme mein Ziel mit allen Sinnen wahr. Mein Ziel und ich sind eins. Noch eine ganze Weile bleibe ich in diesem wunderbaren Gefühl: »Ich habe es erreicht.«

Nun löse ich meine Augen von meinem Zielfilm und reibe sie ganz sanft. Ich werde mir wieder bewusst, dass ich auf einem Stein sitze. Nun stehe ich auf, gehe langsam zum schmalen Weg zurück und steige Schritt für Schritt hoch zum Hügel.

Wieder oben angekommen sehe ich vor mir durch die Leinwand den großen Raum mit dem bequemen Sessel. Ich steige aus meinem magischen Ort heraus durch das Bild und schreite langsam durch den großen Raum am Sessel vorbei zur Tür. Ich öffne die Tür und blinzle in die Sonnenstrahlen.

Ich strecke und recke mich, ich atme einige Male tief in den Bauch hinein und kehre gestärkt in das Tagesbewusstsein zurück.«

Loslassen

Nun gibt es nichts mehr zu tun. Sie brauchen nur noch loszulassen, Der Weg zum Erreichen Ihres Ziel ist geebnet. Widmen Sie jeden Tag 15 Minuten Ihrer Meditation, danach lassen Sie los. Immer daraufhin zu fiebern, das Ziel endlich zu erreichen, ist genau das Falsche. Lassen Sie Ihr Unterbewusstsein seine Arbeit machen. Richten Sie Ihre Aufmerksamkeit auf Ihre allerbeste Leistung im gegenwärtigen Augenblick.

Selbstverständlich erwarten Sie Resultate, aber um Ergebnisse zu erzielen, müssen Sie genau diese verbohrte Erwartungshaltung aufgeben. Sie verursacht Spannungen und führt direkt in einen

Misserfolg, weil Sie sich ununterbrochen beobachten, kritisieren und maßregeln. Sie verkrampfen sich innerlich, weil Ihr Verstand zu stark eingreift. Jeder selbstauferlegte Erfolgsdruck bewirkt genau das Gegenteil von dem, was Sie gerne hätten. Also hören Sie auf, zwanghafte Kontrolle auszuüben. Das Einzige, was Sie unter Kontrolle haben sollten, ist Ihre Freude am gegenwärtigen Tun.

Tun Sie weniger, und erreichen Sie mehr! Ihr Glück besteht nicht nur aus dem Moment der Zielerreichung. Ihr Glück besteht darin, vollkommen in der Gegenwart präsent zu sein und das, was Sie tun, gerne zu tun, und diese Konzentration im Tun bringt Sie genau im gegenwärtigen Moment Ihrem angestrebten Ziel näher. Also noch einmal: Erkennen Sie Ihr wahres Ziel, lieben Sie es, und programmieren Sie Ihr Unterbewusstsein. Lassen Sie dann das gewünschte Ergebnis los.

Vertrauen

Schenken Sie allem, was Sie tun, Ihr uneingeschränktes Vertrauen, dass Sie es schaffen werden.

Ein Zen-Meister wanderte einst mit seinem Schüler durch eine Hügellandschaft. Da blieb der Meister stehen, drückte seinem Schüler einen Stein in die Hand und zeigte auf einen Baum in ungefähr dreißig Metern Entfernung. »Ich habe eine schwierige Aufgabe für dich«, sagte der Mönch zu seinem Schüler. »Hier hast du einen Stein, nur einen einzigen. Deine Aufgabe ist es, jenen Baumstamm zu treffen. Du musst ihn gleich beim ersten Mal treffen.« »Sollte ich nicht lieber ein paar Schritte näher herangehen? Ich glaube nicht, dass ich diesen Baumstamm mit einem einzigen Wurf treffen kann«, entgegnete der Schüler.

»Ich glaube es schon«, erwiderte der Meister, »doch was ich glaube, ist im Augenblick nicht wichtig. Nur *deine* innerste Überzeugung ist mächtig genug, um deine Wirklichkeit zu prägen. Nur *deine* innerste Überzeugung entscheidet darüber, ob du den Baumstamm beim ersten Mal triffst oder nicht.«

Um etwas schaffen zu können, müssen Sie daran glauben. Sie müssen wirklich ganz fest damit rechnen, dass Sie es schaffen. Sie sind nicht allein. Sie haben einen treuen Helfer, Ihr Unterbewusstsein. Betrachten Sie dieses als einen väterlichen Freund, und vertrauen Sie ihm. Stellen Sie sich vor, Sie gehen mit Ihren Wünschen, mit Ihrem Ziel, zu diesem väterlichen Freund. Wie würde er reagieren, wenn Sie ihm Misstrauen entgegenbrächten?

Vertrauen ist eine sehr kraftvolle Energie und zieht positive Ergebnisse in Ihr Leben. Wenn Ihr Vertrauen schwach ist, werden Sie sich nicht zum Ziel hinbewegen. Das Gegenteil von Vertrauen ist Zweifel, und dieser hält Sie von der Erfüllung Ihrer Träume ab. Vertrauen wird besonders dann wichtig, wenn Probleme auftauchen, wenn es auf Ihrem Zielweg nur langsam vorwärts geht oder eine Lösung noch nicht ersichtlich ist. Eine Problemsituation erfordert ein fast schon kindliches, unerschütterliches Vertrauen, dass zur rechten Zeit die richtige Lösung gefunden wird.

Es gibt zwei Arten von Vertrauen. Um Ziele zu erreichen, sind beide erforderlich:

1. das Vertrauen in die uneingeschränkte und liebevolle Unterstützung durch Ihr Unterbewusstsein und

2. das Vertrauen in Sie selbst, dass Sie nicht aufgeben, bis Sie Ihr Ziel erreicht haben.

Vertrauen Sie sich selbst, dass Sie es schaffen, und vertrauen Sie Ihrem Unterbewusstsein, dass es stets auf Ihrer Seite ist. Hoffen allein genügt nicht und wirkt kontraproduktiv. Wenn Sie sagen: »Hoffentlich bestehe ich die Prüfung«, vermitteln Sie Ihrem Unterbewusstsein Angst davor, die Prüfung nicht zu bestehen, und Sie verursachen genau das, wovor Sie Angst haben: Sie fallen durch die Prüfung.

Das Vertrauen ist eine Energie mit treibender Kraft nach vorne. Wer vertraut, ist motivierter, lebensfreudiger, gelassener. Im gegebenen Moment demonstriert er Ausdauer und Disziplin.

Vertrauen aufbauen

Sich selbst und anderen zu vertrauen, kann Ihnen niemand befehlen, doch Sie können es lernen. Entwickeln Sie Vertrauen in ganz kleinen Schritten. Angenommen, Sie haben sich nach Ihren wunderbaren Ferien in Italien in einen Italienischkurs eingeschrieben. Nehmen Sie sich felsenfest vor, diesen Kurs bis zum Ende zu besuchen. Vertrauen Sie sich heute, dass Sie alle Unterrichtsstunden besuchen werden. Versprechen Sie es, und halten Sie dieses Versprechen.

Vertrauen Sie Ihren Kindern. Treffen Sie kleinere und größere Abmachungen, und vertrauen Sie darauf, dass Ihre Kinder sie erfüllen. Vertrauen Sie Ihrem Partner, Ihren Mitarbeitern, Ihren Angestellten. Suchen Sie Möglichkeiten und Gelegenheiten, durch die Sie lernen, Vertrauen zu schenken. Je mehr Vertrauen Sie in sich entwickeln, desto mehr glauben Sie an Ihre eigene Fähigkeit, Probleme zu lösen und Widerstände zu meistern. Das Erreichen Ihrer Ziele wird für Sie selbstverständlich werden.

Eine sehr wirksame Methode, das Vertrauen in die eigenen Fähigkeiten zu steigern, ist das *Führen eines Tagebuchs.* Jeden Tag schreiben Sie einige kleine oder größere Erfolgserlebnisse auf. Was ist Ihnen heute gelungen? Was haben Sie geschafft? Haben Sie einen gefassten Entschluss erfolgreich umgesetzt? Es ist wichtig, dass Sie diese Übung schriftlich machen. Wir vergessen nämlich gerne, was wir können und was uns gut gelungen ist. Wir konzentrieren uns stattdessen auf unsere Unzulänglichkeiten und vergrößert sie dadurch nur. Schreiben Sie möglichst jeden Tag. Am Ende jeder Woche machen Sie dann einen Rückblick, lesen Ihre Notizen und machen eine Auswertung. Welche Erfolgserlebnisse waren besonders eindrücklich? Worauf sind Sie besonders stolz? Bei jeder Auswertung wird Ihr Vertrauen in die eigenen Fähigkeiten wachsen. Als Folge strahlen Sie Selbstvertrauen aus, Sie arbeiten freudvoller und verursachen mit Ihrer positiven Energie noch mehr Erfolgserlebnisse.

GELASSENHEIT

MIT RUHE UND GELASSENHEIT ZU LEICHTIGKEIT UND ERFOLG

In der griechischen Antike stellt der Begriff der Gelassenheit eine wichtige philosophische Tugend dar. Es ist ein »Sich-nach-innen-Wenden«, eine geistige Haltung, die nichts mit »Sich-gemütlich-Zurücklehnen« zu tun hat. Es ist ein Zustand des inneren Anhaltens inmitten der täglichen Spannungen.

Wie schnell fühlen wir uns herausgefordert, bedroht, ungerecht behandelt oder im Stolz verletzt. Gelassenheit hilft Ihnen, sich von Gefühlen wie Ärger, Wut und Zorn nicht mitreißen zu lassen. Sie sind kein Spielball des täglichen Geschehens – bewahren Sie Distanz. Sich in Gelassenheit zu üben, ist entscheidend für Ihren Weg zur Ganzheit. Gelassenheit schenkt Ihnen Zeit, Sie halten an, verschaffen sich einen Überblick und fragen sich, was eigentlich gerade geschieht. Je öfter Sie Gelassenheit bewusst praktizieren, desto mehr erleben Sie positive Gemütszustände wie Freude, Freundlichkeit und Mitgefühl. Sie gehen bewusster und achtsamer durch den Tag. Ihr Geist wird offener und geschmeidiger, und Sie erkennen, wer Sie sind, Sie nehmen sich und Ihr Leben vollkommen wahr. Gehen Sie auf einem sonnigen Weg durch Ihren Alltag.

Es gibt eine schöne Geschichte zum Thema »Gelassenheit«: Ein Bauer hatte einen Sohn und ein wunderschönes Pferd. Die Nachbarn kamen zu ihm und sagten bewundernd: »Bauer, du hast ein solches Glück, du hast einen Sohn und ein so wunderschönes Pferd.«
Und der Bauer erwiderte: »Es ist, wie es ist.«
Eines Morgens stand die Stalltür offen und das schöne Pferd war weg. Da kamen die Nachbarn und bedauerten ihn.
»Oh du Armer, jemand hat dein Pferd gestohlen.«
Der Bauer erwiderte: »Es ist, wie es ist.«
Ein paar Tage später kam das Pferd wieder zurück. Doch nicht alleine, ihm folgen viele weitere prächtige Pferde. Da sagten die Nachbarn: »Oh, hast du ein Glück, nun hast du viele schöne Pferde.«

Da erwiderte der Bauer: »Es ist, wie es ist.«

Am darauffolgenden Tag begann der Sohn des Bauers, die wilden Pferde einzureiten. Dabei fiel er von einem der Pferde und brach sich beide Beine. Da sagten die Nachbarn: »Oh, Bauer, was für ein Pech.«

Und der Bauer erwiderte: »Es ist, wie es ist.«

Kurze Zeit später brach in dieser Gegend ein Krieg aus, und alle jungen Männer aus dem Dorf wurden eingezogen, nur der Sohn des Bauern nicht. Als sie das erfuhren, riefen die Nachbarn: »Oh, Bauer, was für ein Glück du hast, dein Sohn darf zu Hause bleiben!«

Und der Bauer erwiderte: »Es ist, wie es ist.«

Gelassenheit ist der Weg zu einem tiefen Vertrauen, zur Gewissheit, dass alles gut werden wird, genau so, wie es kommt. Es ist nicht einfach, die Zusammenhänge immer sofort zu verstehen, doch üben Sie sich darin, zu vertrauen. Wenn Sie vertrauen, werden Sie nie enttäuscht. Sie klammern sich nicht an Erwartungen.

Sie vertrauen. Gelassenheit beinhaltet das *Beobachten* und das *Loslassen*. Durch das *Beobachten* werden Sie sich Ihrer eigenen Gedanken und Gefühle bewusst. »Wie denke ich, und welche Gefühle erlebe ich?« Ebenso erkennen Sie, welche Überzeugungen und Glaubenssätze in Ihrem Leben vorherrschen. Danach kommt das *Loslassen*, das heißt Sie sortieren aus: »Diese Gedanken hindern mich am Erreichen meiner Ziele, ich bin bereit, sie zu verändern.« »Diese Überzeugung macht mich zum Verlierer, ich bin bereit, sie loszulassen.«

In den folgenden Kapiteln lernen Sie die Kunst des Beobachtens und entwickeln Mut zum Loslassen. Schritt für Schritt gehen Sie so den Weg der Gelassenheit und werden mit Lebensfreude belohnt.

Vielleicht fragen Sie sich, wo denn das Salz des Lebens bleibt? Das Leben brauche doch Höhen und Tiefen. Genauso dachte ich früher auch, heute jedoch nicht mehr. Über mehrere Jahre führte ich ein »Stimmungstagebuch«. Ich wollte genau wissen, wie viel Zeit ich in einem »Hoch« und wie viel Zeit ich in einem »Tief« verbrachte. Ich hielt meine Gefühle in diesem Tagebuch fest und beschrieb sogar die Situationen, in denen ich die Gefühle erlebte.

Ich kam zu einer erschütternden Erkenntnis: Sobald ich in negatives Grübeln eintauchte, mich etwas betrübte oder ich mich über etwas ärgerte, blieb ich auf meinem Weg zum Ziel stecken. Es bewegte sich nichts mehr. Ich stand wie eingefroren auf meiner Ziellinie. Anstatt mich lebensfreudig mit meinen Ideen und Zielen zu beschäftigen, hing ich in irgendeinem negativen Gefühl. Das machte mich noch unzufriedener und meine Ausstrahlung war demzufolge schlecht. Ich entfernte mich dabei stetig von meinem Ziel.

Wenn es Ihr Ziel ist, eine ganzheitlich erfolgreiche Persönlichkeit zu werden, dürfen Sie sich nicht von zerstörerischen Gefühlen hinunterziehen lassen. Im betrübten Zustand verschenken Sie nämlich viel Energie, sie wird Ihnen bei Ihrer Zielerreichung fehlen. Emotionale Tieflagen bringen Ihnen keinen Nutzen. Hat sich je etwas zum Besseren gewandt, wenn Sie ärgerlich oder wütend waren? Auf dem Weg zur inneren Gelassenheit gilt es zunächst, die großen Gemütsschwankungen auszuebnen und einen Zustand herzustellen, der Ihrem Leben Zufriedenheit und Freude gibt. Wo Ganzheit ist haben lang anhaltende Tiefs nichts zu suchen. Sie werden nicht die äußeren Umstände verändern, sondern Sie erlangen eine Lebenshaltung, in der Sie sich immer öfter im freudigen Gemütszustand befinden.

Eine Geschichte aus dem Osten erzählt von drei Gelehrten, die am Ufer eines Flusses wanderten. Sie erschraken, als sie plötzlich in den schäumenden Wellen einen menschlichen Körper treiben sahen. Schnell rannten sie zu der Stelle, um den Toten, der wohl in den Fluss gefallen war, aus dem Wasser zu ziehen und ihn zu begraben. Doch als sie den männlichen Leichnam erreichten, stand der Mann aus dem Wasser auf und schritt davon. Die drei Gelehrten staunten sehr und fragten ihn nach seinem Geheimnis. Schließlich hatte bis jetzt niemand, der in den Fluss gefallen war, überlebt.
Da sagte der Mann: »Es ist ganz einfach, wenn mich der Fluss aufwärts treibt, lasse ich mich aufwärts mitnehmen; wenn mich der Fluss abwärts drückt, lasse ich mich abwärts mitnehmen. Ich schwimme mit dem Strom.«

Was tun wohl die meisten Menschen in einer solchen Situation? Sie halten sich an einer Wurzel oder an einem Baumstamm fest und spüren die gesamte Wucht der Wellen. Diese Wurzel, dieser Baumstamm – das könnte Ihre Vergangenheit sein.

Die Wucht der Wellen ist gleich der Wucht Ihrer Emotionen. Dieses Festklammern raubt Ihnen Lebenskraft.

Stellen Sie sich vor, Ihre Gelassenheit ist ein Raum in Ihrem Innern, Sie können ihn jederzeit betreten, um zur Ruhe zu kommen. Je *länger* Sie in diesem Raum verweilen, desto stiller werden die Wogen Ihrer Emotionen, desto geordneter werden Ihre Gedanken. Je *häufiger* Sie diesen Raum betreten, umso einfacher wird es für Sie, in schwierigen Situationen in Ihrem Leben gelassen zu bleiben. Und irgendwann wird Gelassenheit zu Ihrem Lebensprinzip.

Gelassenheit ist eine Stärke, die Ihnen im Alltag in vielen Situationen behilflich ist. Stellen Sie sich vor, Sie befinden sich in einer Auseinandersetzung mit jemandem. Anstatt auf den anderen loszugehen, sich zu rechtfertigen, ihm beweisen zu wollen, wie recht Sie haben, steigen Sie mental einfach aus. Sie tun einfach nichts und warten erst einmal ab. Würden Sie lieber voller Entschlossenheit losstürmen und Ihre Position verteidigen? Ihre Kraft unter Beweis stellen? Was hätten Sie davon? Würde es die Auseinandersetzung zu einem friedlichen Ende führen?

Ebenso verhält es sich mit Situationen, in denen Sie sich innerlich klein und unterlegen fühlen, vielleicht sogar aufgeben wollen. Würden Sie jetzt nicht lieber davonrennen? Oder mit Ihrer Körperhaltung signalisieren: »Bitte tu mir nichts, du bist sowieso der Stärkere?« Doch was hätten Sie in einer solchen Situation davon?

Gelassenheit ist eine LEBENS- HALTUNG, ein Mitschwimmen mit dem Strom des Lebens

Gelassenheit ist die Kunst des »Nicht-Reagierens«. Sie zähmen Ihre Gedanken und Gefühle und werden nicht mehr hin- und hergerissen. Gelassenheit ist ein Zustand, der geübt werden will. Immer wieder werden Sie in Versuchung geraten, sich ablenken zu lassen und den Weg der Gelassenheit zu verlassen. Stellen Sie sich vor, neben Ihrem Weg bemerken Sie etwas, das Sie furchtbar stört, aber im Grunde gar nichts angeht. Werden Sie gelassen vorbeigehen oder sich einmischen? Was sagen Ihnen Ihre Gedanken? »Komm, gib deine Meinung dazu« oder »Lass das, es ist schade um die Zeit«?

Gelassenheit hat einen starken Gegenspieler: die Angst. Diese macht Sie berechenbar und manipulierbar. Im Gegensatz dazu macht Gelassenheit Sie unangreifbar. An Ihrem Blick, an Ihren Reaktionen sieht man Ihnen an, auf welcher Seite Sie stehen, die Seite der Angst oder der Gelassenheit.

Stellen Sie sich vor, Sie sitzen im Zug. Weil Sie den Schaffner schon von weitem sehen, suchen Sie nach Ihrem Ticket, um es gegebenenfalls vorzuzeigen. Sie durchwühlen alle Taschen, doch das Ticket müssen Sie irgendwo verloren haben. Es ist einfach nicht da. Der Schaffner ist überbeschäftigt und kontrolliert nicht jeden Reisenden. Sie könnten gelassen warten, ein Buch lesen und zum Fenster hinausschauen. Oder Sie wühlen immer noch hektisch in Ihrem Gepäck und werden immer nervöser. Was meinen Sie, wen wird der Schaffner nach seinem Ticket fragen?

ALS BEOBACHTER UNTERWEGS

Ein Beobachter ist jemand, der das Geschehen von außen betrachtet. Sie können jederzeit Ihr eigener innerer Beobachter werden, indem Sie bewusst anhalten und wahrnehmen. Sie nehmen das Geschehen um Sie herum wahr, Sie nehmen aber auch wahr, was in Ihnen selbst vorgeht. Welche Gedanken löst das Geschehen um Sie herum aus, welche Gefühle kommen hoch? Sie sind sozusagen der Beobachter und der Beobachtete zugleich.

Der innere Beobachter ist neutral, er wertet nicht. Er beobachtet und registriert, was vor sich geht. Es ist ihm vollkommen gleichgültig, ob das Geschehene komisch oder tragisch ist.

Ohne den inneren Beobachter reagieren Sie in jeder Situation sofort. Sie hetzen von einer Situation in die nächste, lassen sich keine Zeit zum Durchatmen und Nachdenken. Sie reagieren, bevor Sie Ihre Gedanken geordnet und Ihre Gefühle bewusst wahrgenommen haben. Vergleichen Sie Ihre Gedanken und Gefühle mit den Wogen eines stürmischen Meeres, Sie sind das Boot, das hin- und hergerissen wird. Emotional beansprucht dieser Zustand sehr viel Energie. Er heißt Stress und verstrickt Sie in Probleme, die durch Ungeduld, Ärger und Unzufriedenheit gekennzeichnet sind. Damit erschaffen Sie nur weiteren Stress.

Der innere Beobachter ist ein Ruhepunkt in Ihnen. Er wird von Ihrem Kopf aus gesteuert. Dass die innere Ruhe nichts mit Zeit zu tun hat, zeigen alltägliche Situationen.

Beobachten Sie einmal folgendes Phänomen: Sie befinden sich auf der Rückreise aus Ihrem Urlaub und sitzen seit einigen Stunden im Flugzeug. Alle Passagiere unterhalten sich ruhig, lesen oder schlafen. Sobald das Flugzeug den Boden berührt, bricht eine unerklärliche Hektik aus. Jeder will sein Handgepäck hervorziehen, gleichzeitig Richtung Ausgang drängen, viele stolpern, müssen wieder zurück, das Vergessene holen.

Welchen Vorteil bringt Ihnen der innere Beobachter? Er hilft Ihnen, Ihr Leben bewusster zu lenken. Sie nehmen die Welt um sich herum bewusst mit allen Sinnen wahr. Reagieren Sie unmittelbar und impulsiv, verlieren Sie möglicherweise ihr Ziel aus den Augen oder Sie verstricken sich in Konflikte. Der innere Beobachter hilft, nicht sofort auf die Umweltreize zu reagieren, sondern anzuhalten und einen Raum zwischen Reiz und Reaktion zu schaffen. In dieser Zeit überlegen Sie, wie Sie reagieren und ob Sie überhaupt reagieren sollten.

Zum eigenen Beobachter zu werden, ist absolut ökonomisch. Weil Sie sich nicht ärgern, sparen Sie Energie und erleben mehr Lebensfreude.

Sensibilisierung der Wahrnehmung

Die Vergangenheit wahrnehmen:
Nehmen Sie sich 10 Minuten Zeit. Setzen Sie sich an einen ruhigen Ort, und schließen Sie die Augen. Gehen Sie nun in Ihrer Vorstellung zurück in eine vergangene unangenehme, geladene Situation. Tauchen Sie wieder ganz in diese Situation ein, und nehmen Sie alles wahr, die Stimmen, die Farben, den Geruch.

Lassen Sie die Gefühle hochkommen, die Sie damals hatten. Beschreiben Sie den Klang der Stimmen, benennen Sie die Farben, nehmen Sie die Gerüche wahr. Welche Gefühle kommen in Ihnen auf? Lassen Sie einfach zu, dass das geschieht, was jetzt geschieht. Spüren Sie dabei eine Distanz, als ob dieses Erlebnis nicht mehr zu Ihnen gehören würde, als würden Sie einen Fremden beobachten. Spüren Sie nun, wie Sie leicht werden, befreit von allen negativen Gefühlen und Gedanken. Sie fühlen, wie der emotionale Druck nachlässt, wie Sie sich immer freier fühlen.

Verweilen Sie einige Minuten in diesem Gefühl. Öffnen Sie anschließend die Augen, und lassen Sie Ihre Umgebung auf sich wirken.

Die Ruhe inmitten des Sturms:
Gehen Sie an einen lauten Ort, an eine laute Straßenkreuzung, in ein überfülltes Restaurant mit lauter Musik. Schließen Sie die Augen, und nehmen Sie nur wahr, was um Sie herum geschieht. Stellen Sie sich vor, Sie seien das ruhige Zentrum eines Sie umwirbelnden Orkans.

In der Mitte dieses Wirbelns stehen Sie in absoluter heiliger Stille. Schenken Sie sich jetzt 10 bewusste Atemzüge. Dadurch wird sich Ihre Konzentration auf den Atem richten. Es wird leichter fallen, wenn Sie die Atemzüge zählen.

ÜBUNG

Sie können diese Übung erweitern, indem Sie beim Einatmen das Wort »Ruhe« denken, beim Ausatmen denken Sie »Kraft«. Bald werden Sie spüren, wie sich das hektische Treiben immer weiter von Ihnen entfernt. Die Hektik um Sie herum hat keine Wirkung auf Sie.

Lächeln Sie, und genießen Sie Ihre innere Ruhe inmitten eines regen Treibens. Öffnen Sie nun Ihre Augen, und nehmen Sie diese innere Ruhe mit in Ihren Alltag.

Beobachter der eigenen Gedanken

Der Unterschied zwischen der Beobachtung des eigenen Denkens und der Beobachtung der Gedanken ist, dass Sie beim Beobachten der Gedanken auf Distanz zu den eigenen Gedanken gehen. Beim Denken sind Sie immer in den aktiven Denkprozess involviert.

Den Vorgang des Gedankenbeobachtens können Sie mit dem Warten auf einen Zug vergleichen. Ihre Gedanken sind die vorbeifahrenden Züge, und Sie als Beobachter sitzen auf einer Bank und schauen zu. Sie lassen die Züge vorbeirauschen, ohne zu kommentieren oder zu bewerten. Nach einigem Üben werden Sie feststellen, dass Ihre Gedankenzüge immer seltener kommen.

Das Beobachten klärt Ihre Gedanken, und die Gedankenketten beruhigen sich. Sie sitzen da und sind nur Zeuge von dem, was ist. Sie sortieren Ihre Gedanken nicht: »Den positiven Gedanken behalte ich, den negativen lasse ich vorbeiziehen.« – Sie lassen *jeden* Gedanken vorbeiziehen.

Im Buddhismus heißt es: »Im fließenden Gewässer kannst du dein Spiegelbild nicht sehen.«

Durch nachfolgende Übungen werden sich Ihre Gedanken beruhigen, und Sie werden Ihr Spiegelbild sehen.

Die eigenen Gedanken kennenlernen

Bei der *STOPP-Übung* bleiben Sie stehen, wo immer Sie auch sind. Sagen Sie »Stopp«, wann immer es Ihnen in den Sinn kommt. Fragen Sie sich: »Halt, was denke ich? Was machen diese Gedanken mit mir?« Erkennen Sie: »Das sind also meine Gedanken. Sie stehen neben mir. Das bin nicht ich. Ich lasse sie vorüberziehen. Ich bin eben gerade mit der Beobachterrolle beschäftigt. Ich habe keine Zeit zum Reagieren.«

Sie werden die Erfahrung machen, dass Sie bei dieser Übung alle Gedanken wahrnehmen, auch jene, die Sie lieber gar nicht denken würden. Es wird Ihnen nicht gelingen, Ihren Gedanken zu befehlen, nicht zu kommen. Es ist nicht möglich, Gedanken zu unterdrücken oder sie zu verbieten. Gedanken kommen einfach. Verbieten Sie sich einmal, an eine bevorstehende Prüfung zu denken. Ist es Ihnen gelungen? Natürlich nicht. Verbieten Sie sich, an die bevorstehenden Ferien zu denken. Ist es Ihnen gelungen? Natürlich nicht. Sie sind Ihren Gedanken hilflos ausgeliefert, und das Verbieten schadet Ihnen in zweierlei Hinsicht. Zum einen kommen die Gedanken erst recht mit geballter Wucht. Zum anderen sind Sie enttäuscht, weil es Ihnen nicht gelungen ist, Ihre Gedanken zu verdrängen. Trösten Sie sich, denn es ist nicht möglich.

Üben Sie die *STOPP-Übung* einige Tage lang, danach beantworten Sie folgende Fragen.

Was haben Sie mehrheitlich gedacht?

Gab es Gedanken, die sich beständig wiederholten? Haben Sie sich in der Erinnerung an Situationen verloren, in denen Sie besonders gut waren oder in denen Sie jemandem die Meinung gesagt haben? Haben Sie sich zukünftige Szenen ausgemalt, die dann doch nicht eingetroffen sind?

ÜBUNG

Haben Sie sich immer wieder ermahnt, was Sie zu tun haben? Gab es auch neue Gedanken, die Sie bisher noch nicht gedacht haben?

Die *Konzentration der Gedanken auf einen Punkt* ist eine sehr wirksame Übung. Dabei fixieren Sie einen Punkt, der etwa 30 Zentimeter von Ihnen entfernt ist. Dieser Punkt kann an einem beliebigen Gegenstand sein, oder Sie zeichnen auf ein Blatt Papier einen Punkt mit einem Durchmesser von ca. 4 Zentimetern. Stellen Sie eine Stoppuhr auf 5 Minuten, und schauen Sie den Punkt mit entspanntem Blick an. Lassen Sie Ihre Gedanken in diesen Punkt hineinfließen. Nach einigem Üben werden die Gedanken immer weniger.

Das Ziel dieser Übung ist die Gedankenstille. Gedankenstille heißt nicht, dass Sie nichts mehr denken sollen – das ist nicht möglich. Gedankenstille ist der Zustand, in dem Sie sich von Ihren Gedanken vollkommen distanzieren. Ihre Gedanken sind noch da, sie kommen und gehen, aber Sie schenken ihnen keine Beachtung mehr. Dadurch verblassen sie und verlieren ihre Wirkung auf Sie. Im Zustand der Gedankenstille werden sich Ihre Muskeln entspannen, und eine angenehme Wärme wird Ihren Körper durchströmen. Ihre Probleme rücken in weite Ferne und verlieren an Kraft und Bedeutsamkeit. Die Intensität Ihrer Ängste nimmt ab, und sie erscheinen nicht mehr unüberwindbar. Sie erlangen Distanz zu Konflikten mit Ihren Mitmenschen, zu Aggressionen und Kränkungen.

Die buddhistische Übung der *Gedankenwolken* vermittelt das Bild, Ihre Gedanken ziehen in Ihrem Kopf wie Wolken am Himmel vorüber. Beobachten Sie ganz absichtslos diese Wolken, und sehen Sie zu, wie sie kommen und gehen. Tun Sie zunächst nichts anderes als beobachten. Allmählich ballen sich diese Wolken zu einem Knäuel zusammen. Begleiten Sie in Ihrer Vorstellung den Wolkenknäuel, der langsam bis in Ihre Brust hinabsinkt und sich dort auflöst.

Das *Etikettieren* ist ebenfalls eine buddhistische Übung. Beobachten Sie Ihre Gedanken und benennen Sie sie. Stellen Sie sich vor, wie Sie jedem Gedanken ein Etikett umhängen wie »Das ist schön«, »Das ist der morgige Ausflug« oder »Das ist uninteressant«. Allmählich lassen Sie nur noch zwei Möglichkeiten der Etikettierung zu: »Das ist ein Gedanke« und »Das ist uninteressant«. Schließlich gestatten Sie sich nur noch das Etikett »Das ist ein Gedanke«. Wiederholen Sie immer wieder bei jedem Gedanken diese Aussage, und beobachten Sie, was in Ihnen geschieht. Das Beobachten der Gedanken bewirkt eine Beruhigung der Gedanken, und ihre Macht lässt nach. Sie erlangen Distanz zu Ihren Emotionen, und die Probleme rücken in den Hintergrund – eine Steuerung der Gedanken ist jetzt möglich.

Je öfter Sie diese Übungen praktizieren, desto mehr wird es Ihnen gelingen, wann immer Sie wollen in diesen Zustand der Gedankenstille einzutauchen. Setzen sie sich mehrmals am Tag hin, und genießen Sie für ein paar Minuten diese innere Ruhe. Sie wird in Freude und tiefen Frieden übergehen.

Während des Übens ist es nicht ungewöhnlich, wenn Sie in alte Verhaltensmuster zurückfallen. Lassen Sie sich auf folgende Gedankenreise ein:

In einem vornehmen Geschäft lassen Sie sich von einem zuvorkommenden und fachkundigen Verkäufer hochwertige Designertaschen vorführen. Sie fühlen sich wohl. Sie wählen eine Tasche aus, die Ihnen außergewöhnlich gut gefällt. Obwohl sie den Preis, den Sie für Ihren Kauf vorgesehen haben, übersteigt, wollen Sie die Tasche kaufen.

Sie bezahlen, und bereits beim Verstauen des Rückgelds vermuten Sie, dass Ihnen der Verkäufer zu wenig Geld herausgegeben hat. Sie sind verwirrt, doch weil der Verkäufer freundlich lächelt, nehmen Sie die eingepackte Tasche und verlassen das Geschäft. Bereits draußen wurmt Sie die Geschichte mit dem Rückgeld.

Die Tatsache, dass Sie eine Tasche gekauft haben, die Ihnen vor knapp zehn Minuten umwerfend gefallen hat, rückt in den Hintergrund. Ihre Gedanken sind nur noch mit dem Rückgeld beschäftigt. Sie zählen nach. Jetzt ist es ganz klar, der Verkäufer hat Ihnen zu wenig Geld zurückgegeben. Was werden Sie tun? Sie haben verschiedene Möglichkeiten: Zuerst einmal ist es Ihnen peinlich, ins Geschäft zurückzugehen. Sie überlegen sich: »Die Tasche ist so teuer, und jetzt Aufruhr zu machen wegen des Rückgeldes, ist doch läppisch. Ich blamiere mich ja nur. Was wird der Verkäufer nur von mir denken?«

Und so jagt ein Gedanke den nächsten: »Und was, wenn er mir vorsätzlich zu wenig Geld zurückgegeben hat und mich jetzt im Stillen auslacht?« – »Nein, das kann nicht sein. Er war nur zerstreut. Das kann jedem passieren. Ich will ihn nicht blamieren. Ich lasse es sein.« Ihre Gedanken laufen heiß, und kleine Wasserperlen laufen Ihnen über Ihre Stirn. Was werden Sie tun? Werden Sie ins Geschäft zurückgehen?

So oder so: Ihre Gedanken sind nicht bei der Tasche. Auch haben Sie vergessen, den Gedankenstopp zu machen. Sie haben zugelassen, dass Ihre Gedanken zu kreisen begannen und sich in Spekulationen verstrickten.

Warum Sie zu wenig Rückgeld erhalten haben, werden Sie sowieso nicht erfahren. Wäre es aber nicht einfacher gewesen, zuerst einmal »Stopp« zu sagen? »Was ist passiert? Aha, zu wenig Geld bekommen. Kein Problem, ich gehe zurück. Punkt. Erledigt.« Sie haben nicht »Stopp« gesagt, weil Sie sich erhofft haben, eine vernünftige Antwort auf die Frage zu finden: »Was soll ich jetzt wirklich tun?« Doch wenn Gedanken kreisen, bringt es nichts, nach Lösungen zu suchen. Sie werden keine Lösung finden, weil Ihr Unterbewusstsein immer nur mit dem Problem beschäftigt ist, und so dieses Problem eine übergroße Dimension erhält.

Trainieren Sie die oben aufgeführten Übungen. Es wird Tage geben, an denen es Ihnen leichter oder schwerer fällt, Ihre Gedanken zur Ruhe zu bringen.

Ein Schüler kam zu seinem Meister und klagte: »Meine Meditationen sind furchtbar. Ich bin dauernd abgelenkt, ich denke an alles Mögliche, meine Glieder tun weh, und ich schlafe immer ein.«
Der Meister antwortete schlicht: »Das geht vorüber.«
Eine Woche später kam der Schüler wieder und sagte: »Meine Meditationen sind herrlich, ich bin klar, konzentriert und im Frieden.«
Der Meister antwortete: »Das geht vorüber.«

Beobachter des eigenen Atems

Ein weiterer Schritt auf dem Weg zur Gelassenheit besteht darin, sich des eigenen Atems bewusst zu werden. Dieser stellt die fundamentalste Ausdrucksform von Lebensenergie dar. Der Atem spendet Leben, er harmonisiert Ihre Gedanken, Ihre Gefühle und Ihren Körper. Durch Ihren Atem sind Geist, Seele und Körper miteinander verbunden.

Denken und Atmen sind untrennbar miteinander verknüpft. So, wie Sie denken, atmen Sie. Sie atmen, wie Sie denken. Sobald Sie bewusst Ihre Aufmerksamkeit auf Ihren Atem lenken, befinden Sie sich ganz im Hier und Jetzt, im gegenwärtigen Augenblick. Nicht nur Atem und Gedanken sind miteinander verknüpft, sondern Ihr Atemmuster drückt Ihre gegenwärtigen Gefühle aus.

Erinnern Sie sich an eine vergangene Situation, in der Sie regelrecht nach Luft schnappen mussten. Hat es Ihnen auch schon einmal den Atem verschlagen? Den Atem geraubt? Welche Gefühle und Gedanken sind diesen Empfindung vorausgegangen?

Ihr Atem verrät Sie immer. Oberflächlicher schneller Atem zeigt Ihre innere Aufgeregtheit und Unruhe. Haben Sie es auch schon erlebt, dass Sie selbst – oder jemand, den Sie kennen – sich so geärgert haben, dass Sie keine Luft mehr bekamen und Ihre Stimme versagte? Viele Menschen denken, der Atem ist nur eine Funktion unseres Körpers, um uns am Leben zu erhalten. Das ist nicht richtig. Der Atem ist Energie, Kraft, er ist unser Lebenselixier. Wer bewusst atmet und regelmäßig Atemübungen in seinen Tagesablauf integriert, erreicht bald ein höheres Energieniveau. Zudem ist der Atem Träger Ihrer Stimme. Hören Sie sich beim Sprechen zu. Wie nehmen Sie Ihre Stimme wahr? Klangvoll und kräftig? Oder eher hauchig und zittrig? Ihre Stimme verrät, ob Sie sich selbstsicher fühlen, ob Sie entspannt und gelassen sind.

Nun kann es sein, dass Sie Ihre Stimme als schwach und wenig überzeugend wahrnehmen. Sobald Sie beginnen, regelmäßig Atemübungen zu praktizieren, wird auch Ihre Stimme kräftiger.

Stellen Sie sich einmal vor, Sie sitzen mit Ihrem Partner, Ihrem besten Freund oder Ihrer besten Freundin in einem Café. Der Kaffee duftet herrlich, und vor Ihnen steht ein leckeres Stück Kuchen. Gierig stechen Sie mit Ihrer Gabel ein großes Stück davon ab und schieben es sich in den Mund. Aus Genuss wird Verdruss: Sie kämpfen mit dem zu großen Bissen. Sie können ihn kaum kauen, haben Mühe, ihn hinunterzuschlucken.

Genauso verhält es sich mit dem Atem. Die meisten Menschen atmen viel zu viel ein, sie denken, das Einatmen sei das Wichtigere. Das stimmt jedoch nicht. Beim Ausatmen geben Sie all das ab, was Sie nicht mehr brauchen, das Einatmen geschieht dann ganz von selbst.

Nur wenn Sie alles ausatmen, können Sie wirklich neue, gereinigte Lebensenergie empfangen. Mit jedem Atemzug werden Sie neu erfrischt.

In Ihrem Atem drückt sich Ihre Art zu leben aus. Machen Sie in Ihrem Leben Pausen? Oder sind Sie atem- und pausenlos unterwegs?

Erinnern Sie sich an einen Augenblick in Ihrem Leben, in dem Sie sich ganz und gar nicht wohlgefühlt haben. Vermutlich sind Ihre Schultern nach vorne gefallen und Ihr Rücken ist rund geworden. Sie haben sich bleiern gefühlt, waren traurig, energielos, schlapp. In dieser Gefühlslage bewegt sich Ihr Brustkorb kaum, und der Atem ist flach. In dieser Haltung, die für viele Menschen zum Standard geworden ist, wird Ihr Atem eingeengt, Ihre gesamte persönliche Ausdruckskraft geht verloren.

Demnach hat Ihre Körperhaltung einen großen Einfluss auf die Qualität Ihres Atmens. Stehen Sie an dieser Stelle kurz auf, gemäß dem Motto »Tu's gleich!« Wenn Sie einen Spiegel zur Hand haben, prüfen Sie jetzt Ihre Körperhaltung. Ist Ihr Rücken gerade, sind die Schultern nach hinten gedrückt? Ist Ihr Kopf erhoben, und schauen Sie geradeaus? Wenn ja, dann kann auch Ihr Atem frei fließen.

Im Folgenden stelle ich Ihnen verschiedene Atemübungen vor, beginnend mit ganz einfachen, die Sie sofort in Ihren Tagesrhythmus einbauen können. Beginnen Sie immer mit den einfachen Übungen, wichtig ist, dass Sie überhaupt beginnen, bewusst zu atmen.

Danach lernen Sie das kraftvolle Atmen, das ich »Energieatmen« nenne. Dieses beginnt im Becken- und Bauchraum, in dem sich die Verdauungsorgane befinden. Ihr Becken ist Ihr Kraftort, hier erhalten Sie Kontakt zu Ihrem Unterbewusstsein.

Im Körper sieht das wie folgt aus: Das Zwerchfell ist mit dem Brustkorb verbunden und trennt den Brust- vom Bauchraum. Wenn Sie in Ihren Kraftort Becken einatmen, senkt sich das Zwerchfell, und der untere Teil der Lunge bekommt mehr Platz und dehnt sich dadurch aus. Die Luft strömt ein. Beim Ausatmen wölbt sich das Zwerchfell wieder nach oben, und die Luft strömt aus der Lunge heraus.

So viel zur Theorie. Jetzt wird geatmet.

Atemübungen

Einfache Atemübung:
Mit dieser Übung kommen Sie innerlich zur Ruhe. Wenn Sie noch nie Atemübungen gemacht haben, ist dies der richtige Einstieg.

Setzen Sie sich mit geradem Rücken hin. Die Beine sind nicht überkreuzt. Schließen Sie die Augen. Richten Sie Ihre Aufmerksamkeit nach innen. Konzentrieren Sie sich auf Ihren Atem, beobachten Sie, aber verändern Sie nichts.

Beginnen Sie nun, die Länge Ihrer Atemzüge zu messen. Zählen Sie zum Beispiel sowohl beim Einatmen als auch beim Ausatmen bis 4. Finden Sie Ihren ganz persönlichen Rhythmus heraus. Sie können bis 5 zählen oder nur bis 3. Ein- und Ausatem sollten immer gleich lang sein.

Üben Sie so lange, bis Sie einen ruhigen und gleichmäßigen Atemrhythmus gefunden haben, ohne dass es Sie anstrengt.

Den Ausatem verlängern:
Machen Sie als Grundlage die *einfache Atemübung*. Verändern Sie nun Ihren Atemrhythmus, indem Sie den Ausatem verlängern. Zählen Sie zum Beispiel beim Einatmen weiterhin bis 4, beim Ausatmen bis 8 oder 9, bis Ihre Lunge vollkommen leer ist, und Sie das natürliche Bedürfnis verspüren, wieder einzuatmen. Der Ausatem sollte mindestens doppelt so lang wie der Einatem sein. Finden Sie Ihren Rhythmus, und zählen Sie dabei.

Diese zwei Basisübungen stellen die Grundlage Ihrer Atemübungen zur Gedankenkontrolle dar. Weil Sie beim Atmen zählen, fokussieren Sie Ihre Gedanken auf das Zählen. Dadurch beruhigen sich diese ganz automatisch.

Energieatmung:

Bei folgender Übung atmen Sie kraftvoller. Am besten ist es, wenn Sie auch diese Übungen wie ein Ritual in Ihren Tagesablauf einplanen. Schon sehr bald erreichen Sie ein höheres Energieniveau, fühlen sich zugleich gelassener und sehen Ihren täglichen Aufgaben gestärkt entgegen. Auch die *Energieatmung* können Sie im Sitzen praktizieren. Achten Sie dabei auf einen geraden Rücken. Die Beine sind leicht angewinkelt und nicht übereinandergelegt. Die Füße sind flach auf dem Boden, wenn möglich ohne Schuhe. Die Sitzhöhe sollte angenehm sein und einen waagerechten Verlauf der Oberschenkel ermöglichen. Zu weiche Sitzunterlagen wie Bett oder Sofa sind ungeeignet. Die Hände legen Sie auf Ihre Knie.

Sie können das Energieatmen auch im Stehen üben. Dabei stellen Sie sich gerade hin, die Beine hüftbreit auseinander und die Füße flach auf dem Boden mit einem festen Stand. Die Hände liegen auf dem Unterbauch übereinander, die Daumen auf der Höhe des Bauchnabels. Auf keinen Fall die Arme einfach hängen lassen.

Teil 1 der Energieatmung:

Schließen Sie nun Ihre Augen, und richten Sie Ihre Aufmerksamkeit auf Ihren Unterbauch, in Ihr Becken. Stellen Sie sich in Ihrem Beckenraum eine Energiekugel vor, angenehm hell und strahlend. Vielleicht erstrahlt Ihre Energiekugel in feinem Gold. Anstelle der Kugel können Sie sich auch eine Rose oder eine Lotosblüte vorstellen. In meinem Beispiel wähle ich die Rose. Bleiben Sie mit Ihrer Konzentration, mit Ihren Gedanken im Unterbauch bei Ihrer Rose. Lassen Sie sich Zeit, bis Sie die Rose ganz deutlich vor Ihrem inneren Auge sehen.

Richten Sie Ihre Aufmerksamkeit jetzt auf Ihren Brustraum. Hier stellen Sie sich eine zweite strahlende Rose vor. Sie erleuchtet Ihren ganzen Brustraum. Verweilen sie auch in dieser Vorstellung.

Gehen Sie nun mit Ihrer Aufmerksamkeit in den dritten Körperpunkt. Dieser befindet sich im Bereich der Stirn. Auch hier stellen Sie sich eine leuchtende Rose vor. Diese drei Rosen markieren Ihre drei Atemzentren.

ÜBUNG

Üben Sie diese Vorstellungsreise so lange, bis Sie die Rose an den drei genannten Orten deutlich vor Ihrem inneren Auge sehen können.

Teil 2 der Energieatmung:
Atmen Sie bewusst in den Unterbauch ein, sodass sich Ihr Bauch nach außen wölbt. Alle Ihre Gedanken, Ihre gesamte Konzentration, ist auf die Rose in Ihrem Unterbauch gerichtet. Atmen Sie in die Rose hinein.

Atmen Sie weiter, und ziehen Sie dabei Ihren Atem hoch bis zur Rose in Ihrem Brustraum und dann noch weiter bis zur Rose in Ihrer Stirn. Begleiten Sie mit Ihren Gedanken diesen Atemweg. Stellen Sie sich die drei Energiezentren vor. Ihre Gedanken sind ausschließlich mit dem Atemfluss beschäftigt. Ihre Körperhaltung bleibt locker und entspannt. Heben Sie die Schultern nicht an, beim Einströmen der Luft hebt sich der Brustkorb ganz automatisch.

Beim Ausatmen beginnen Sie wieder mit dem Bauch, indem Sie Ihren Bauch einziehen und bewusst ausatmen. Dabei entweicht der Atem von selbst aus Lunge und Kopf. Beim Ausatmen neigt sich Ihr Körper vielleicht ein wenig nach vorne.

Im Zählrhythmus zu atmen, erleichtert Ihnen das Üben. Sinnvoll ist zum Beispiel ein Vierertakt:

› Bei 1 atmen Sie in die unterste Rose ein und strecken den Bauch heraus,
› bei 2 ziehen Sie den Atem weiter in die Rose in Ihrem Brustraum und
› bei 3 bis in die Rose in Ihrer Stirn.
› Bei 4 machen Sie eine Pause.
› Bei 5 atmen Sie aus der untersten Rose heraus wieder aus, indem Sie den Bauch einziehen,
› bei 6 atmen Sie aus der Rose im Brustraum heraus, indem Sie sich leicht nach vorne neigen, und
› bei 7 lassen Sie den Atem schließlich aus der Stirnrose wieder hinausfließen.

› Bei 8 machen Sie eine kurze Pause. Anschließend beginnen Sie wieder bei 1 in die Bauchrose einzuatmen.

Machen Sie beim Üben jedes Mal 8 solcher Atemzüge.

Auf den ersten Blick scheint diese Übung vielleicht kompliziert. Üben Sie deshalb zuerst die Vorstellungsreise. Bereits nach kurzer Zeit werden Sie die *Energieatmung* mühelos beherrschen, sodass Sie sie auch im Gehen wunderbar praktizieren können. Vorausgesetzt Sie haben die Möglichkeit, gleichmäßig auf ebenem Grund zu laufen.

Poweratmung für 10 Sekunden:
Folgende Übung ist eine sehr einfache und kurze Atemtechnik, die Sie jederzeit für sich allein oder als Fortsetzung des *Energieatmens* durchführen können. Insbesondere dann, wenn Sie sich in oder vor einer akuten Stresssituation befinden. Wenn Sie ein energetisches Tief verspüren, dann ist diese Übung genau richtig. Sie brauchen dafür in der Regel nur 10 Sekunden. Wenn Sie diese Übung täglich 3 Mal in Ihren Alltag integrieren, werden Sie bald Ihr gesamtes Energieniveau erhöhen und weniger müde und gereizt sein.

› *Schritt 1:* Denken Sie zuerst an Ihre Stresssituation, und schätzen Sie diese ein. Wie intensiv ist Ihr momentanes Stressempfinden? Wenn Sie möchten, können Sie Ihren Stress auf einer Skala von 0 bis 10 bewerten. 10 bedeutet dabei eine unerträgliche Stressbelastung.
› *Schritt 2:* Führen Sie Ihre Hände zusammen, und legen Sie sie so aneinander, dass sie sich vollkommen berühren, ähnlich einer Gebetshaltung.
› *Schritt 3:* Vergegenwärtigen Sie noch einmal kurz Ihren seelischen oder körperlichen Stress, von dem Sie sich befreien wollen.
› *Schritt 4:* Öffnen Sie leicht den Mund. Atmen Sie durch den Mund tief in den Bauch ein und wieder aus, sodass sich der Bauch rhythmisch hebt und wieder senkt. Atmen Sie in einem schnellen Tempo. Wölben Sie dabei Ihren Bauch nach außen, und drücken Sie anschließend die Atemluft wieder raus. Dieser schnelle Rhythmus ist wichtig. Machen Sie bedenkenlos alle Geräusche,

die beim Atmen entstehen, und atmen Sie den ganzen Stress und alle negativen Empfindungen aus.

Führen Sie diese Atmung nicht länger als 10 Sekunden durch, ansonsten könnte Ihnen schwindelig werden. Denken Sie beim Atmen beispielsweise an die Worte »Kraft«, »Stärke«, »Geduld« oder »Ruhe«. Finden Sie Ihr für diesen Moment passendes Schlüsselwort.

Diese Atemtechnik wird »Power Breathing« genannt. Warum wirkt diese Methode? In erster Linie beseitigt sie Ihre flache Atmung, die Ihr Körper als ein Stresszeichen deutet. Wenn Sie chronisch flach atmen, versteht Ihr Körper das etwa so, als würden Sie ununterbrochen angespannt und angstvoll leben. Ihre zur Gewohnheit gewordene flache Atmung reduziert die Aufnahme von Sauerstoff. Das macht Sie müde und schlapp.

Mit dem *Power Breathing* führen Sie in kurzer Zeit dem Blut viel Sauerstoff zu, der »Kraftstoff«, der nun durch Ihren gesamten Körper zirkuliert. Sie werden wieder kraftvoller und leistungsfähiger.

Für alle Übungen und somit auch für diese Atemübungen gilt: Regelmäßig praktiziert ist die Wirkung sehr groß. Praktizieren Sie die Techniken hingegen nur gelegentlich, werden sich Veränderungen nur langsam bis gar nicht bemerkbar machen.

Beobachter der eigenen Gefühle

Der Ausdruck »Himmelhoch jauchzend, zu Tode betrübt« wurde durch Johann Wolfgang von Goethes Trauerspiel *Egmont* zum geflügelten Wort. »Freudvoll und leidvoll, gedankenvoll sein«, heißt es hier ebenfalls – Gedanken und Gefühle gehören offenbar zusammen. Werden Sie gelegentlich auch durch Ihre Gefühle hin- und hergerissen? In diesem Kapitel geht es um die Wahrnehmung und Beobachtung Ihrer Gefühle. Bisher haben Sie gelernt, Ihren Atem und Ihre Gedanken zu beobachten, um zur Ruhe zu kommen. Weil Atem, Gedanken und Gefühle untrennbar verbunden sind, widme ich mich jetzt dem Wesen der Gefühle.

Wir leben in einer Kultur, in der Gefühle eine sehr große Rolle spielen, und das Streben nach Glück im Vordergrund steht. Jedes Angebot, mit dem uns die Werbebranche ködert, verspricht, unser Glück und Wohlbefinden zu steigern.

Das Spektrum unterschiedlicher Gefühle ist groß, und wir neigen dazu, diese strikt in positive und negative Gefühle zu trennen. Das ist die eigentliche Ursache, warum wir an Gefühlen leiden: Wir wollen nur die positiven Gefühle und verdrängen und unterdrücken die negativen Empfindungen. Wir leiden immer dann, wenn wir etwas gerne hätten, aber nicht erreichen.

Stellen Sie sich vor, Sie reisen voller Erwartungsfreude an einen Ferienort. Eine Woche Ruhe haben Sie sich wirklich verdient. Zufälligerweise treffen Sie in Ihrem Hotel Ihren Nachbarn, der hier ebenfalls seine Ferien verbringt, der zudem sehr gesellig ist und gerne spricht. Sie ärgern sich, weil es nun mit Ihrer Ruhe vorbei ist, doch Sie zeigen gute Miene, denn Sie würden nie zugeben, dass Sie dieser Zufall ärgert. Weil Sie ein höflicher Mensch sind, unterdrücken Sie Ihren Ärger und verhalten sich so freundlich wie nur möglich. Ärger, so haben Sie gelernt, ist ein negatives Gefühl, das man besser nicht zeigt. Einerseits unterdrücken Sie nun Ihren Ärger, andererseits leiden Sie, weil sich Ihr Bedürfnis nach Ruhe nicht erfüllt.

Oder stellen Sie sich vor, sie beenden eine langjährige Beziehung. Sie spielen sich Stärke vor und lenken sich durch möglichst viele Aktivitäten ab. Sie handeln im Glauben, Stärke zu zeigen und denken sich: »Ich lasse mich doch nicht unterkriegen!« Tatsächlich aber verdrängen Sie, weil Sie gelernt haben, dass Trauer negativ ist, und Sie dieses Gefühl auf keinen Fall empfinden wollen. Sie leiden an einer quälenden Vermischung von »Ich bin traurig« und »Ich will auf keinen Fall traurig sein«. Sollten die anderen Menschen Ihre Trauer zudem noch bemerken, fühlen Sie sich doppelt unwohl, weil Sie doch positiv sein wollten.

Im ganzheitlichen Mentaltraining lernen Sie, jedes Gefühl zu akzeptieren. Wenn Sie jedes Gefühl akzeptieren, hören Sie auf zu leiden, weil die Unterscheidung zwischen »positiv« und »negativ« aufgehoben wird.

Machen Sie diesbezüglich einen Versuch: Stellen Sie sich vor, eine Ihnen wichtige Person macht eine Äußerung, die Sie kränkt. Sie haben drei Möglichkeiten:

1. Sie ziehen sich wortlos zurück und leiden.

2. Sie schlagen verbal zurück.

3. Sie sagen: »Diese Bemerkung hat mich verletzt, ich gebe zu, dass ich jetzt sehr traurig bin.«

Experimentieren Sie mit diesen Reaktionsvorschlägen. Sie werden schnell merken, dass nichts zu tun oder zurückzuschlagen das Leid nicht ändern, es sogar verstärken wird. Wenn Sie jedoch Ihr Leid aussprechen, lassen Sie Trauer zu, und obwohl Sie in dem Moment noch nicht glücklich sind, haben Sie den Weg geebnet, die Trauer zu überwinden.

Gefühle sind die Kinder Ihrer Gedanken, darum verhalten sie sich auch so ähnlich wie Ihre Gedanken. Sobald Sie Ihre Gefühle unterdrücken, verbieten oder verdrängen, schlagen sie noch kräftiger zurück.

Daraus folgt: Gefühle lassen sich weder verbieten, noch verdrängen, noch unterdrücken. Darum ist es wichtig, zu lernen:

› Gefühle wahrzunehmen,
› Gefühle zuzulassen,
› Gefühle auszuhalten.

Das Verdrängen und Unterdrücken geschieht meistens automatisch, weil die Erziehung von klein auf Verhaltensregeln aufgestellt hat wie »Deswegen weint man doch nicht« oder »Geh in dein Zimmer, wenn du dich ärgern willst«. Wir leiden, weil unser Denken durch die Gefühle verzerrt wird. »Ich sollte doch jetzt glücklich sein …« »Hoffentlich schmeckt das Essen, sonst bin ich nicht zufrieden.«

Peinliche und schmerzliche Gefühle haben bei uns nichts zu suchen. Weg damit. Sie werden in den Untergrund verdrängt, dann quälen sie uns nicht mehr. – Und wenn doch? Das Unterdrücken und Verdrängen dieser negativen Gefühle fordert einen hohen Preis – einen ungeheuren Aufwand an seelischer Energie. Der unnatürliche Vorgang der Gefühlsverneinung führt Sie in einen Energiemangel, Sie fühlen sich schlapp und ausgelaugt, antriebslos und immer müde. Zudem haben Sie permanent eine gedrückte Stimmung.

Stellen Sie sich einen Vulkan vor. Jahrelang verhält er sich ruhig. Von weitem sieht er friedlich und schlafend aus. Man sieht es ihm (noch) nicht an, dass es in seinem Inneren brodelt und kocht. Der große Ausbruch wird durch Vorbeben angekündigt, und eines Tages bricht er aus. Genauso verhält es sich bei uns Menschen. Jahrelang unterdrückte und verdrängte Gefühle bekommen im Untergrund eine Eigendynamik und brechen eines Tages in Form körperlicher Symptome durch die Oberfläche.

Die nachfolgende Geschichte vom traurigen Zen-Meister verdeutlicht dies:
Es weinte einmal ein Zenmeister zwei Tage lang. Einer seiner Schüler sagte zu ihm: »Sie sind kein richtiger Meister. Sie lassen sich von Ihren Emotionen überwältigen und heulen wie ein kleines Kind.«
Der Meister antwortete: »Meine Freiheit besteht darin, zu weinen, wenn ich traurig bin.« Er war völlig eins mit seiner Trauer, als er traurig war. Und er war wirklich in der Tiefe seiner Traurigkeit. Der Erfolg davon war aber, dass er den größten Teil seiner Traurigkeit in 48 Stunden bewältigt hatte. Dann hatte er es überstanden.

Es gibt Menschen, die gegen ihre Trauer ankämpfen und versuchen, diese zu verbergen. Sie tun so, als wäre alles in Ordnung. Sie lassen die Trauer nicht zu und bleiben über Monate oder Jahre in dieser Trauer gefangen.

Gefühle beobachten heißt zuerst einmal, genau festzustellen, welche Gefühle da sind. Sobald Sie Ihre Gefühle identifiziert und benannt haben, gewinnen Sie Abstand. Erst dann ist es Ihnen möglich zu erkennen, dass Sie nicht das Gefühl sind. Sie *haben* ein Gefühl, aber Sie *sind nicht* das Gefühl.

Diese Erkenntnis ermöglicht eine Distanz zu Ihren Gefühlen, und damit lösen Sie Ihre Abhängigkeit von Ihren Gefühlen auf. In letzter Konsequenz können Sie entscheiden, ob Sie in ein Gefühl »einsteigen« oder nicht. Sobald Sie genügend Abstand zu Ihren Gefühlen haben, können Sie sich fragen, welchen Vorteil Ihnen dieses Gefühl bringt. Ist es in diesem Augenblick hilfreich?

Je öfter Sie üben, desto eher lässt die Zugkraft Ihrer Gefühle nach, und Sie fühlen sich frei. Am Anfang ist es sehr schwierig, sich vorzustellen, dass wir unsere Gefühle wählen können. Vielleicht haben Sie bisher eher genau die gegenteilige Erfahrung gemacht, weil Sie von Ihren Gefühlen kontrolliert wurden.

Die Fähigkeit, die eigenen Gefühle im Griff zu haben, wird als »Emotionale Kompetenz« bezeichnet. Dies ist eine Fähigkeit, die auf Ihrer Seite steht und Ihnen immer dann zu Hilfe eilt, wenn Sie glauben, von Gefühlen übermannt zu werden.

Berechtigterweise stellt sich hierbei die Frage, ob Gefühle frei ausgelebt werden dürfen, wenn man sie aus tiefenpsychologischer Sicht weder verdrängen noch unterdrücken darf. Diese Frage ist durchaus berechtigt, wird aber dadurch aufgelöst, dass durch das Beobachten der Gefühle ein Abstand zu ihnen entsteht. Denn das Ausleben der Gefühle würde eine innige Verbindung und Identifikation mit ihnen voraussetzen. Sobald Sie das aufkommende Gefühl benannt und es einige Zeit ohne zu reagieren beobachtet haben, ist die Frage nach der Ursache des Gefühls sinnvoll: »Warum bin ich wütend?« »Warum hat mich das traurig gemacht?«

Die Antwort darauf bringt Sie in tiefere Schichten Ihres Selbst. Dorthin, wo es gilt, noch weiter an sich zu arbeiten. Denn in diesen Tiefen kommen Sie in Berührung mit Ihren Glaubenssätzen.

Stellen Sie sich zum Beispiel vor, Ihr Partner rufe Sie an: »Heute Abend ist eine Sitzung eingeschoben worden. Es kann sehr spät werden.«

Sie haben sich ein gemütliches, gemeinsames Abendessen vorgestellt und denken: »Arbeit ist ihm wichtiger, ich komme immer zuletzt.« Enttäuschung und Trauer kommen hoch. Warum? Wiederholen Sie nochmals Ihre Gedankenschritte aus der Position des Beobachters:

> › Die Aussage ist: »Es kann sehr spät werden.«
> › Sie beobachten Ihre Gedanken und stellen fest: »Ich bin ihm nicht wichtig.«
> › Sie beobachte Ihre Gefühle: Enttäuschung.
> › Sie erlauben sich, enttäuscht zu sein.
> › Sie fragen sich: »Warum bin ich enttäuscht?«
> › Ihre Antwort: »Weil ich glaube, dass ich ihm nicht wichtig bin.«
> › Sie fragen sich: »Warum glaube ich das?«
> › Ihre Antwort: »Weil ich mich nicht geliebt fühle.«

Verändern Sie nun,

> › dass Sie den Gedanken »Ich bin ihm nicht wichtig« weiterziehen lassen, und
> › dass Sie einen neuen, konstruktiven denken: »Diese Sitzung ist sehr wichtig, ich habe Verständnis. Das hat nichts mit unserer Liebe zu tun.«
> › Sie lassen das Gefühl der Enttäuschung weiterziehen und schaffen dadurch Platz für neue Gefühle wie Liebe und Verständnis: »Ich gestalte diesen Abend so, dass ich trotzdem zufrieden sein kann.«

Es ist wichtig, die Gefühle im täglichen Leben wahrzunehmen, zu beobachten und sich ihrer bewusst zu werden. Dadurch erreichen Sie eine emotionale Entscheidungsfreiheit, in das momentane Gefühl einzusteigen oder auch nicht.

Fragen Sie sich bei jedem aufkommenden Gefühl immer: »Ist das Gefühl jetzt angemessen? Ist es gut, wenn ich in diesem Gefühl bleibe?«

Ihre Angst vor Gefühlen verringert sich durch dieses Vorgehen, da Sie schmerzhafte Empfindungen nicht mehr als schlecht bewerten.

Sie erleben alle Ihre Gefühle bewusster und intensiver. Sie erkennen den Wert der schmerzhaften Gefühle und die Freiheit, sie jederzeit in unterstützende Gefühle zu transformieren, um schlussendlich so zu handeln, wie Sie aus Ihrem Herzen heraus handeln möchten.

Durch das Beobachten Ihrer Gefühle gelingt es Ihnen, besser zu entscheiden, welche Gefühle angemessen sind, welche nicht und welche im Dienst Ihrer Ziele stehen.

Je mehr Sie in Berührung mit eigenen Gefühlen kommen und diese zulassen, desto besser verstehen Sie die Gefühle der anderen und sind bereit, diese zu akzeptieren.

Um glücklich zu werden, ist das Bewusstwerden der eigenen Gedanken und Gefühle ein Meilenstein auf diesem Weg.

Gefühle beobachten

Folgende Übungen helfen Ihnen, Ihren Gefühlen offen zu begegnen, sie zu akzeptieren und anzunehmen.

Das Beobachten Ihres gegenwärtigen Gefühls:
Setzen Sie sich an einen ruhigen Ort, und schließen Sie Ihre Augen. Nehmen Sie Ihr gegenwärtiges Gefühl wahr. Tauchen Sie ganz in dieses Gefühl ein. Benennen Sie es. Spüren Sie, wie das Gefühl in Ihnen aufsteigt und wieder abflacht. Vielleicht sind es mehrere Gefühle, die aufsteigen und dann allmählich verschwinden. Wie das Wogen des Meeres bauen sie sich auf und versinken wieder. Beobachten Sie dieses Kommen und Gehen.

Bewusst die eigenen Gefühle zulassen und verändern:
Mit dieser Übung lernen Sie, bewusst Gefühle zuzulassen und flexibel zu verändern. Sie lassen ein Gefühl zu und wechseln in ein anderes gewünschtes Gefühl. Diese Fähigkeit, in Gefühlen nicht zu erstarren, sondern sie zu wechseln, wenn es darauf ankommt, löst Ihre Angst vor den eigenen Gefühlen auf.

Sie haben es bestimmt schon erlebt, dass Sie bereits im Voraus Angst vor einer Situation hatten, in der Sie negative Gefühle befürchteten. Ein Beispiel aus meiner eigenen Erfahrung soll dies verdeutlichen. Dabei geht es um das Gefühl der Einsamkeit:

Erst vor kurzer Zeit ist mein Sohn aus unserer wunderschönen gemeinsamen Wohnung ausgezogen. Ein Studentenzimmer ganz in der Nähe seines Studienortes erwies sich als praktischer. Seine Entscheidung war absolut richtig und auch für mich in Ordnung – rein faktisch. Meine Gefühle hingegen gerieten in Aufruhr und dies schon lange im Voraus. Verlustgefühl? Einsamkeit? Oder beides? Was jetzt? Ich entschied, meine Gefühle zuzulassen. Ja, es war in Ordnung, traurig zu sein. Es war in Ordnung, sich einsam zu fühlen. Zudem war es mir vollkommen gleichgültig, wie mein Umfeld reagierte. Ich empfand so, wie ich empfand, und das war gut so. Ich

ÜBUNG

stand zu meinen Gefühlen. Nachdem ich die Entscheidung, meine Gefühle zuzulassen, getroffen hatte, fühlte ich mich klar und frei. Nun sind einige Monate verstrichen. Das Gefühl der Einsamkeit taucht ab und an noch auf. Dann gehe ich in Gedanken in eine vergangene glückliche Situation und hole mir dieses Glücksgefühl in die Gegenwart. Dabei erlebe ich die Tiefe der beiden Gefühle »Einsamkeit« und »Glück«. Das ist jedes Mal eine kostbare Erfahrung und der Weg zu innerer Gelassenheit.

Setzen Sie sich an einen ruhigen Ort, und schließen Sie Ihre Augen. Nehmen Sie Ihr gegenwärtiges Gefühl wahr. Erleben Sie, was Sie fühlen, und benennen Sie Ihr Gefühl. Versetzen Sie sich nun in Gedanken in eine vergangene Situation, in der Sie sehr glücklich waren. Lassen Sie dabei das damalige Gefühl des Glücks wieder aufkommen. Tauchen Sie ganz in dieses Glücksgefühl ein. Bleiben Sie in diesem Gefühl solange Sie möchten.

Versetzen Sie sich anschließend in Gedanken in eine Situation, in der Sie ärgerlich waren. Lassen Sie das Gefühl des Ärgers aufkommen. Gehen Sie ganz in dieses Gefühl hinein. Spüren Sie die Qualität des Ärgers.

Versetzen Sie sich danach wieder gedanklich in eine Situation, in der Sie sehr zufrieden waren, und lassen Sie das Gefühl der Zufriedenheit aufkommen. Gehen Sie ganz in dieses Gefühl hinein.

Beenden Sie Ihre Übung mit diesem Gefühl der Zufriedenheit, und nehmen Sie es mit in Ihren Tag.

Diese beiden Übungen zeigen: Die Intensität eines Gefühls – sei es Ärger, Trauer, Angst oder auch Freude – bleibt nicht konstant, sondern baut sich auf und klingt wieder ab. Sie können Ihre Gefühle wählen, das heißt willentlich verändern. Sie können Ihre Gefühle verändern, indem Sie Ihre Gedanken verändern. Ihre Gedanken sind für Ihre Gefühle verantwortlich. Wenn Sie die Erfahrung gemacht haben, Ihre Gefühle zu ertragen, verlieren Sie die Angst vor ihnen und erlangen Gelassenheit.

In negative Gefühle nicht einsteigen

Obwohl Gefühle unterschiedlicher Qualität zum Menschsein gehören, kann der Mensch jederzeit selbst entscheiden, wie weit er in ein Gefühl einsteigen will. Weil Gedanken Gefühle erzeugen, ist es sinnvoll, in einer beispielsweise ärgerlichen Situation die eigenen Gedanken auf Distanz zu dem Geschehen zu halten, um nicht in den Ärger hineingezogen zu werden.

Ärger und Wut sind Gefühle, die keinen Sinn ergeben, weshalb es für Sie von Vorteil ist, sich nicht zu Gedanken provozieren zu lassen, die solche Gefühle erzeugen. Es steht Ihnen frei, ob und wie stark Sie sich ärgern wollen.

Wie könnte diese Wahlfreiheit im Alltag aussehen?

Hier ein Beispiel: Sie sind in einer Großstadt mit dem Auto unterwegs. Leider auf der falschen Fahrspur, links statt rechts. Darum betätigen Sie den Blinker, verlangsamen, drehen das Lenkrad vorsichtig nach rechts, schauen über die rechte Schulter – »Es wird bestimmt jemand meine Absicht respektieren und mich auf die rechte Spur fahren lassen.« Doch dieser Jemand auf der rechten Fahrspur denkt nicht daran, Ihnen den Vortritt zu gewähren. Er hupt und zeigt Ihnen eine obszöne Gebärde. Jetzt beginnt es in Ihnen zu brodeln. »Mistkerl!«, denken Sie, und Ärger breitet sich in Ihnen aus.

Es hätte auch wie folgt ablaufen können: Der Autofahrer rechts nebenan hupt also und zeigt Ihnen eine obszöne Gebärde. In Ruhe stellen Sie fest: »So geht es also nicht. Macht nichts, ich bleibe vorerst einmal auf der falschen Spur. Aha, er zeigt mir eine obszöne Gebärde. Ich könnte mich darüber ärgern. Mache ich aber nicht, weil dieses Zeichen nichts mit mir zu tun hat.«

Zusammengefasst: Der Auslöser des Ärgerns kommt immer von außen. Die Lösung heißt »Stopp« sagen, Zeit gewinnen, die entstehenden Gefühle wahrnehmen und sich entscheiden, in die negativen Gefühle nicht einzusteigen – Distanz schaffen zwischen Auslöser und Ihrer Reaktion ist Ihre mentale Stärke.

Jedes Gefühl hat die Tendenz, eine Eigendynamik zu entwickeln und dadurch ein Ausmaß anzunehmen, das Ihren Energiefluss ins Stocken bringt. Ebenso kann jedes Gefühl zur Gewohnheit werden. Das gewohnheitsmäßige Ärgern bringt den Nachteil, dass Sie nicht mehr realisieren, wann und wie oft Sie sich ärgern.

Selbstverständlich steht es Ihnen frei, sich zu ärgern. Grundsätzlich gibt es bei uns kein Gesetz, das Ärgern verbietet. Wichtig ist dabei die Frage: Profitieren Sie von Ihrem Ärger? Ändert sich damit etwas? Sich zu ärgern schwächt und ermüdet Sie nur, da Ihre Lebensenergie nicht frei fließt.

Warum Sie sich ärgern:

› Sie ärgern sich immer dann, wenn Sie die Überzeugung haben, ungerecht behandelt worden zu sein. Für das Auto-Beispiel im vorigen Kapitel hieße das: »Der Autofahrer hat mich nicht auf die rechte Fahrspur fahren lassen.«
› Sie ärgern sich immer dann, wenn Sie die Überzeugung haben, jemand hätte etwas tun *sollen* und es nicht getan hat: »Der Autofahrer hätte mich auf die rechte Fahrspur fahren lassen *sollen*.«
› Wenn Sie sich ärgern, versuchen Sie, Ihr verloren gegangenes Selbstwertgefühl zu schützen: »Der Autofahrer hat mir eine obszöne Gebärde gezeigt. Ich bin gekränkt. Was glaubt er eigentlich, wer er ist? Dem werde ich es zeigen!« In erster Linie wollen Sie sich *selbst* zeigen, dass Sie jemand sind.

In meinen Seminaren sind die Teilnehmer deswegen oft empört und aufgebracht: »Darf man sich nicht einmal mehr ärgern? Das macht doch jeder. Das gehört zum Menschsein dazu.« Da vertrete ich eine andere Ansicht. Warum sollte »Sich-Ärgern« zum Menschsein gehören? Sie können doch jederzeit wählen, ob Sie sich ärgern oder nicht. Welche Emotion wählen Sie? Ärger vermutlich nicht. Vielen fällt es nicht leicht, sich von ihrem Ärger zu lösen. Doch diese Tatsache ist kein Grund, Ärger und Wut als zum Menschsein gehörende Eigenschaften zu bezeichnen. Mit Ihrem Ärger werden Sie kaum jemanden positiv beeindrucken. Niemand findet Sie aufgrund Ihrer Wut sympathisch. Sie werden mehr Freude, Vergnügen, inneren Frieden und Produktivität erleben, wenn Sie sich von Ihrer Reizbarkeit lösen.

Was ist zu tun?

1. Lösen Sie sich von den Erwartungen, wie sich andere Menschen verhalten sollen. Fragen Sie sich: »Warum sollten sie sich so verhalten, wie ich es gerne hätte? Warum sollte mich dieser Autofahrer auf seine Fahrspur lassen?«

2. Lösen Sie sich von den Erwartungen, wie Sie sich selbst Ihrer Meinung nach verhalten sollten. Lassen Sie Gedanken wie »Ich hätte früher wissen müssen, dass ich abbiegen muss. Ich bin ein Dummkopf« einfach los.

3. Üben Sie sich in Empathie. »Empathie« heißt verstehen lernen, warum sich der anderen so verhält, wie er es tut. Sehen Sie die Welt für einen Moment mit den Augen des Anderen: »Der Fahrer des anderen Wagens ist selbst nervös. Er lässt mich nicht auf seine Fahrspur, weil er vielleicht in Zeitnot ist. Wer weiß, was ihn beschäftigt ...«

ALTES LOSLASSEN, NEUES ANSTREBEN

Etwas Neues kann erst entstehen, wenn Sie etwas Altes loslassen. An diesem Punkt scheitern viele Menschen. Sie wünschen sich Veränderung, sie wünschen sich Entwicklung, sie wünschen sich Erfolg. Aber sie schaffen keinen Freiraum dafür.

Mit dem Loslassen erkennen Sie an, dass alles kommt und geht. Etwas Vergängliches festhalten zu wollen, ist ein Anspruch, der dem Schöpfungskreislauf widerspricht.

Stellen Sie sich einmal vor, in Ihrem Wohnzimmer steht ein altes Sofa, das an vielen Stellen bereits abgenutzt ist, schmuddelig wirkt und vermodert riecht. Es nützt Ihnen nichts, wenn Sie von einem neuen Sofa träumen, ständig davon reden, Möbelhäuser abklopfen oder sogar ein ausgewähltes Sofa kaufen. Solange Sie sich von dem alten Sofa nicht trennen und Freiraum schaffen, können Sie das neue nicht hinstellen. Und es bleibt alles beim Alten.

Dieses Pendeln zwischen »Neues anstreben« und »Altes loslassen« zehrt an Ihren Kräften und zerstört Ihre Gelassenheit. Die Fähigkeit loszulassen, macht Sie dagegen frei, unbeeinflussbar und unabhängig. Loslassen bedeutet, jede Bindung und Erwartung aufzugeben. Diese Fähigkeit ist eine wichtige Erkenntnis auf dem Weg zu Ihrer inneren Gelassenheit. Dabei wird Loslassen oftmals falsch verstanden. Es wird gerne mit Gleichgültigkeit in Verbindung gesetzt, doch das ist vollkommen unzutreffend. Loslassen heißt keinesfalls, dass mir etwas gleichgültig ist. Es ist keine passive Haltung, sondern vielmehr die Würdigung und die Akzeptanz dessen, was geschehen ist, um sich nun kraftvoll dem gegenwärtigen Leben zu widmen. In diesem Sinn stellt Loslassen eine bewusste und aktive Haltung dar.

Das Fatale an der Unfähigkeit loszulassen ist: Wer nicht loslässt, lebt mehrheitlich in der Vergangenheit. Wer in der Vergangenheit lebt, verpasst den gegenwärtigen Augenblick. Keiner kann an zwei Zeitorten gleichzeitig leben. Wo leben Sie?

Das Leben kennt nur eine Zeit, und das ist das Jetzt. Daraus ergibt sich die logische Konsequenz, dass sich Menschen, die ihre Vergangenheit nicht loslassen, demnach gedanklich ständig in ihr bewegen und gar nicht wirklich leben.

Auf energetischer Ebene heißt Loslassen Energie sparen. Es ist wichtig, dass Sie mit Ihrer Energie bewusst umgehen, Energieräuber identifizieren und ausmerzen.

Loslassen bedeutet ebenfalls, die gewohnten Bahnen zu verlassen und Veränderungen vorzunehmen. Das ist sehr wirksam. Dadurch wird der Weg frei für neue Gedanken, neue Einsichten, neue unterstützende Gewohnheiten, frei für innere Harmonie und Gelassenheit. Sobald Sie loslassen, werden sich Veränderungen vollziehen. Sie werden nicht lange darauf warten müssen.

Was empfiehlt sich loszulassen?

> Ihre Vergangenheit
> Ihre übersteigerten Erwartungen
> Ihre Selbstkritik und destruktiven Selbstgespräche
> Ihre einschränkenden Überzeugungen und Glaubenssätze

Was gewinnen Sie dadurch?

> Mehr Gelassenheit
> Mehr Selbstvertrauen
> Mehr Lebensfreude
> Mehr Gesundheit
> Mehr Erfolg

Der ehrliche Veränderungswunsch

Nicht jeder Mensch, der über Veränderung spricht (»Wie schön wäre es doch, wenn …«), strebt diese auch ernsthaft an. Prüfen Sie einmal selbst, bevor Sie sich ein Veränderungsziel vornehmen, ob Sie diese Veränderung auch unbedingt wollen. Wie wichtig ist es Ihnen wirklich, Ihr Ziel zu erreichen? Ihr Ziel könnte heißen: »Ich will mich mehr auf den jetzigen Augenblick konzentrieren und weniger über die Vergangenheit grübeln«, »Ich will anspornende Selbstgespräche lernen und mich immer wieder damit motivieren« oder »Ich will von nun an den Bedürfnissen meines Körpers besser zuhören.«

Sobald Sie ein Ziel formulieren, beginnen Sie, Entscheidungen zu treffen. Sich für etwas entscheiden bedeutet, etwas anderes abzuwählen. Beispielsweise entscheiden Sie, sich mehr auf den jetzigen Augenblick zu konzentrieren. Damit wählen Sie alte Gewohnheiten ab, Sie sagen »Stopp«, anstatt immer von Neuem in vergangenen Erlebnissen zu wühlen. Sie verzeihen, anstelle zu hadern.

Sobald Sie bewusst und ernsthaft eine Entscheidung zur Veränderung treffen, geht es immer um die beiden Begriffe »loslassen« und »neu antrainieren«. Sie können unmöglich an alten Denk- und Verhaltensgewohnheiten haften bleiben und zugleich Veränderungen erwarten. Alte Muster führen zu immer gleichen Ergebnissen.

Es gibt verschiedene Gründe, warum Menschen nicht loslassen und sich weiter mit der Vergangenheit quälen:

1. Sie sind der Überzeugung, nicht loslassen zu können. Sie fühlen sich machtlos. Da sie denken, ihr Leben werde von außen gesteuert, fühlen sie sich den Umständen, einem Menschen, ihren Gedanken, ihrem Stress oder ihrer Krankheit ausgeliefert. Dies ist ein Gefühl der *Hoffnungslosigkeit*.

2. Sie trauen sich eine Veränderung nicht zu. Sie halten sich für unfähig, das Notwendige zu lernen und anzuwenden. »Ich bin nicht konzentriert genug, nicht ausdauernd genug …« Im Grunde messen sie ihrem Veränderungsziel große Bedeutung bei. Sie formulieren neue Glaubenssätze oder stellen einen gesunden Ernährungsplan auf, trotzdem zweifeln sie an ihrer Fähigkeit, das Ziel zu erreichen. Dies ist ein Gefühl der *Hilflosigkeit*.

3. Sie lieben es, sich in der Vergangenheit zu suhlen und diesem und jenem die Schuld an der momentanen Situation zuzuschieben – »Mein Vater hat früher schon gesagt, ich sei völlig unbegabt …« Damit übergeben sie die Macht über ihr Leben in fremde Hände. Auch Bequemlichkeit spielt in diesem Verhalten mit. Sich zu verändern ist vielfach unbequem, denn bevor sie sich auf den Weg der Veränderung machen können, ist es notwendig und wichtig, die vollkommene Verantwortung für ihr bisheriges Leben zu übernehmen. Dies ist ein Gefühl der *Machtlosigkeit*.

4. Sie haben keine Zeit: »Ich weiß, dass ich meine schlechten Essgewohnheiten ändern sollte, aber im Moment habe ich zu viel um die Ohren. Ich muss meine Aufmerksamkeit auf so viele Dinge richten, etwas Neues zu lernen, ist mir zurzeit nicht möglich.« Dies ist das Gefühl der *Überforderung*.

5. Sie glauben, es nicht verdient zu haben, ein bestimmtes Ziel zu erreichen. Sie haben ein schlechtes Gewissen, wenn es ihnen gut geht. Deshalb ist es am besten, wenn alles beim Alten bleibt. Dann braucht es keine Rechtfertigungen und keine Erklärungen. »Hauptsache, den anderen geht es gut, ich bin nicht so wichtig.« Diese Menschen sind der Ansicht, sie würden den anderen etwas wegnehmen, wenn es ihnen selbst gut geht. Dahinter steht das Gefühl der *Wertlosigkeit*.

6. Sie glauben nicht an die Methode. Sie zweifeln, ob das Programm und die Veränderungsansätze, die sie – vielleicht auch mit einem Trainer – ausgearbeitet haben, auch wirklich zum Ziel führen. »Wozu soll das gut sein?« Es ist ihnen nicht möglich, zu vertrauen, da sich der Erfolg in der Zukunft und nicht unmittelbar zeigt. Die hartnäckigste Hürde ist hier der *Zweifel*.

Nehmen Sie sich Zeit, und denken Sie sich in jeden dieser Punkte hinein. Welcher trifft auf Sie zu?

Die Vergangenheit loslassen

Sie sind unterwegs zu einer ganzheitlich erfolgreichen und glücklichen Persönlichkeit. Ständig bewegen Sie sich von A nach B. Sie wechseln den Wohnort, Ihre Partnerschaft, Ihren Beruf. Dies ist ein natürlicher Prozess. Das Leben gleicht einem Fluss – und Sie müssen mitschwimmen.

Auf diesem Weg der Wandlung und Veränderung erleben viele Menschen Blockaden, einen inneren Widerstand, ein »Ich-will-im-Hier-und-Jetzt-ankommen-aber-meine-Gedanken-sind-noch-immer-am-alten-Ort«. Oder es beschäftigt sie der Groll auf eine vergangene Situation, einen anderen Menschen. Körper und Seele befinden sich dabei nicht am selben Ort. Dieser Zustand, körperlich an dem einen Ort, gedanklich jedoch an einem ganz anderen zu sein, ist einer der zerstörerischsten und hartnäckigsten Energieräuber für den modernen Menschen. Eine solche innere Spaltung führt zu Energieverlust und damit zum Verlust von Lebensfreude und Erfolg.

Zweifellos sind es eher erfolglose Menschen, die den Grund ihres Misserfolgs in ihrer Vergangenheit suchen, im Sinne von »Ich habe in meiner Vergangenheit erlebt, dass …«, »Ich habe oft hören müssen, dass …« oder »Kein Wunder, dass ich heute …« Natürlich ist Ihre Vergangenheit dafür verantwortlich, dass Sie heute der Mensch sind, der Sie sind. Ihre Vergangenheit hat Ihr Denken geprägt, Ihre Gewohnheiten, Ihre Vorlieben und Ihre Abneigungen. Machen Sie sich jedoch bewusst, dass ein Anhaften an der Vergangenheit Ihre Abhängigkeit von dieser nur noch zementiert. Schaffen Sie sich Unabhängigkeit bezüglich Ihrer Vergangenheit, Sie besitzen die Fähigkeit und jederzeit die Möglichkeit dazu.

Ein Schüler ging zu seinem Meister und fragte ihn: »Wie kann ich mich von dem, was mich an die Vergangenheit heftet, lösen?«
Da stand der Meister auf, ging zu einem Baumstumpf, umklammerte ihn und erwiderte: »Was kann ich tun, damit dieser Baum mich loslässt?«

Ihre Vergangenheit wird Sie nicht loslassen – Sie müssen stattdessen Ihre Vergangenheit loslassen!

Das menschliche Gehirn funktioniert so, dass sich emotional intensive und lang andauernde Erlebnisse besonders stark einbrennen. Je intensiver ein Erlebnis emotional erlebt wird, je länger eine Emotion auf uns einwirkt, desto stärker prägt es sich in unserem Unterbewusstsein ein.

Die Formel von diesem Prozess heißt: emotionale Intensität x Dauer / Anzahl der Wiederholungen eines Ereignisses = Stärke der Verankerung.

Hatten Sie beispielsweise zahlreiche Konflikte mit Ihrem Nachbarn, kann sich diese Konfliktsituation ebenso stark in Ihrem Unterbewusstsein einprägen wie ein einmaliger, intensiv erlebter Konflikt mit Ihren Eltern oder Ihrem Partner. Lassen Sie es dann zu, dass Ihre Gedanken immer wieder zu diesem besagten Nachbarn abschweifen, führen Sie Selbstgespräche wie »Die Schlacht ist noch nicht verloren« oder »So einfach kommt er mir nicht davon«, schaffen Sie energetisch einen verheerend destruktiven Zustand.

Beachten Sie, dass Ihr Unterbewusstsein nicht zwischen Vorstellung und tatsächlich erlebtem Ereignis unterscheiden kann. Zudem kennt das Unterbewusstsein keine Zeit. Für das Unterbewusstsein gilt immer nur das Jetzt. Daraus folgt, dass Ihr Unterbewusstsein jedes Mal, wenn Sie mit Ihrem Nachbarn gedanklich hadern und ihm in Ihrer Vorstellung gehörig die Meinung sagen, das so erlebt, als würden Sie es in diesem Moment tatsächlich tun. Damit verfestigen Sie Ihren Groll, Ihre Energien fließen nicht, Ihr Unterbewusstsein wird Ihr Leben so steuern, dass Sie noch mehr ärgerliche Situationen erleben. Ihren wiederholten Ärger interpretiert Ihr Unterbewusstsein als ein Programm, das es auszuführen hat. In letzter Konsequenz kann Sie diese Abhängigkeit auch krank machen.

Dieses Beispiel versteht sich exemplarisch. Kennen Sie solche Muster? Glücklicherweise besitzt der Mensch einen freien Willen, das heißt, Sie entscheiden selbst, wie weit Sie sich in dieses Spiel verwickeln. Das Aussteigen aus dieser Vergangenheitsabhängigkeit ist zwar mit Training verbunden, doch jederzeit möglich. Es besteht aus folgenden Übungen:

Sich von Vergangenem befreien

Verantwortung übernehmen:
Was Sie auch tun, wofür Sie sich auch entscheiden, Sie tragen die volle Verantwortung. In unserem Kulturkreis trifft das jedenfalls zu. Sobald Sie diese Verantwortung übernehmen, kann Veränderung stattfinden. Zugleich löst diese Einsicht Ihre Ketten der Abhängigkeit. Sie erkennen Ihre Freiheit – Ihre Gedankenfreiheit.

Gehen Sie in dieses Gefühl der Gedankenfreiheit hinein. Sie sind verantwortlich!

Das bedeutet für Sie:

› Sie geben beispielsweise von nun an nicht mehr Ihrer Erziehung die Schuld daran, dass Sie heute kein Selbstvertrauen haben und sich gehemmt fühlen,
› Sie beschuldigen Ihren Partner nicht mehr, dass er Sie ankettet und Ihre Weiterentwicklung hemmt,
› Sie geben nicht mehr Ihrem Chef oder Arbeitskollegen die Schuld daran, dass Sie sich am Morgen kaum noch zum Aufstehen motivieren können,

– weil Sie jeden Tag alles ändern können! Beherzigen Sie diesen ersten Schritt, sind Sie bereit für den nächsten.

Akzeptieren Sie das, was war:
Die Vergangenheit loslassen bedeutet, zu akzeptieren, dass alles so war, wie es eben war. Machen Sie sich bewusst, dass Sie in jedem Augenblick Ihres vergangenen Lebens ein Motiv hatten, sich so zu entscheiden, wie Sie es getan haben. Vielleicht fällt es Ihnen schwer, aus heutiger Sicht diese Motive zu verstehen. Doch damals hatten Sie Gründe. Um Ihre Ziele zu erreichen, sind Selbstvorwürfe absolut kontraproduktiv. Ihre heutigen Gedanken über ein frühe-

ÜBUNG

res Ereignis sind verzerrt. Auch wenn Sie absolut überzeugt davon sind, dass sich alles genauso wie in Ihrer Erinnerung abgespielt hat, Ihre heutigen Gedanken enthalten immer starke Verzerrungen. Schließen Sie Frieden mit Ihrer Vergangenheit, indem Sie sie neu bewerten. Wenn Sie darauf beharren, Sie hätten etwas anders machen sollen, Sie hätten versagt, dann schaden Sie sich selbst. Nur *Sie* leiden, niemand sonst. Sobald Sie beginnen, objektiver zu denken, werden Sie sich erleichtert fühlen.

Nehmen Sie Papier und Stift zur Hand, und unterteilen Sie die Seite mit zwei senkrechten Strichen in drei Spalten.

> Über die erste Spalte schreiben Sie: »Was ich in meinem Leben falsch gemacht habe«.
> Über die zweite Spalte schreiben Sie: »Daraus habe ich gelernt«.
> Über die dritte Spalte schreiben Sie: »Ab heute verändere ich …«

Diese Übung ist sehr wirksam, weil Sie Ihre Gedanken schriftlich formulieren. Wenn Sie die Übung nur im Kopf machen, dann bleiben Ihre Gedanken an der Oberfläche, sie kreisen um das Problem und wiederholen sich. Das Aufschreiben lässt Sie auch Positives wie die Möglichkeit, daraus zu lernen, erkennen. Die dritte Spalte richtet Ihren Blick zudem nach vorne auf die angestrebte Veränderung. Damit werden Sie aktiv und denken über Lösungen nach. Diese Aktivität reißt Sie aus der Opferrolle und aus der Lethargie.

Vergeben Sie:
In der vorherigen Übung haben Sie gelernt, die Vergangenheit zu akzeptieren und sich selbst zu vergeben. Nun müssen Sie noch allen anderen vergeben. Denn erst wenn Sie das geschafft haben, sind Sie wirklich frei.

Viele Menschen wissen gar nicht, was vergeben bedeutet, und wie sie es bewerkstelligen. Sie verwechseln »vergeben« mit »vergessen«, gemäß dem Sprichwort »Nun ist alles vergeben und vergessen«. Sie sind der Ansicht, derjenige, der vergibt, sei der Schwächere, und der andere werde in seinem Verhalten bestärkt. Das sind verheerende Überzeugungen, die jedoch erklären, warum sich viele mit dem Vergeben so schwertun gemäß der Vorstellung »Jetzt soll ich ihm auch noch recht geben?«.

So tritt an die Stelle des Vergebens ein Wegschieben, ein »Nicht-mehr-daran-denken-Wollen«. Und das kann nicht gelingen.
Sie haben erst dann vergeben, wenn Sie sich ohne Groll an eine vergangene Situation bzw. an einen Menschen, der Sie in der Vergangenheit verletzt hat, erinnern können. Daran können Sie erkennen, ob Sie wirklich vergeben haben. Vergeben heißt auch, Sie geben das Bedürfnis auf, jemanden, der Ihnen etwas Schmerz-haften angetan hat, zu bestrafen. Sie sinnen nicht nach Rache und Vergeltung. Gelingt Ihnen das, haben Sie losgelassen, dann haben Sie vergeben.

Im Folgenden finden Sie die Anleitung für eine Vorstellungsreise, die Ihnen das Vergeben erleichtert. Sie benötigen etwa 10 Minuten Zeit, in denen Sie nicht gestört werden.

Vorstellungsreise:
Entspannen Sie sich, indem Sie einige Minuten lang einfach regel-mäßig atmen. Vor Ihrem geistigen Auge stellen Sie sich nun eine Seifenblase vor, groß, transparent und in wunderschönen Farben schimmernd. In dieser Seifenblase sehen Sie Ihre schmerzhafte Er-innerung wie einen Film ablaufen. Noch ein letztes Mal durchleben Sie die negativen Gefühle, die durch die Erinnerung an die vergan-gene Situation in Ihnen aufsteigen.

Je länger Sie die Seifenblase betrachten, desto bewusster wird Ihnen, dass dieses vergangene Ereignis in der Blase eingeschlos-sen ist und gar keinen Kontakt mehr zu Ihnen hat. Da gibt es keine Verbindung mehr zu Ihnen. Sie sind hier und das Ereignis dort, eingesperrt in einer Seifenblase.

Wie auf einer unsichtbaren Bahn bewegt sich die Seifenblase nun langsam von Ihnen weg. Sie wird immer kleiner und dunkler. Bald erkennen Sie Ihre Erinnerungsszene in der Seifenblase bereits nicht mehr, sie ist ganz klein geworden.

ÜBUNG

Spielen Sie noch einige Zeit mit Ihrer Seifenblase, indem Sie sie immer wieder in Ihre Nähe holen und fortschicken. Vorwärts – rückwärts, bis Sie die Seifenblase endgültig und für immer von sich wegschicken.

Sie ist jetzt nur noch als ganz kleiner Punkt zu sehen. Nun zerplatzt sie in tausend schimmernde Teilchen.

An ihrer Stelle taucht jetzt eine Blume auf oder ein anderes für Sie positiv konnotiertes Symbol. Dieses Symbol wird immer größer und heller und kommt ganz nahe zu Ihnen, so nahe, wie Sie es in diesem Augenblick wünschen.

Nehmen Sie das Symbol in Ihr Herz auf. Es ist das Zeichen Ihrer inneren Freiheit. Spüren Sie in sich hinein. Spüren Sie Ihre innere Freiheit.

Sie können auch eine andere Technik zur Loslösung von der Vergangenheit nutzen. Auch diese hat eine intensive Wirkung. Dabei wählen Sie ein Ritual, in dem Sie physisch die Verbindung zu Ihrer Vergangenheit durchtrennen. Diese Methode eignet sich besonders dann, wenn es sich um langjährige Konflikte und Verletzungen handelt.

Loslassen per Post:
Erinnern Sie sich an eine Person aus Ihrer Vergangenheit, die Sie sehr verletzt hat. Schreiben Sie nun dieser Person einen Brief. Schreiben Sie ihr: »Ich vergebe dir alles, was du je getan hast, das mich verletzt hat.« Zählen Sie anschließend alles auf, was genau Sie am Geschehenen beschäftigt, und warum Sie so verletzt sind. Schreiben Sie sich jedes Detail von der Seele.

Lassen Sie sich bei dieser Übung viel Zeit, die Länge des Briefes ist unwichtig. Es dürfen auch mehrere Seiten sein. Wichtig ist lediglich, dass Sie noch ein letztes Mal in die Vergangenheit eintauchen. Wenn Sie alles verschriftlicht haben, schließen Sie mit dem Satz: »Ich wünsche dir alles Gute.« Danach schicken Sie den Brief ab.

Falls es Ihnen schwerfällt, den Brief abzuschicken, können Sie den Brief auch vernichten. Vielleicht gehen Sie auf eine Brücke, zerreißen den Brief in kleine Stücke, und streuen die Schnipsel in den Fluss. Sie können den Brief natürlich auch ganz feierlich verbrennen.

Doch egal, ob Sie den Brief verschickt oder vernichtet haben – konzentrieren Sie sich ganz auf die Gegenwart. Ihre Gegenwart ist die Küche ihrer Zukunft.

Der jetzige Augenblick

Kennen Sie die Geschichte von dem Mann, der vor seinem Schatten davonrannte? Diese Erzählung stammt vom chinesischen Dichterphilosoph Dschuan Dsi, der um 250 v. Chr. lebte. Er gilt als der spirituellste unter den chinesischen Philosophen.

Den Mann aus Dschuan Dsis Geschichte verstimmte der Anblick seines eigenen Schattens sehr. Er war so unglücklich über ihn, dass er beschloss, ihn hinter sich zu lassen. Er sagte zu sich: »Ich laufe ihm einfach davon.« So stand er auf und lief davon. Aber bei jedem Schritt folgte ihm sein Schatten mühelos. Und der Mann sagte sich: »Ich muss schneller laufen.« Also lief er schneller. Er lief immer schneller, so lange, bis er tot zu Boden sank.

Wäre er einfach in den Schatten eines Baumes getreten, so wäre er seinen eigenen Schatten losgeworden. Hätte er innegehalten, so hätte er nachdenken können. Aber darauf kam er nicht.

Viele Menschen verhalten sich wie dieser Mann – sie laufen davon. Ein solches Davonlaufen präsentiert sich in zahlreichen Varianten, manchmal ganz versteckt.

Es kann sich dadurch äußern, dass Sie unter der Woche gedanklich nur auf das kommende Wochenende hinleben. Oder verweilen Sie mit Ihren Gedanken immer noch beim vergangenen Wochenende?

ÜBUNG

Haben Sie Angst vor der Arbeitswoche, und denken Sie immer wieder an Ihren kommenden Urlaub? Angeln Sie sich von Urlaub zu Urlaub? Warum schweifen Sie vom jetzigen Augenblick ab? Ist er uninteressant oder langweilig? Ist er anstrengend oder bedrückend?

Schauen Sie in Ihren Terminkalender. Warum ist er mit so zahlreichen Aktivitäten und Verpflichtungen gefüllt? Weil Sie glauben, nichts verpassen zu dürfen? Steht in ihrer Agenda auch: 15 Minuten zum Innehalten?

Haben Sie sich auch schon gesagt: »Das, was ich jetzt tue, ist genau richtig, darum bin ich mit meinen Gedanken genau hier. Ich liebe mein Leben im gegenwärtigen Augenblick, darum genieße ich genau dieses Jetzt. Gestern ist vorbei – macht nichts, weil ich *bewusst* gelebt habe. Morgen ist noch nicht, ich werde auch morgen bewusst leben«?

Setzen Sie sich hin, und erlauben Sie sich – auch wenn Sie in Zeitnot sind – 5 Minuten sitzen zu bleiben und wahrzunehmen. Nehmen Sie mit all Ihren Sinnen diesen gegenwärtigen Augenblick wahr.

Sie werden eine Entdeckung machen: Die bewusste Wahrnehmung des gegenwärtigen Augenblicks ist eine aktive Kraft. Vielleicht fragen Sie sich, was an dieser Wahrnehmung aktiv sein soll. Die Wahrnehmung als *solche* ist aktiv. Denn in diesem Augenblick ist Ihre ganze Aufmerksamkeit auf Ihre Sinne ausgerichtet. Sie nehmen alle Eindrücke auf und sind ganz auf dieses Wahrnehmen konzentriert.

Damit holen Sie Ihre Gedanken zurück in den jetzigen Augenblick. Und genau darum geht es. Auf die Weise gewinnt Ihr Leben an Tiefe. Wie auch immer es verläuft, Sie haben bewusst wahrgenommen, *wie* es verläuft, und *was* es mit Ihnen emotional macht.

Gibt es etwas Sinnvolleres und Wertvolleres, als das eigene Leben bewusst zu leben? Das Leben steckt im Augenblick, genau an jenem Ort, an dem Sie sich jetzt gerade befinden.

Aus dem östlichen Kulturraum stammt ein Bild, das den Körper als ein Haus und den Geist als Hausherren betrachtet. Sind wir gedanklich auf Reisen, so ist der Hausherr nicht zu Hause, und das Haus steht leer. Treten wir aus der Gedankenreise wieder in die Realität, kommt der Hausherr nach Hause, und das Haus ist wieder bewohnt. Immer, wenn wir uns in bildlich in diesem Haus befinden, leben wir in der Gegenwart.

Warum führt Achtsamkeit zu mehr Gelassenheit? Sobald Sie beginnen, im jetzigen Augenblick zu leben, beruhigen sich Ihre Gedanken. Sobald sich Ihre Gedanken beruhigen, beruhigen sich auch Ihre Gefühle. Sie werden die Erfahrung machen, dass Angst und Unruhe verschwinden. Sie werden entdecken, dass Sie aufhören, zu werten und zu urteilen, weil Sie den Augenblick leben und ihn so annehmen, wie er ist.

Ob Sie dieser Augenblick glücklich oder traurig macht, nachdenklich oder zufrieden, spielt keine Rolle. Sie nehmen ihn einfach als einen wertvollen Teil Ihres Lebens an. Sie leben ihn jetzt, lassen ihn im nächsten Augenblick wieder los und werden sich dabei der Vergänglichkeit bewusst.

Trainieren Sie diese Wahrnehmung Ihres gegenwärtigen Augenblicks, denn jeder Augenblick Ihres Lebens ist es wert, gelebt zu werden. Lassen Sie nicht zu, dass Ihre Gedanken ein Eigenleben führen. Wenn Sie Ihre Gedanken immer wieder in den gegenwärtigen Augenblick holen, ergibt sich für Sie noch ein zusätzlicher Vorteil: Sie steigern Ihre Leistungsfähigkeit.

Eine Geschichte aus dem alten China erzählt von einem Meister und seinen Schülern. Die Schüler beobachteten Ihren Meister und wunderten sich darüber, wie viel er zu schaffen vermochte. Er erschien seinen Schülern so gelassen, so konzentriert, und alles, was er tat, hatte höchste Qualität. So fragten sie ihn eines Tages nach seinem Geheimnis.

»Meister, du bist die Ruhe selbst, nichts scheint dich aus dem Gleichgewicht zu bringen. Dennoch vollbringst du mehr als andere, und was du erledigst, wird höchsten Ansprüchen gerecht.«

»Ganz einfach«, antwortete der Meister, »wenn ich sitze, dann sitze ich, wenn ich stehe, dann stehe ich, und wenn ich laufe, dann laufe ich. Das ist mein Geheimnis.«

»Aber Meister, das tun wir doch auch alles!«, protestierten seine Schüler.

»Nein«, entgegnete der Meister, »wenn ihr sitzt, dann steht ihr schon, wenn ihr steht, dann lauft ihr schon, und wenn ihr lauft – dann seid ihr schon am Ziel.«

Seien Sie bei allem, was Sie tun, präsent. Damit bereichern Sie Ihr Leben, denn jeder Augenblick ist einzigartig und will gelebt werden. Vielleicht hören Sie manchmal jemanden sagen: »Ich warte auf bessere Zeiten.«

Auf welche denn?

Sagen Sie sich: »Der jetzige Augenblick ist der beste für mich.« Was verändert sich in Ihrer Wahrnehmung? Spüren Sie, dass sich bereits mit diesem Satz die Qualität dessen, was Sie wahrnehmen, verändert? Wichtig ist nicht, was in diesem Augenblick wirklich passiert, sondern was Sie ganz persönlich mit ihm machen. Sobald Sie Ihren Fokus auf diesen jetzigen Augenblick richten, werden Sie alles daran setzen, das Beste aus ihm herauszuholen. Sie werden ihn so interpretieren, dass er für Sie wertvoll wird.

Achtsamkeitstraining
im Alltag

Bewusstes Atmen:

Legen oder setzen Sie sich bequem hin, oder unterbrechen Sie kurz
Ihre momentane Tätigkeit. Gehen Sie mit Ihrer Aufmerksamkeit zu
Ihrem Atem, beobachten Sie nur, wie Sie ein- und ausatmen. Wenn
Sie einatmen, sagen Sie: »Ich weiß, dass ich einatme.« Wenn Sie
wieder ausatmen, sagen Sie: »Ich weiß, dass ich ausatme.« Mehr ist
nicht zu tun.

Dies ist eine kurze Übung, üben Sie jedoch mehrere Male über den
Tag verteilt. Jede Übungssequenz sollte 3 bis 5 bewusste Atemzüge
beinhalten. Mehrmals täglich halten Sie inne, praktizieren diese
bewussten Atemzüge und kehren danach erfrischt zu Ihrer Tätigkeit
zurück.

Bewusstes Gehen:

Nehmen Sie sich jeden Tag Zeit, um Bewusstsein beim Gehen zu
praktizieren. Rennen Sie nicht, bewegen Sie sich etwas langsamer
als sonst. Ihr Gehen soll Spuren des Friedens hinterlassen, keine
Spuren der Angst. Während des Gehens atmen Sie ruhig und
gleichmäßig, und sagen Sie: »Ich atme ein und bin mir meiner
Schritte bewusst. Ich atme aus und bin mir meiner Schritte bewusst …«

Geben Sie sich keine Zeit vor, wie lange Sie das bewusste Gehen
täglich praktizieren wollen. Besonders zu Anfang werden Ihre Gedanken abschweifen. Das macht nichts. Holen Sie sie einfach wieder zurück. Vielleicht schaffen Sie am Anfang 10 bewusste Schritte
in Folge, vielleicht erst einmal 5. Sie werden die Erfahrung machen,
dass es Ihnen immer leichter fällt, und dass es Freude macht. Sie
schärfen Ihr Bewusstsein, besonders dann, wenn Sie diese Übung
mehrere Male täglich ausüben. Gehen Sie so viele Schritte, wie
Sie wollen. Wichtig ist, dass Sie täglich immer wieder diese Übung
praktizieren.

ÜBUNG

Achtsames Essen:
Eine wichtige Übung ist es, Mahlzeiten mit Achtsamkeit einzunehmen. Schalten Sie den Fernsehapparat aus, legen Sie die Zeitung beiseite, decken Sie den Tisch, und bringen Sie vorher zu Ende, was noch zu tun ist.

Wenn das Essen auf dem Tisch steht, nehmen Sie mit all Ihren Sinnen den Duft, den Geschmack, die Farben, die Beschaffenheit der Speisen wahr. Lassen Sie sich Zeit.

Die tägliche Oase der Stille:
Auch bei dieser Übung geht es darum, von Zeit zu Zeit innenzuhalten, für einige Augenblicke, für einige Minuten oder auch länger. Ganz entsprechend Ihrem gegenwärtigen Bedürfnis.

Erfassen Sie Ihre Umgebung mit allen Sinnen. Was sehen, riechen, hören, schmecken und ertasten Sie?

Jede Tätigkeit mit Achtsamkeit ausführen:
Wenn Sie bügeln, dann bügeln Sie bewusst. Wenn Sie abwaschen, dann waschen Sie bewusst ab. Wenn Sie jemandem die Hand reichen, dann reichen Sie bewusst Ihre Hand. Wenn Sie ein Kind im Schoß halten, dann sind Sie mit Ihrer Aufmerksamkeit beim Kind. Wenn Sie Ihrem Partner zuhören, dann hören Sie mit Ihrer ganzen Aufmerksamkeit zu.

Diese Übungen der Achtsamkeit sind Ihre Ruheinseln. Sie begeben sich auf diese Inseln, wann Sie es wünschen, und wo Sie es wünschen – ohne Zwang und ohne Druck. Beginnen Sie mit kurzen achtsamen Sequenzen, die Sie anschließend nach und nach erweitern.

Schriftliche Übung zum gegenwärtigen Augenblick:
Sie benötigen ein Blatt Papier, einen Bleistift und 5 Minuten Zeit. Sie geben sich selbst das Signal, wann Sie beginnen. Schreiben Sie

5 Minuten lang ohne Unterbrechung alles auf, was Sie im gegenwärtigen Augenblick hören, sehen, riechen, schmecken, fühlen – wahrnehmen.

Schreiben Sie kurze Sätze, wobei jeder Satz mit dem Wort »Jetzt« beginnt. Vielleicht heißen Ihre Sätze: »Jetzt knurrt mein Magen, jetzt höre ich das Motorengeräusch eines Lastwagens, jetzt …, jetzt …«. Sollte Ihnen nichts mehr einfallen, schreiben Sie trotzdem weiter: »Jetzt fällt mir nichts mehr ein, jetzt habe ich einen leeren Kopf, jetzt weiß ich nichts mehr …« Alles ist erlaubt, nur aufhören nicht. Wenn Sie es geschafft haben, verlängern Sie das nächste Mal die Zeit auf 10 Minuten.

Diese Übung habe ich bereits mit kleineren und größeren Gruppen durchgeführt und dabei eine interessante Beobachtung gemacht: Nicht alle Teilnehmenden blieben trotz des Wortes »Jetzt« in der Gegenwart.

Ihre Gedanken schweiften ab und wurden trotzdem als »Jetzt« empfunden. Aussagen wie »Jetzt möchte ich mit meinem Hund spazieren gehen, jetzt ist meine Frau beim Einkaufen, jetzt ist mein Auto in der Garage …« mögen zwar stimmen, trotzdem erfüllen sie die Aufgabe nicht, da sie sich nicht direkt auf die Wahrnehmung Ihres gegenwärtigen Augenblicks beziehen.

Es gab auch Teilnehmer, die sehr emotional und leicht verärgert reagierten: »Was soll diese Übung, man kann sich doch nicht immer auf das Hier und Jetzt konzentrieren.« Doch darum geht es nicht, von Zeit zu Zeit ist anfänglich genug. Die Zeitspannen der Achtsamkeit zu verlängern, ist schließlich der Weg hin zu mehr Kraft. Sich auf die Wahrnehmung des jetzigen Augenblicks zu fokussieren, fällt nicht immer leicht, doch es lohnt sich, diesen Weg zu gehen.

Übersteigerte Erwartungen loslassen

Unerfüllte Erwartungen führen meistens zu Frustration. Sie erwarten ein Ergebnis, und wenn dieses nicht eintrifft, sind Sie enttäuscht. Es ist absolut in Ordnung, wenn Sie danach streben, Ihre Wirklichkeit so zu beeinflussen, dass sie Ihren Erwartungen entspricht. Nur ist das nicht immer möglich. Besonders schwierig wird es, wenn Ihre Erwartungen nach einem Idealbild streben. Wenn Ihre Idealvorstellungen zudem mit den Vorstellungen anderer Menschen divergieren, leiden Sie.

Enttäuschung hat verschiedene Ausdrucksformen. So fühlen Sie sich beispielsweise gekränkt, wenn Sie von jemandem kritisiert werden. Wenn Sie den Anspruch erheben, nur beste Leistung zu liefern, empfinden Sie jeden Fehler als eine Katastrophe.

Eine andere Form der Enttäuschung ist die Traurigkeit, die Sie empfinden, wenn Sie von einer Person, die Ihnen wichtig ist, nicht zu einem Fest eingeladen werden. Sie ärgern sich, wenn das gebuchte Hotelzimmer nicht die schöne Aussicht hat. Oder Sie werden wütend, wenn Sie an Ihrem Arbeitsplatz übergangen werden.

Die Gefühle der Frustration aufgrund von Enttäuschungen unterscheiden sich in Art und Intensität. Am einfachsten ist es, wenn Sie Ihre Erwartungen verändern, oder noch besser: Sie lassen Ihre Erwartungen fallen. Achten Sie genau auf Ihre Wortwahl, mit der Sie Ihre Erwartungen verbal oder gedanklich formulieren. Wenn Sie diese verändern, verändert sich der Erwartungsdruck. Fällt Ihnen in den folgenden Beispielen ein immer wiederkehrendes Wort auf?

› »Ich habe hart dafür gearbeitet, darum sollte ich Erfolg haben.«
› »Weil ich verheiratet bin, sollte ich alles über meinen Partner wissen.«
› »Wenn ich zu einem Menschen freundlich bin, dann sollte dieser auch freundlich zu mir sein.«

Formulieren Sie weitere Aussagen, die sich auf Ihre eigenen Erfahrungen beziehen. Verwenden Sie dabei konsequent das Wort »sollte«. Sie fühlen es sicher selbst: Es ist dieses Wort, das Druck erzeugt. Sie haben im Voraus keine Garantie, dass Sie bekommen werden, was Sie erwarten, und genau diese Ungewissheit erzeugt Druck. Dieser Druck wiederum fordert einen Gegenspieler, ein Gegenüber – einen »Gegendruck«.

Nun stellt sich die Frage, ob es sich hier nicht um ein mentales Paradoxon handelt. Das mentale Gesetz der Anziehung lehrt, dass wir unsere Ziele visualisieren und an ihre Realisierung glauben müssen, um sie zu erreichen. Sollten wir unsere Erwartungen deshalb fallen lassen? Was stimmt jetzt? Oder stimmt vielleicht beides?

Stellen Sie sich zuerst einmal vor, auf welche Weise sich jede der oben angeführten Aussagen auf Ihr inneres Empfinden auswirkt. Lesen Sie nochmals diese Aussagen. Gehe ich richtig in der Annahme, dass Sie sich dabei emotional immer tiefer in den negativen Bereich bewegen?

› »Ich *sollte* doch Erfolg haben, wenn ich schon hart arbeite.«
› »Ich *sollte* doch alles über den Partner wissen, wenn ich schon verheiratet bin.«
› »Die Menschen *sollten* doch freundlich zu mir sein, wenn es auch bin.«

Wie werden Sie sich verhalten, wenn Sie doch nicht so erfolgreich sind, wie Sie es erwartet haben? Oder wenn Sie entdecken, dass Sie über Ihren Partner doch nicht alles wissen, wenn Sie nicht von jedem freundlich gegrüßt und behandelt werden? Sie hören vermutlich auf, sich zu bemühen, Sie geben auf, oder Sie erhöhen das Arbeitstempo. Das Resultat ist noch weniger Erfolg. Wie würden Sie die Qualität der Energien beschreiben, die Sie aussenden? Verbissen, ärgerlich, unmotiviert? Was Sie auch aussenden, genau das verursachen Sie. Wie verhalten Sie sich Ihrem Partner gegenüber, wenn Sie die Überzeugung haben, alles über ihn wissen zu müssen? Löchern sie ihn mit Ihren penetranten Fragen? Wollen Sie alles ausdiskutieren? Senden Sie den Kontrollblick eines Adlers aus?

Nun tickt der Mensch so, dass er nicht gerne gesagt bekommt, was er tun soll. Alles, was er tut, möchte er freiwillig tun. Das heißt: Je mehr Sie bohren, desto weniger erfahren Sie. Und wieder erreichen Sie genau das Gegenteil von dem, was Sie gerne hätten und erwarten.

Auf Freundlichkeit legen Sie großen Wert. Möglicherweise haben Sie viel Charisma und behandeln jeden Menschen als Ihren Freund. Im Großen und Ganzen sind Sie mit sich zufrieden und strahlen das auch aus. Nun stellen Sie diesen Anspruch der Freundlichkeit auch an andere Menschen. Urteilen Sie nicht über die Menschen, die diesem Anspruch nicht gerecht werden. Geben Sie nicht auf. Mit großer Wahrscheinlichkeit werden Sie hier und da ein dankbares Lächeln zurückerhalten.

Nehmen Sie nochmals die drei Aussagen, und formulieren Sie diese neu:

> »Ich habe zwar hart gearbeitet, und trotzdem ist das kein Grund, dass ich Erfolg haben *sollte*.«
> »Ich bin zwar verheiratet, und trotzdem ist das kein Grund, dass ich über meinen Partner alles wissen *sollte*.«
> »Ich bin zwar zu allen Menschen freundlich, und trotzdem ist das kein Grund, dass alle anderen zu mir ebenso freundlich sein *sollten*.«

Was geschieht jetzt, nachdem Sie diese Sätze verändert haben? Ist damit Ihre Erwartungshaltung vermindert? Ist der Druck zum großen Teil beseitigt?

Wenn Sie sich wieder dabei ertappen, dass Sie Ihre Erwartungen in »Sollte«-Aussagen verpacken, dann formulieren Sie diese neu nach obigem Beispiel. Relativieren Sie jede Ihrer Erwartungen mit der Gegenfrage: Warum sollte er? Warum sollte sie?

Weil jede Erwartung Druck erzeugt und Druck häufig nicht die gewünschten Resultate bringt, ist es besser, auf die Erwartungshaltung zu verzichten. Nehmen Sie nochmals die drei Beispielaussagen, und laden Sie diese mit Energie auf, indem Sie sie umformulieren. Danach heißt es folgendermaßen:

> »Ich freue mich über mein Ziel, Ich genieße den Weg und würdige jeden kleinen bereits erreichten Erfolg.«
> »Weil ich meinen Partner liebe, soll er sich frei fühlen. Ich freue mich über seine Mitteilungen und weiß, dass die Basis unserer Beziehung Vertrauen ist.«
> »Ich bin zu jedem Menschen freundlich, weil ich in meiner Mitte ruhe. Wenn ich ein freundliches Wort zurückbekomme oder ein Lächeln, so freue ich mich über dieses zusätzliche Geschenk.«

Spezialfall: ungesunder Perfektionismus

In der deutschen Sprache gibt es für die Begriffe »Perfektionismus«, »Perfektionist«, »perfekt« verschiedene Definitionen wie zum Beispiel »tadellos«, »fehlerfrei«, »außerordentlich«, »unumschränkte Vortrefflichkeit«, »außerordentlich hohe Maßstäbe«, »mit nichts als dem Perfekten zufrieden sein«.

Ein Blick in die Geschichte lehrt, dass der Begriff des Perfektionismus schon lange existiert, dass er sowohl sehr belastend und negativ gedeutet als auch in einem guten Licht gesehen wurde:

Ein französischer Senator soll zu Napoleon gesagt haben: »Sire, der Wunsch nach Perfektion ist eine der schlimmsten Krankheiten, die den menschlichen Geist befallen kann.«

Auch der französische Poet und Schriftsteller Alfred de Musset vertrat eine ähnliche Ansicht – »Perfektion gibt es nicht; zu meinen, sie erlangen zu können, ist die gefährlichste Form von Wahnsinn.«

Lord Chesterfield verstand den Perfektionismus dagegen verstärkt positiv als ein Mittel gegen die Faulheit, indem er behauptete: »Man muss in allem nach Perfektion streben, obwohl sie meistens unerreichbar ist.«

Benjamin Franklin stellte beispielsweise ein Projekt auf die Beine, das sich auf die Veränderung seines eigenen Verhalten bezog: »Ich wollte so leben«, schrieb er, »ohne jemals einen Fehler zu begehen. Da ich wusste oder zu wissen glaubte, was richtig und falsch war, sah ich nicht ein, warum ich nicht *immer* das eine tun und das andere vermeiden konnte.« Er beschloss, seine schlechten Gewohnheiten aufzugeben und gute zu entwickeln oder zu verstärken. Franklin plante einen 13-wöchigen Zyklus. Jeweils eine Woche wollte er darauf verwenden, eine Tugend besonders zu pflegen, um seinen Charakter zu »verbessern«. 13 Tugenden, 13 Wochen. Er gab später zu, dass er nicht in der Lage war, seine unrealistischen Bestrebungen zu verwirklichen. »Wie ein Mann, der es leid ist, eine rostige Axt perfekt blank zu putzen, spüre ich in mir das Verlangen, mich doch einmal mit den Vorzügen einer fleckigen Axt zu befassen. Ein Mann sollte ein paar Fehler an sich dulden …«, schrieb er.

Oberflächlich betrachtet ist Perfektionismus eine erstrebenswerte Tugend. Dennoch ist er keine positive Eigenschaft, weil er zu einem inneren Drang führt, dessen Sog Sie erst realisieren, wenn Sie ernsthaft zu leiden beginnen.

Der erkennbarste Faden im Muster des Perfektionismus ist das Muss, ein inneres Getrieben-Sein. Starke Minderwertigkeitsgefühle sind ein weiteres Merkmal eines Perfektionisten. Da er sich unerreichbar hohe Ziele steckt, kann er sie nicht realisieren, was diese Minderwertigkeitsgefühle in ihm erzeugt. Und so kommt ein Kreislauf in Gang, der immer wieder seine vermeintliche Unzulänglichkeit zementiert.

In meinen Beratungen sitzen mir häufig Perfektionisten gegenüber. Folgende Äußerungen bekomme ich oft zu hören:

› »Ich will es hundertprozentig ordentlich haben …«
› »Man hat mir zu meiner bestandenen Prüfung gratuliert, doch ich konnte es nicht genießen …«
› »Meine Freunde sagen mir, dass ich zu viel Zeit auf unwesentliche Dinge verwende …«

Eine Klientin erzählte mir, dass sie ein herrliches Menü gekocht hatte. Jeder ihrer Gäste war begeistert, nur für sie selbst war die Party gelaufen, als sie entdeckte, dass eines der Gläser einen Fleck hatte. Ein weiteres Beispiel betrifft einen Mann, der ein Vorstellungsgespräch abbrach, weil er den Eindruck hatte, er habe das Gespräch nicht perfekt genug geführt, und somit war er überzeugt, versagt zu haben.

Als Perfektionist fühlen Sie sich nicht wesentlich besser, wenn Sie Ihr hochgestecktes Ziel erreicht haben. Gern verkleinern Sie Ihren Erfolg: »Ich hätte es eher schaffen müssen«, »Ich muss es noch ausbessern …«

Leben Sie mit einem Perfektionisten zusammen, ist es auch nicht einfach. Die unrealistische Forderung nach Perfektion wirkt sich auf die Beziehung negativ aus. Weil Ihr perfektionistischer Partner Angst hat, seine mangelnde Perfektion zu zeigen, hält er sich einerseits lieber zurück. Andererseits reagiert er übergenau, pingelig, straft Sie mit Ironie und weist Sie zurecht.

Kennen Sie die Redewendung »Nichts ist schlimmer als die Mittelmäßigkeit«? Gehören Sie zu den Menschen, die diese Redewendung konsequent ernst nehmen und auf keinen Fall nur dieses Mittelmaß leben wollen?

Dann nehmen Sie es sich trotzdem vor, nur für einen oder zwei Tage: »Heute will ich mittelmäßig sein. Ich will meine Mittelmäßigkeit genießen«. Beobachten Sie, was passiert. Sie werden feststellen, dass sich das, was Sie an diesem Tag geleistet haben, trotzdem als sehr befriedigend herausstellen wird. Sehr wahrscheinlich wird es Ihnen trotz aller Bemühungen gar nicht gelingen, mittelmäßig zu sein.

Was sich mit großer Wahrscheinlichkeit verändern wird, ist Ihre Stimmung. Sie werden mit Ihrer Leistung ganz zufrieden sein. Vielleicht werden Sie sich sogar freuen können.

Es lohnt sich, dieses Experiment zu machen, nur für einen einzigen Tag. Sie werden hinter dem Begriff »Mittelmäßigkeit« einen paradiesischen Garten entdecken, und Sie werden sich erleichtert und sehr wohl fühlen. Warum das so ist? Weil es das andere gar nicht gibt. »Perfektion« ist eine unerreichbare Illusion des Menschen. Wer danach strebt, perfekt zu sein, wird auf jeden Fall verlieren. Ihre auf Perfektion ausgerichteten Maßstäbe werden Sie nie erreichen. So entpuppt sich Ihr Perfektionismus als ein mentales Gefängnis.

Das Streben nach Perfektion wird uns vorgegaukelt und ist doch nichts weiter als ein Betrug. Der perfekte Partner, das perfekte Heim, das perfekte Auto, die perfekte Ausbildung. Nichts davon ist perfekt, alles, aber wirklich alles lässt sich noch ein wenig, und dann noch ein wenig besser machen.

Sie haben jeden Tag die Chance, Ihr Leben zu verändern. Sie können jetzt den Entschluss fassen, nicht perfekt sein zu wollen.

Den Perfektionismus überwinden

Alles, was der Mensch macht, tut er aus einem bestimmten Grund. Irgendetwas treibt ihn dazu an, sein Verhalten hat ein Motiv, das ganz verschiedene Ziele anstreben kann. Ein Motiv könnte zum Beispiel »Schutz« heißen. Der Perfektionismus würde Sie vor Blamage schützen und vor Angriffen anderer, da Sie gewohnheitsmäßig eine hervorragende Arbeit leisten. Ein anderes Motiv könnte sein, Ihr Selbstwertgefühl zu steigern. Sie definieren Ihren inneren Wert als Mensch über Ihre erbrachte Leistung. Sie glauben, eine bessere Leistung mache Sie wertvoller, und Sie brauchen die Bestätigung – in der Regel neben Ihrer eigenen auch die Ihrer Mitmenschen –, um sich wertvoll zu fühlen.

Am besten schaffen Sie sich zuerst einmal Klarheit über Ihr persönliches Motiv – was treibt Sie an? Und anschließend: Warum haben Sie dieses Motiv? Es ist absolut in Ordnung, den eigenen Selbstwert zu steigern, sich vor Blamage zu schützen und jederzeit nach hervorragender Leistung zu streben. Doch stellt sich hier die ernsthafte Frage, ob sich dies nicht auch auf einem anderen Weg erreichen lässt. Der Perfektionismus ist sicher der falsche Weg, denn er macht Sie unglücklich und krank.

Es gilt, zu erkennen, dass der Perfektionismus – welches Motiv auch immer der Antrieb sein mag – immer ein Deckmantel für ein spezifisches Problem der jeweiligen Person ist. So verdeckt das oben genannte Motiv »Schutz« beispielsweise meistens das Problem »Angst«. Das Motiv »Selbstwert steigern« verdeckt Minderwertigkeitsgefühle.

Stellen Sie eine Liste auf:
Teilen Sie ein Blatt in zwei Spalten. Auf der einen Seite schreiben Sie alle Vorteile auf, die Ihnen Ihr perfektionistisches Verhalten bringt. Auf der anderen Seite zählen Sie die Nachteile auf.

Ein Vorteil wäre beispielsweise, dass sich andere auf Ihr sorgsames Arbeiten verlassen können. Ein Nachteil könnte sein, dass Sie eine Arbeit nie zum Abschluss bringen können und bis auf die letzte Minute überarbeiten. Dadurch geraten Sie in Zeitverzug oder verlängern Fristen.

Möglicherweise sind Sie auch sehr intolerant gegenüber anderen, haben viel auszusetzen, wenn diese nicht so genau arbeiten, wie Sie selbst, weshalb Sie immer einsamer werden. Oder es ist Ihnen unmöglich, den eigenen Erfolg zu genießen, da Sie den Eindruck haben, das Erreichte noch besser hätten machen zu können. Ein weiterer Nachteil könnte sein, dass Sie Termine hinausschieben, da Sie Angst vor dem Druck haben, den Sie sich selbst bei der Arbeit auferlegen.

Schauen Sie sich anschließend Ihre Liste an. Vermutlich werden Sie feststellen, dass die Auflistung auf der Seite »Vorteile« wesentlich kürzer ausgefallen ist.

Machen Sie nun ein Experiment:
Wählen Sie eine beliebige Tätigkeit. Bisher haben Sie sich vorgenommen, alles zu 100 Prozent zu erreichen. Setzen Sie heute auf 80, 60 oder 40 Prozent. Nur heute. Sie werden feststellen, wie sehr Sie diese Tätigkeit genießen, und wie produktiv Sie auf diese Weise werden.

Geben Sie sich die Erlaubnis:
Spielen Sie eine Autoritätsperson, und geben Sie sich selbst Anweisungen. Formulieren Sie schriftlich Erlaubnissätze. Lesen Sie sich diese danach in einem sehr entschiedenen Tonfall vor. Diese Anweisungen könnten heißen:

› »Ich erlaube mir heute, Fehler zu machen.«
› »Ich erlaube mir heute, jede Arbeit nur einmal zu verrichten.«
› »Ich erlaube mir heute, den Weg zu genießen, ungeachtet des Resultats.«

Formulieren Sie Sätze, die zu Ihrem Perfektionismus passen.

Unterlassen Sie perfektionistische Rituale:
Hier geht es um eine sehr zermürbende Begleiterscheinung des Perfektionismus. Ich nenne sie »Prüfrituale«. Damit wird die zwanghafte Angewohnheit beschrieben, alles etliche Male zu kontrollieren. Zum Beispiel prüfen Betroffene mehrmals nach, ob sie das Bügeleisen abgestellt haben, oder sie kehren aus dem Lift zurück, um nochmals nachzuprüfen, ob sie die Wohnungstüre abgeschlossen haben. In diesem Fall führt der Perfektionismus zu einem zwanghaften Verhalten, das nicht alleine, sondern mithilfe einer therapeutischen Hilfe bewältigt werden kann.

Ein weiteres, zwanghaftes Ritual ist das »Reinigungs- und Ordnungsritual«. Dazu gehört exzessives Hausreinigen, die Post wird im rechten Winkel und bündig mit der unteren Kante des Laptops hingelegt, und im Kleiderschrank werden die Hemden in einem genau abgemessenen Abstand aufgehängt.

Hier gibt es nur eine Methode: Konfrontation mit Ihrem zwanghaften Verhalten. Weigern Sie sich absolut, Ihrer perfektionistischen Gewohnheit nachzugeben. Sie müssen diese Situation durchstehen. Am Anfang werden Sie sehr aufgebracht sein und es kaum durchhalten, aber Sie *werden* es durchhalten, zwingen Sie sich, es durchzustehen.

Beim Abschließen der Tür sagen Sie: »Ich bin sicher, jetzt habe ich die Tür abgeschlossen.« Dann gehen Sie mit einem entschiedenen Schritt weg. Sie werden einen unglaublich starken Sog verspüren, zurückzukehren, um nochmals nachzuschauen. Tun Sie es nicht! Sie müssen durch diese entsetzliche Angst, durch diese Prozedur, gehen.

Sie werden eine interessante Feststellung machen: Die erste Viertelstunde, nachdem Sie die Wohnung verlassen haben, wird Ihr inneres Gefühl entsetzlich sein, doch dann wird es abflachen. Ein Gefühl kann über eine längere Zeitspanne nicht auf seinem Höhepunkt bleiben. Es flacht immer ab. Und das müssen Sie durchstehen. Bei jeder Wiederholung wird die Zeitspanne, bis sich Ihre Angst beruhigt hat, immer kürzer.

Fehler sind gut!

Für einen Perfektionisten ist es ein schlimmes Vergehen, Fehler zu machen. Hartnäckig kämpft und rackert er sich unermüdlich ab, um keinen einzigen zu begehen. Wechseln Sie für einen Augenblick die Perspektive, und sehen Sie es so: Es ist wunderbar, Fehler zu machen. Her damit, her mit den Fehlern! Denn Fehler beweisen Ihnen, dass Sie leben, dass Sie ein Mensch sind. Sobald Sie etwas tun, steigt die Wahrscheinlichkeit, dass Sie Fehler machen. Weil das ganz normal ist, wird das auch Ihnen passieren. Null-Fehler-Programme sind Null-Aktion-Programme.

Lassen Sie sich auf folgendes Gedankenexperiment ein:

Sie können am Morgen liegen bleiben und den ganzen Tag das Bett nicht verlassen, in der Annahme, so machen Sie bestimmt keinen Fehler. Zunächst stellt sich natürlich die Frage, ob die Idee, liegen zu bleiben, an und für sich nicht ein Fehler war.

Sie sind also den ganzen Tag im Bett geblieben. Am Abend stellen Sie fest, wie Sie diese Situation gelangweilt und ermüdet hat. Sie haben gelernt: Das tue ich nicht wieder. Somit haben Fehler eine belehrende Funktion. Sie lernen, was Sie nicht mehr tun werden. Das ist gut, denn am kommenden Tag stehen Sie auf und starten in den Tag.

Ihr Partner, Ihre Familie hat beobachtet, dass Sie den ganzen Tag im Bett geblieben sind. Bestimmt haben sie sich darüber gewundert oder auch eine besorgte Frage gestellt. Doch deswegen hat Sie niemand verurteilt, niemand ist böse geworden, niemand hat Sie als Versager abgestempelt. Nichts von dem ist eingetroffen, was Sie mit »Fehler machen« verbinden. Fehler machen Sie *nicht* zum Versager.

Angenommen, Sie beurteilen Ihre Entscheidung, den ganzen Tag im Bett geblieben zu sein, als Fehler. Was war die Konsequenz? Sie sind nicht daran gestorben. Beachten Sie, dass Fehler zu machen, nur in ganz seltenen Fällen lebensbedrohlich ist.

Angenommen, Sie haben ein Ziel, das Sie in einer bestimmten Zeit erreichen möchten. Dabei gilt es, verschiedene Strategien zum Erreichen dieses Ziels auszu-testen. Wenn Sie viele Ideen umsetzen, werden Sie auch mehr Fehler machen, als wenn Sie nur einige wenige umsetzen. Hier bringen Ihnen Fehler den Vorteil, dass Sie relativ schnell die Erfahrung machen, was nicht funktioniert. Das Schlechte sortieren Sie aus, das Erfolg bringende behalten Sie. Daraus folgt: Mit Fehlern und den daraus gewonnenen Einsichten erreichen Sie Ihr Ziel schneller.

Stellen Sie sich zuletzt noch die Frage, mit welchen Menschen Sie es lieber zu tun haben. Mit penetranten Perfektionisten, die in jeder Suppe ein Haar finden, alles besser wissen und nur selten guter Laune sind, oder mit »menschlichen« Menschen, die ab und an Fehler machen, diese zugeben und auch darüber lachen können? Wer möchten Sie für Ihre Mitmenschen sein?

»Alle Menschen machen Fehler.« Würden Sie dieser Aussage zustimmen? Ja? Was sind Sie? Ein Mensch? Einverstanden. Was folgt daraus?

Sie *müssen* Fehler machen, sonst wären Sie kein Mensch.

Selbstkritik und destruktive Selbstgespräche

Wir sind auf dem Weg zu einem ganzheitlichen Menschen. Einem Menschen, der ganzheitlich glücklich, gesund und erfolgreich ist. Halten wir uns diesen Weg immer vor Augen. Im folgenden Teil dieses Buches analysieren wir und lassen los, was nicht mehr zu uns gehört, was uns daran hindert, ganzheitlich glücklich und erfolgreich zu sein. Denken Sie daran: Gelassenheit entsteht durch Loslassen.

Die Mehrzahl meiner Klienten kommt zum ersten Gespräch vorbereitet. Die meis-ten wissen, was zurzeit nicht in Ordnung ist, und manche haben eine Vorstellung davon, wie sie es gerne hätten. Und dann staune ich darüber, wie viele negative Aussagen sie über sich selbst machen. Ist Selbstkritik zur Tugend geworden? Zu einer zerstörerischen, davon bin ich überzeugt.

Die Grenze zwischen Bescheidenheit und Selbstkritik läuft auf Messers Schneide, und beide Eigenschaften tun uns nicht gut. »Bescheidenheit ist eine Zier«, heißt ein bekanntes Sprichwort. Ergänzen Sie diesen Satz, das ist für Ihre Seele ganz wichtig: »Bescheidenheit ist eine Zier, *doch besser lebt man ohne ihr*.«

Zu dem Sinnspruch »Sei wie das Veilchen im Moose, sittsam, bescheiden und rein, nicht wie die stolze Rose, die stets bewundert will sein« gibt es eine schöne Geschichte, in der es um Selbstbeschränkung geht. Das Veilchen dieser Geschichte fühlt sich in seiner Bescheidenheit gar nicht gut. Sie schmälert seine Lebensfreude, und eines Tages beginnt das Veilchen sich zu wehren …

… es war einmal ein sittsames und bescheidenes Veilchen. Mit vielen anderen Veilchen hockte es mit gesenktem Köpfchen im Halbdunkel. »Veilchen recken sich nicht nach oben, das ist unfein«, sagte die Veilchenmutter. Unser Veilchen wollte nicht unfein sein. Nur gelegentlich schaute es nach oben zu den roten und gelben Rosen, zum Rittersporn und zum Fingerhut. Der Rittersporn, umworben von unzähligen Bienen, sagte sehr gerne: »Üb immer Treu und Redlichkeit.«
»Bescheidenheit ist eine Zier«, pflegte der Fingerhut zu verkünden, und zwar immer dann, wenn er dem Veilchen die letzten Sonnenstrahlen wegnahm.
Eines Tages hatte das Veilchen die Nase voll, und es sagte laut und entschlossen: »Ich bin auch noch da!« Die anderen Veilchen erschraken sehr und duckten sich noch tiefer. Dadurch bekam unser Veilchen eine bessere Sicht nach oben, sah den Himmel, die Sonne und die vielen Bienen.
»Hört, ihr Bienen da oben«, schrie es, »kommt einmal hierhin, hier ist es wunderbar kühl, und meine blaue Farbe ist tiefer als das Blau des Himmels.«
Die Bienen waren verblüfft, und eine flog vorsichtig nach unten und betrachtete das tiefe Blau des Veilchens.
»Koste von meinem Veilchen-Nektar«, forderte das Veilchen. »Dann weißt du, was du bisher versäumt hast.«
Das Bienchen schlürfte tatsächlich Honig vom Feinsten, und unser Veilchen staunte über die eigene Unbescheidenheit …

Tun Sie es dem Veilchen gleich, schmälern sie Ihre Lebensfreude nicht durch Bescheidenheit.

Selbstkritik bedeutet, den Fokus auf die eigenen Mängel zu richten, sich zurecht-zuweisen, sich selbst kleinzumachen. Sobald Sie diese Kritik nicht nur denken, sondern auch aussprechen, intensivieren Sie die negativen Energien, und Sie fühlen sich ganz elend dabei. Konzentrieren Sie sich zusätzlich auf das, was Sie nicht können oder was Ihnen misslungen ist, dann vermehren Sie es. Sie heben das Misslungene in den Vordergrund. Tun Sie das immer wieder, bekommen Kri-tikaussagen ein starkes Eigenleben. Sie werden zu Ihrer Gewohnheit, laufen ganz automatisch ab und sorgen dafür, dass Sie sich klein und minderwertig fühlen. Es ist unverzichtbar, diese Kette zu durchbrechen, indem Sie die eigenen Aussagen prüfen.

Schaffen Sie sich Klarheit darüber, mit welchen Worten und wie oft Sie sich innerlich beschimpfen, wenn etwas schief gelaufen ist. Ob Sie sagen: »Diesmal habe ich es versaut«, oder «Ich habe es *wieder einmal* versaut«, macht einen großen Unterschied. Im ersten Beispiel ist der Schaden begrenzt. Dieses eine Mal ist etwas schief gelaufen. Das kann jedem passieren. Im zweiten Beispiel ist der Bezugsrahmen größer. Die Aussage ist so formuliert, dass man annehmen kann, dass Sie es immer wieder vermasseln. Sagen Sie hingegen »Ich habe es *wie immer* versaut«, lassen Sie sich überhaupt keinen Spielraum mehr. Der Schaden ist groß. Sie klassifizieren sich selbst zu einem Versager, der es *immer* versaut.

Eine subtile Version des »Sich-schlecht-Machens« besteht darin, das, was gut gelungen ist, abzuwerten. Dabei werden Erfolge mit angelernter Bescheidenheit heruntergespielt: »Ach, das kann doch jeder«, »Das ist der Rede nicht wert« oder »Das zählt doch nicht.« Indem Sie Ihre Erfolge auf diese Weise geringschätzen, erzeugen Sie die mentale Illusion, völlig wertlos zu sein.
Diese Abwertung des Positiven ist ein mächtiger Feind. Beharrlich reiten Sie auf Ihren Mängeln herum, als hätten Sie nie etwas gut gemacht, als hätten die bisher erreichten Erfolge absolut keine Bedeutung für Sie.

In meinen Beratungen beobachte ich ein weiteres Phänomen. Nicht nur die eige-ne Leistung wird heruntergespielt und entwertet, sondern dasselbe Spiel wird mit Partner oder Kindern gespielt. Da heißt es gerne: »Er bringt *nie* anständige Noten nach Hause«, »Er spricht *immer* so undeutlich«, »Er reagiert *überhaupt nicht*, wenn ich etwas zu ihm sage.«

Ihre Sprache ist Ihre primäre Visitenkarte. Wenn Sie über jemand anderen sprechen, sagen Sie zugleich auch etwas über sich selbst. Mit Ihren Worten können Sie heilen oder zerstören, segnen oder strafen, die anderen wie sich selbst. Worte sind mehr als Schall und Rauch. Legen Sie sie ruhig auf die Goldwaage. Seien Sie also vorsichtig mit den Worten, die Sie im Dialog, bei Reden, aber auch in Selbstgesprächen verwenden. Ihr Gesprächspartner im Selbstgespräch sind Sie selbst. Doch wer ist das: Sie selbst? Wie ist das zu verstehen?

In Ihrem Selbstgespräch kommunizieren Sie mit Ihrem Unterbewusstsein. Jede positive wie auch negative Selbstbewertung ist für Ihr Unterbewusstsein eine Anweisung zur Ausführung. Machen Sie sich bewusst, dass Ihre Worte eine Wirkung auf Ihr Unterbewusstsein und somit auf Sie selbst haben. Selbstgespräche sind von zentraler Bedeutung für Ihr Wohlbefinden und Ihren Erfolg. Deshalb ist es sehr sinnvoll, den Selbstgesprächen große Beachtung zu schenken.

Lesen Sie die beiden nachfolgenden Aussagen. Die hervorgehobenen Worte sind die Brücke zu Ihrem Unterbewusstsein und somit direkte Botschaften. Sie können sich auch vorstellen, Ihr Unterbewusstsein sei ein »Informationsstaubsauger«, und genau die hervorgehobenen Worte wird es aufsaugen:

»*Super*, hab ich ein *Glück*, alles wird *gut*, alles *klappt*.«
»*Mist*, so ein *Pech*, bin ich ein *Trottel*, alles läuft *schief*.«

Möglicherweise widersprechen Sie jetzt, Sie können ja nicht denken, es sei super, wenn Sie doch Pech hatten. Folgende Übungen werden Ihnen helfen, Schritt für Schritt die Selbstgespräche aus einer destruktiven Spur in eine konstruktive zu lenken.

Konstruktive Selbstgespräche

Vermeiden Sie Generalisierungen:
Ihre Selbstgespräche sind oft Generalisierungen, das heißt, sie sind sehr allgemein formuliert und schon deshalb nicht zutreffend. Sie haben etwas schlecht gemacht oder fühlen sich schlecht. Sie sind der Ansicht, dass das immer so bleiben wird – »Ich erreiche nie, was ich will.«

Diese Aussage beinhaltet nicht nur eine negative Botschaft, sondern ist auch negativ formuliert. Sobald Ihre Aussage enger gefasst ist und eine Perspektive zulässt, werden Sie sich besser fühlen: »Dieses Mal ist mir das nicht gelungen, aber ich habe daraus gelernt, und das nächste Mal erreiche ich mein Ziel, weil ich es anders anpacke.«

› Negativ: »Ich bin ein ewiger Feigling.«
› Positiv: »Diesmal habe ich keinen Mut gehabt, aber es hat schon Situationen gegeben, in denen ich trotz meiner Angst mutig gehandelt habe.«

› Negativ: »Das kann ich nicht und werde es auch nie können.«
› Positiv: »Ich werde das Geschehene neu überdenken und mir ganz kleine Lernschritte vornehmen.«

Spüren Sie, wie es Ihnen schon beim Lesen dieser positiven Formulierungen besser geht? Überlegen Sie, welche Botschaft Ihr Unterbewusstsein einerseits bei der destruktiven und andererseits bei der Umformulierung erhält. Üben Sie in ihrem Alltag, bis Ihnen neue, unterstützende Formulierungen selbstverständlich sind.

Selbstkritik beinhaltet sehr oft ein Alles-oder-nichts-Denken und lässt keine Grauzonen zu. Entweder bin ich ein ewiger Feigling oder ich bin mutig. Doch ist es denn überhaupt möglich, dass irgendjemand immer ein Feigling ist? Dass irgendjemand *immer* mutig ist?

Formulieren Sie um: »Diesmal war ich verunsichert und ängstlich.«

In meinen Beratungen höre ich öfters: »Ich bin jemand, der sich überhaupt nicht konzentrieren kann.« Ist das möglich, sich *überhaupt nicht* konzentrieren zu können? In einem solchen Fall frage ich meine Klienten immer: »Hat es nicht schon Situationen gegeben, in denen Sie sich sehr gut konzertieren konnten?« Die Konzentrationsfähigkeit hängt von verschiedenen Faktoren ab. Wir müssen genau hinschauen.

Testen Sie folgende Formulierungen: »Diesmal war ich etwas müde und konnte mich nicht gut konzentrieren.« »Ich hatte es mit der Angst zu tun, sie lähmte mein Denken.« »Sobald ich mich entspanne, kann ich mich besser konzentrieren.«

Muntern Sie sich auf:
Schaffen Sie sich ganz bewusst ein Repertoire an neuen aufmunternden Formeln mit großer Wirkkraft. Was Sie brauchen, ist ein Rückenwind, der Sie vorantreibt und Ihre Lebensfreude und Experimentierlust unterstützt:

› »Ich bin aktiv, darum passieren mir immer wieder sonderbare Sachen.«
› »Ich bin neugierig auf Neues.«
› »Ich stehe jederzeit am rechten Ort.«
› »Ich darf mich freuen.«
› »Ich lebe gerne.«

In einem Sportgeschäft können Sie einen Zähler kaufen, den Sie am Handgelenk tragen. Jedes Mal, wenn Sie sich bei einer Selbstkritik ertappen und sich korrigieren, drücken Sie auf den Zähler. Jedes Mal, wenn Sie sich mit einer aufmunternden Formel unterstützt haben, bevor Sie mit sich geschimpft haben, drücken Sie den Zähler. Dieses Zählen wird Sie motivieren.

ÜBUNG

Das Glaubenssystem

Machen Sie sich noch einmal bewusst: Gelassenheit erreichen Sie, indem Sie loslassen. Doch bevor Sie loslassen, müssen Sie erkennen, was es loszulassen gibt. Sie haben die freie Entscheidung, all das loszulassen, was Sie daran hindert, der Mensch zu sein, der Sie sein könnten.

Erst wenn Sie das Bewusstsein über Ihr Denken, Ihre Gefühle und Ihr Verhalten erlangen, können Sie erkennen, was Sie hemmt. Wissen Sie, wie Sie denken, fühlen und handeln?

Wenn Sie sich über längere Zeit beobachten, dann wird Ihnen so einiges auffallen, Sie werden Entdeckungen über das eigene Ich machen. Diese Phase der Selbstbeobachtung ist der Schlüssel zur Veränderung, und ich fordere Sie auf, nie damit aufzuhören, sich selbst zu beobachten.

Dabei werden Sie die Erfahrung machen, dass Sie Ihre Reaktionen und Ihr Verhalten manchmal gar nicht nachvollziehen können. Dann werden Sie sich nach dem Warum fragen. »*Warum* habe ich so reagiert, *warum* habe ich das gesagt, *warum* bin ich so, wie ich bin?« Vielleicht kommt in Ihnen ein Moment der Rebellion hoch, und Sie werden wütend: »Ich will nicht so sein, wie ich bin!«

Wie oft haben Sie schon in Sekundenschnelle spontan und impulsiv, kämpferisch und stur mit Rechtfertigungen und Erklärungen reagiert? Vermutlich oft, der Grund dafür sind Ihre Reaktionsmuster, die Sie in sich tragen. Anschließend haben Sie Ihr Verhalten wahrscheinlich bereut, waren unzufrieden und dachten: »Wie konnte ich nur …, jetzt würde ich es ganz anders machen.« Doch bei der nächsten, ähnlichen Situation reagieren Sie wieder auf dieselbe Weise. Zum Beispiel genügt schon ein provokanter Satz, ein bestimmter Tonfall Ihres Gegenübers, und Sie fallen wieder in dieselben Automatismen hinein. Bevor Sie wissen, wie Ihnen geschieht, reagieren Sie schon. Wie ist das möglich?

Es gibt Situationen, in denen Ihre Gedanken und damit gekoppelt Ihr Verhalten wie von selbst ablaufen. Das geschieht, weil sich ganz bestimmte Gedankenmuster tief in Ihr Unterbewusstsein eingegraben haben und Sie von dort aus steuern. Durch Ihre Sinnesorgane nehmen Sie alles wahr, was um Sie herum geschieht. Jede Ihrer Wahrnehmungen wird sofort interpretiert – gemäß den Gedankenmustern, die in Ihrem Unterbewusstsein verankert sind.

Eine Geschichte der indischen Mythologie erzählt von dem mächtigen König Krishna, der zwei Unterkönige zu sich rufen ließ. Der erste war bekannt für seine Gutmütigkeit und Freundlichkeit. König Krishna sandte diesen in die Welt mit den Worten: »Suche und bringe mir einen wirklich bösen Menschen.« Dann rief König Krishna den zweiten zu sich. Dieser war bekannt für seine Hartherzigkeit und Grausamkeit. König Krishna sandte ihn mit folgenden Worten in die Welt: »Suche und bringe mir einen wirklich guten Menschen.« Nach vielen Jahren des Suchens kehrten die beiden zum König zurück, beide waren allein. Der grausame Unterkönig sagte: »Einen wirklich guten Menschen konnte ich nicht finden. Alle Menschen sind in ihrem Herzen böse, gierig und grausam.« Der gutmütige Unterkönig sagte: »Einen wirklich bösen Menschen konnte ich nicht finden. Es kann sein, dass es wütende und schlechte Menschen gibt. Weil sie unzufrieden sind und unterdrückt werden. Doch im Grunde ist jeder Mensch in seinem Herzen gut.«

Diese Geschichte zeigt uns unter anderem, wie es im täglichen Leben abläuft: Jeder Mensch deutet seine Umwelt auf eine ganz persönliche Weise. Menschen, die dasselbe erleben, können vollkommen unterschiedlich darauf reagieren. Wie deuten Sie Ihr Erleben? Führen Ihre Gedankenmuster Sie zu innerer Zufriedenheit, zu Gelassenheit und Erfolg?

Wenn Sie in einer Situation reagieren, geht Ihrer Reaktion ein Gedanke voraus. Falls Sie sehr schnell reagieren, dann haben Sie gar keine Zeit, die vorausgehenden Gedanken zu kontrollieren. Und dennoch bleibt es bei dieser Reihenfolge: Zuerst der Gedanke, dann folgt die dazugehörige Reaktion.

Hier ein Beispiel: Eine Klientin erzählte mir, dass immer dann, wenn ihr Chef schlechte Laune hatte oder ein düsteres Gesicht machte, sie sofort dachte, sie hätte etwas falsch gemacht. Ihre Körperreaktion war immer dieselbe: Augenblicklich schnürte es ihr die Kehle zu, und sie hatte Mühe mit dem Atmen. Der automatisch und blitzartig ablaufende Gedanke meiner Klientin hieß: »Was habe ich wieder falsch gemacht?« Tief in ihrem Unterbewusstsein war diese Überzeugung eingebrannt und steuerte ihre Reaktionen. Sie fühlte sich für die schlechte Laune ihres Chefs verantwortlich.

Diese tief in Ihrem Unterbewusstsein eingebrannten Überzeugungen sind Ihre Glaubenssätze.

Das Wesen der Glaubenssätze

Glaubenssätze sind Ihre Überzeugungen, die Sie über sich und Ihr Leben haben. Sie bilden sozusagen einen Filter, durch den Sie Ihre Umwelt wahrnehmen und interpretieren. Ihre automatischen Reaktionen werden von Ihren Glaubenssätzen gesteuert.

Glaubenssätze haben eine sehr starke Kraft, die auf Ihr Verhalten wirkt. In entscheidendem Maße beeinflussen sie Ihr Glück, Ihre Gesundheit, Ihre Kreativität, Ihren persönlichen Erfolg. Es macht für Ihr Leben einen großen Unterschied, ob Sie davon überzeugt sind, dass alles gut wird und Sie eine Erfolgspersönlichkeit sind, oder aber dass Sie eine Versagernatur sind und Ihnen alles misslingt.

Ihre Überzeugungen über sich selbst und darüber, was für Sie in der Welt möglich ist, nehmen in hohem Maße Einfluss auf Ihre tägliche Leistungsfähigkeit. Ebenso beeinflussen Glaubenssätze Ihren Gesundheitszustand oder die Genesung einer bereits eingetretenen Krankheit. Ihre Glaubenssätze sind Ihre persönlichen Grenzen, der Rahmen, in dem sich Ihr Leben bewegt. Glaubenssätze wie »Jetzt ist alles vorbei«, »Ich bin einfach dumm« oder »Daran kann ich nichts mehr ändern« hindern Sie daran, Ihre Ressourcen und Fähigkeiten zu Ihrem Vorteil zu nutzen.

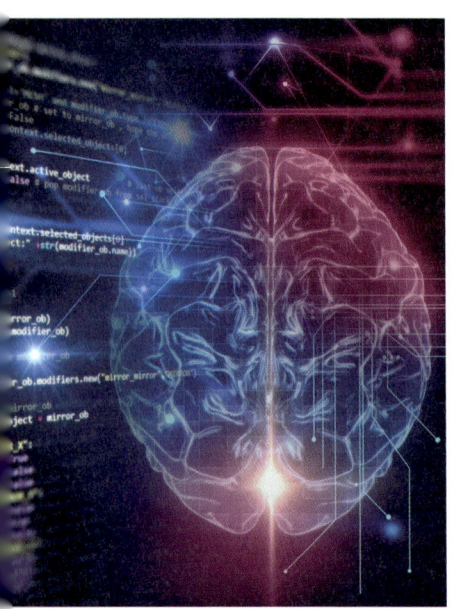

Ihre Glaubenssätze sind auf der Software Ihres Gehirncomputers eingebrannt und steuern von hier aus automatisch Ihr Leben. Doch ungeachtet des Eigenlebens und der ungeheuren Kraft Ihrer Glaubenssätze ist es möglich, sie zu identifizieren und durch Umformulierung zu korrigieren. Viele denken: »Das muss so sein, das ist mein Leben, meine Realität.« Das stimmt jedoch nicht. Da es keine objektive Realität gibt, gibt es nichts, was Sie nicht verändern können.

Interessanterweise können auch Glaubenssätze, die andere über uns haben, uns im hohen Maße beeinflussen. Dazu sei ein interessantes Experiment erwähnt: Eine Gruppe durchschnittlich intelligenter Schüler wurde aufgeteilt und zwei Lehrern zugeordnet. Dem Lehrer der ersten Hälfte sagte man, das seien besonders intelligente Schüler. Dem Lehrer der zweiten Hälfte teilte man mit, seine Schüler seien eher langsam im Lernen. Nach einem Jahr wurden die beiden Teilgruppen untersucht und das Resultat war: Die Schüler, die als intelligent bezeichnet wurden, erbrachten bessere Leistungen als zuvor. Schüler, die eher als langsam bezeichnet wurden, erbrachten schlechtere Leistungen als zuvor. Die Glaubenssätze der Lehrer über die Schüler hatten deren Lernfähigkeit beeinflusst.

Trauen Sie Ihren Kindern oder Ihrem Partner nur wenig zu, beeinflussen Sie ganz unbewusst und automatisch Ihre Kinder bzw. Ihren Partner so, dass diese sich nicht viel zutrauen und eine Leistung, die sie erbringen könnten, nicht erbringen.

Testen Sie Folgendes: Wenn Sie das nächste Mal Ihre Freundin oder Ihren Freund einladen und die Türe öffnen, sagen Sie zur Begrüßung: »Heute siehst du aber blass aus, dir geht es nicht gut, oder?« Beobachten Sie die Reaktion Ihres Gegenübers. Kurze Zeit darauf sagen Sie erneut: »Was ist heute mit dir los? Du siehst wirklich blass aus.« Beobachten Sie die Reaktion. Nach kurzer Zeit sagen Sie wieder: »In letzter Zeit geht es dir schlecht, nicht wahr? Ich sehe es dir an, du bist so blass.« Spätestens jetzt wird die Person aufstehen und sich vor den Spiegel stellen. Spätestens jetzt geht es ihr oder ihm wirklich nicht mehr gut. Lösen Sie anschließend natürlich die Situation auf, und verraten Sie, dass Sie ein Experiment gemacht haben.

Jeder Mensch ist in ein System von Glaubenssätzen verstrickt. Wie es zu diesen machtvollen Überzeugungen gekommen ist, schauen wir uns etwas später genauer an. So viel vorweg: Dieses Netz an Überzeugungen ist durch permanente jahrelange gegenseitige Beeinflussung entstanden. Einerseits werden Sie geprägt durch Ihre Umwelt, Ihre Mitmenschen. Andererseits prägen Sie Ihre Umwelt und Ihre Mitmenschen.

Wie wichtig es ist, jede Bewertung loszulassen, habe ich bereits erläutert. An dieser Stelle möchte ich jedoch noch einmal betonen: Jede Bewertung, jede Kritik, die Sie häufig aussprechen, bleibt nicht wirkungslos, sondern prägt sich in die Seele Ihres Gegenübers ein. Sind Sie sich dieser Verantwortung, dieser Macht, die Ihre Worte haben, bewusst?

Glaubenssätze beinhalten Verallgemeinerungen wie beispielsweise »Ich bin ein schwacher Mensch«, »Niemand liebt mich«. Diese Glaubenssätze beinhalten keine näheren Beschreibungen wie zum Beispiel »Wenn es um Süßigkeiten geht, werde ich ganz schwach. Dann kann ich nicht aufhören« oder »Mein Freund kritisiert mich unaufhörlich, und ich schließe daraus, dass er mich nicht mehr liebt.« Die ersten beiden Glaubenssätze berücksichtigen nicht, dass ich *nur in bestimmten Situationen* schwach bin, dass ich auch Menschen habe, deren Liebe ich spüre, *auch wenn* mich mein Freund nicht lieben sollte.

Glaubenssätze suchen nach Bestätigung: Ihre Glaubenssätze sind Sätze, die Sie glauben. Weil Sie sie bedingungslos glauben, halten Sie sie für zutreffend. Sie hinterfragen nicht, wenn Sie glauben »Ich bin zu dick«. Sie hinterfragen nicht: Zu dick für was? Zu dick, um Freunde zu haben? Nein. Zu dick, um mit Freunden Spaß zu haben? Nein. Zu dick, um Musik zu genießen? Nein. Zu dick, um produktive Arbeit zu leisten? Nein. Wofür sind Sie zu dick?

Der Glaubenssatz »Ich bin zu dick«, ist absolut sinnlos. Wenn Sie denken, Sie seien zu dick, dann erzeugen Sie eine sich selbst erfüllende Prophezeiung. Werden Sie beispielsweise zu einer Party eingeladen, haben Sie zwei Möglichkeiten. Sie bleiben zu Hause und leiden. »Mit mir will niemand tanzen, weil ich zu dick bin.« Oder Sie gehen auf die Party und leiden ebenfalls. Denn wenn jemand lacht, wenn Ihnen jemand nachschaut, wenn sich jemand von Ihnen abwendet, werden Sie denken: »Aha, das ist, weil ich zu dick bin, ich habe es ja gewusst.« Sie werden alles, was sie erleben, so interpretieren, dass sich Ihr Glaubenssatz betätigt.

Jeder Kränkung, jeder Hoffnungslosigkeit, jeder Depression liegt ein verzerrter Glaubenssatz zugrunde. Aus Selbstschutz, um Enttäuschungen und Schmerz zu vermeiden, werden Sie Situationen, die Sie mit Ihrem Glaubenssatz in Berührung bringen, meiden. Wirkungslos bleibt auch der Versuch einer Ihnen nahestehenden Person – »Komm doch mit, es ist wichtig, dass du dabei bist.«

Weil Sie immer wieder die Situationen so bewerten, dass sich Ihr Glaubenssatz bestätigt, ist die Anzahl schlechter Erfahrungen so hoch, dass Sie der gutgemeinten Äußerung Ihrer Freundin oder Ihres Freundes keinen Glauben schenken werden.

So besteht die größte Schwierigkeit und Herausforderung für einen Berater oder Trainer darin, den Hilfesuchenden so weit zu bewegen, dass er die Veränderung seiner Glaubenssätze für möglich hält. Sobald der Hilfesuchende für Veränderungen bereit ist, gilt es, herauszufinden, wo der *wirklich einschränkende Glaubenssatz* liegt. Niemand kann Ihre Glaubenssätze verändern, außer Sie selbst. Ein Trainer kann Sie dazu anleiten, neue und aufbauende Glaubenssätze zu formulieren und Sie auf Ihrem Weg der Veränderung begleiten. Die Veränderung selbst findet aber einzig in Ihnen und durch Sie statt.

Es gibt einen Witz, den ich Ihnen an dieser Stelle nicht vorenthalten will, und der genau diesen Punkt trifft. Es geht um die Frage, wie viele Therapeuten es braucht, um eine Glühbirne auszuwechseln. Die Antwort lautet: Nur einen, es dauert sehr lange, und es ist teuer, und die Glühbirne muss bereit sein, ausgewechselt zu werden.

Stellen Sie sich vor, es ist sehr heiß, und Sie führen ein Pferd zu einem Trog frischen Wassers. Können Sie für das Pferd trinken, oder muss es alleine trinken?

Die Entstehung der Glaubenssätze

Ihre Glaubenssätze sind vergleichbar mit einer Spezialbrille mit einer Filterwirkung, durch die Sie die Welt wahrnehmen. »Wenn das nur eine Brille ist«, fragen Sie sich, »wer hat sie mir aufgesetzt?«

Glaubenssätze sind Prägungen aus unserer Kindheit. Die meisten davon entstehen, wenn wir ungefähr fünf Jahre alt sind. Es sind Bezugspersonen und bedeutsame Menschen in unserem Umfeld, die unsere Glaubenssätze in unserem Unterbewusstsein verankern.

Von Geburt an reagieren wir sehr stark auf unsere Umwelt. Während des Heranwachsens saugen wir alles auf, beobachteten und interpretierten unsere Erfahrungen. Die Eltern spielen dabei eine zentrale Rolle, auch für Sie waren sie wahrscheinlich Götter. Sie haben Ihnen wichtige Dinge beigebracht – wie Sie die Schuhe binden, und dass Sie nicht auf die Straße rennen dürfen. Alles, was die Eltern sagten, war für Sie einfach wahr.

Vielleicht haben Sie sich als Kind vorgenommen, auf dem Küchentisch einen Kuchen zu backen, haben einen Eimer Wasser und Sand geholt, alles ausgekippt und verrührt. Vielleicht hat Sie Ihre Mutter angefahren: »So etwas tun nur dumme Kinder!« Vielleicht ist auch Ihr Vater hineingeplatzt: »Du machst alles dreckig!« In diesem Alter konnten Sie noch nicht denken: »Papi ist müde und übertreibt« oder »Mami denkt nur an den nassen Boden.«

Sie konnten nicht erkennen, dass die Reaktion Ihrer Eltern nicht angemessen war. Ein kräftiger Schlag auf den Hintern bestätigte vielleicht endgültig die Botschaft »Ich bin dumm und mache alles kaputt«.

Das Unterbewusstsein ist in diesem Alter vollkommen offen und nimmt jede Botschaft auf. Je häufiger das Kind eine Botschaft hört, desto tiefer prägt sie sich in das Unterbewusstsein ein. Doch es prägen sich nicht nur verbale Botschaften ein. Bereits als Kind besitzen wir ein präzises Empfinden für nonverbale Botschaften, die ebenso maßgeblich unser späteres Verhalten im Erwachsenenalter steuern Waren Ihre Eltern sehr ängstlich, so ließen sie Ihnen nur wenig Raum, um eigene Erfahrungen zu machen. Dementsprechend werden Sie sich später weniger zugetraut haben und Ihre Welt heute eher als bedrohlich wahrnehmen. Wurden Sie mit Liebesentzug bestraft oder häufig ermahnt, brav zu sein, weil ansonsten Mami oder Papi traurig und enttäuscht sein werden, lernten Sie, dass Sie sich Liebe verdienen müssen. Niemand kann Ihnen in einem solchen Fall vorwerfen, dass Sie heute empfindlich auf Kritik reagieren, dass Sie Glaubenssätze gelernt haben, die Sie verletzlich machen. Schließlich ist der größte Wunsch jedes Individuums, geliebt zu werden.

Die Neuentscheidung

Ihre Glaubenssätze sind übernommene und verinnerlichte Aussagen oder sie beinhalten Interpretationen Ihrer früheren Erfahrungen. Sie lassen sich auflösen und durch neue, für Sie förderliche ersetzen.

Dies sind die einzelnen Schritte:

> Schließen Sie Frieden mit Ihrer Vergangenheit. Wie das geht, haben Sie bereits gelernt. Jetzt ist es für Sie wichtiger, herauszufinden, welche Fähigkeiten Sie von nun an für das Erreichen Ihrer Ziele benötigen, anstatt weiter mit der Vergangenheit zu hadern.

> Erklären Sie sich jetzt unmissverständlich zu einer Änderung Ihrer Glaubenssätze bereit, auch wenn es viel einfacher erscheint, im jetzigen Zustand zu bleiben und die Verantwortung abzuschieben.

> Beobachten Sie über einen längeren Zeitraum Ihre Reaktionsmuster. Welche Menschen, welche Situationen bewirken, dass Sie sich schlecht fühlen? Wer hat die Macht, Sie zu verletzen? In welches Muster fallen Sie immer wieder hinein? Führen Sie über mehrere Wochen ein Tagebuch darüber.

> Analysieren Sie Ihre Tagebuchaufzeichnungen, indem Sie Ihre erlebten Gefühle benennen und diese mit der jeweiligen Situation begründen, zum Beispiel »Ich bin traurig, weil mein Arbeitskollege meine Einladung nicht angenommen hat.« »Ich fühle mich gekränkt, weil mich meine Mutter nicht darüber informiert hat, dass sie ihr Haus verkaufen will.«

> Erkennen Sie das Denkmuster und Ihre Bedürfnisse hinter diesem. Sie werden erkennen, dass sich hinter allen Aussagen, die Sie formulieren, ein ähnliches oder das gleiche Denkmuster verbirgt. »Ich fühle mich ausgegrenzt, weil ich zu dick bin«, könnte eine Aussage heißen. Das Bedürfnis hinter diesem Glaubenssatz könnte in einem solchen Fall sein: »Niemand liebt mich, ich habe aber das Bedürfnis, geliebt zu werden.«

Dies ist wohl die schwierigste Aufgabe: Den Kernglaubenssatz herauszufinden. Von nun an geht es nicht mehr um Ihre Vergangenheit, von nun an geht es um Ihre Zukunft. Richten Sie Ihren Blick nach vorne, und entwickeln Sie eine neue Überzeugung. Und Sie werden feststellen, es geht bei dieser neuen Überzeugung um Aspekte wie Liebe, Gesundheit, Selbstwert, Selbstsicherheit, Anerkennung, Akzeptanz und Selbstverwirklichung.

> Formulieren Sie Ihren neuen Glaubenssatz. Ich nenne im Folgenden einige Möglichkeiten, suchen Sie jedoch Ihre ganz persönliche Lösung:

»Ich liebe mich so, wie ich bin.«
»Ich bin wertvoll.«
»Jede Zelle meines Körpers ist vollkommen gesund.«
»Ich bin vital und voller Energie.«
»Ich bin leistungsfähig und kann mich konzentrieren.«
»Gelassenheit und Ruhe beherrschen meine Seele.«
»Selbstsicher und gelassen begegne ich jeder Situation.«

An diesen Beispielen erkennen Sie den Unterschied zwischen Glaubenssatz und Affirmation. Beim Glaubenssatz geht es immer um die Frage Ihrer Identität.

Wer sind Sie? Als welche Person gehen Sie durch Ihr Leben? Es geht hier um die innerste Schicht Ihrer Persönlichkeit.

Ihr neuer Glaubenssatz ist ein neuer Same, der keimen und gedeihen soll. Eine Affirmation ist dagegen ein Erinnerungssatz für Ihr Unterbewusstsein und kann ein ganz konkretes Ziel beinhalten wie einen Geschäftsaufbau oder eine bevorstehende Prüfung.

Können Sie Ihren neuen Glaubenssatz wirklich glauben? Sind Sie überzeugt? Oder denken Sie, Ihr Glaubenssatz sei eine übertriebene Erwartung?

Sind Sie bereits so hoffnungslos, dass Sie nicht mehr daran glauben, dass Ihnen wirklich etwas helfen kann? Sie können den schönsten Satz formulieren, doch wenn Sie überzeugt sind, dass er nicht zutrifft, dann wird er auch nie zutreffen.

Bevor Sie an dieser Stelle aufgeben, machen Sie noch den nächsten Schritt: Visualisieren Sie Ihren neuen Glaubenssatz. Wenn Sie formuliert haben »Ich bin vital und voller Energie«, dann fragen Sie sich: »Wie sehe ich aus, wenn ich vital und voller Energie bin?« Woran erkennen Sie, dass Sie vital und voller Energie sind? Träumen Sie, kreieren Sie Bilder von Ihrer neuen Identität. Erfüllen Sie Ihre neuen Bilder mit einem Gefühl von Freude, Liebe und Vertrauen.

Nun sind Sie so weit gekommen, setzen Sie Ihren Weg fort. Bleiben sie dran, wiederholen Sie täglich Ihren neuen Glaubenssatz, und visualisieren Sie Ihr ideales Selbstbild.

Der Erfinder Thomas Alva Edison machte bekanntlich Tausende von Versuchen, bis er mit seinen Erfindungen erfolgreich war. Er gab einfach nicht auf. Henry Ford perfektionierte die Fließbandproduktion im Automobilbau, glaubte stets an seine Ideen – und gab niemals auf.

Geben auch Sie niemals auf. Stellen Sie sich Ihren Glaubenssatz bildlich vor, immer wieder und unermüdlich. Es wird Tage geben, da werden Sie aufgeben wollen, aber halten Sie durch. Je länger Sie durchhalten, desto mehr wird sich Ihr Leben verändern. Ihr Vertrauen wird wachsen, bis Sie den neuen Glaubenssatz vollkommen verinnerlicht haben.

Es macht durchaus Sinn, sich auf diesem Weg durch einen professionellen Mentaltrainer begleiten zu lassen. Er wird mit Ihnen gemeinsam Ihren neuen Glaubenssatz formulieren und Sie immer wieder motivieren, weiterzumachen.

Ein KRAFT-VOLLES Leben

JEDER KANN ZUM GEWINNER WERDEN

Vielleicht kennen Sie diese Menschen und schauen möglicherweise zu ihnen empor: in privilegierten Verhältnissen geborene und von Hause aus vermögende Leute. Auf der Gewinnerliste des Lebens stehen sie weit oben. Vielleicht denken Sie: »Das erreiche ich nie, ich bin kein solcher Gewinnertyp.«

Sind Sie sich da ganz sicher?

Stellen Sie sich vor, Ihr Leben sei eine Illusion, ein Spiel, ein Theaterstück. Ganz verschiedene Figuren sind an diesem Spiel des Lebens beteiligt. Da ist einmal der Drehbuchautor, dann der Regisseur, der Kameramann, der Hauptdarsteller, gefolgt von einer Menge Nebenfiguren. Welche Figur spielen Sie im Film Ihres Lebens? Überlegen Sie kurz.

Und hier ist das Geheimnis: Nur in einer einzigen Figur können Sie Gewinner werden. Die »Gesamtfigur«, die den Drehbuchautor, den Regisseur, den Kameramann, den Hauptdarsteller und alle Nebendarsteller zugleich beinhaltet.

Sie müssen *jede* dieser Rollen spielen. Sie sind sogar der Zuschauer und der Filmkritiker. Seien Sie sich dieser Verantwortung bewusst. In Ihrem Leben kann niemand etwas verändern, außer Sie selbst. Wenn Ihnen das Drehbuch nicht gefällt, dann ändern Sie es, oder schreiben Sie es neu. Wenn Ihnen Ihre Rolle keinen Spaß macht, dann verändern Sie diese. Nur Sie bestimmen, und letztendlich entscheiden Sie, was in Ihrem Leben läuft.

Nehmen Sie jetzt ein Blatt Papier zur Hand und schreiben Sie auf, wer oder was Sie daran hindert, Ihr Leben selbst zu bestimmen. Haben Sie einige Namen oder Umstände zusammengetragen, lesen Sie noch einmal das Kapitel *Loslassen* (siehe S. 114), und machen Sie alle dazugehörigen Übungen.

Wenn Sie alle Fesseln losgelassen haben, bleiben nur noch Sie auf der Bühne Ihres Lebens. Sie im Einklang mit Ihren Rollen. Sie und Ihre Selbstbestimmung. Einerseits ist das unbequem, da Sie von nun an die vollkommene Verantwortung tragen. Auch dann, wenn etwas schiefläuft. Andererseits sind Sie vollkommen frei, das in Ihrem Leben zu bewirken, was Sie gerne hätten, ohne Einschränkungen, ohne Rücksicht auf die Meinung anderer.

Legen Sie für einige Augenblicke das Buch beiseite. Schließen Sie die Augen, und atmen Sie diese Freiheit ein. Sie spielen ein Spiel – Ihr Lebensspiel –, und das oberste Gebot heißt: »Das Spiel findet zu meinen Freuden statt.«

Ein Leben als Gewinner zu führen heißt, ein kraftvolles Leben zu führen, und dieses beginnt mit einer Entscheidung. Sie müssen es wollen. Ihre Entscheidung verankern Sie in folgender Aussage: »Ja, ich entscheide mich, von nun an mein Leben als Gewinner zu führen, indem ich meine inneren Kräfte erkenne und nutze.«

Nehmen Sie ein Blatt Papier zur Hand, und schreiben Sie diesen Satz in großen Lettern auf. Und nun wenden Sie sich Ihrem freudvollen Leben zu.

BEGEISTERUNG ALS RESONANZ

Möglicherweise stehen Sie vor folgender Situation: Sie haben ein Ziel, Sie visualisieren es, Sie meditieren und machen im Grunde alles richtig. Die Wirkung des richtigen Denkens und die Bedeutsamkeit der Gefühle sind Ihnen bewusst. Sie arbeiten an Ihren Glaubenssätzen.

Und trotzdem sind Sie oft missmutig. Ungeduldig beobachten Sie Ihren Fortschritt. Jeder Fehler ist eine Katastrophe. Dann sind Sie angespannt und erhöhen den Druck. Es gelingt Ihnen nicht, sich in eine gelassene und freudige Grundstimmung zu versetzen. Die Visualisierung Ihrer Ziele fällt Ihnen schwer, und Affirmationen wirken zuweilen künstlich und unehrlich. Was nun? Nehmen Sie den Druck aus den Segeln, und sorgen Sie für mehr Lebensfreude, indem Sie sich kleine Freuden in den Alltag einbauen. Gönnen Sie sich während Ihres Tagesablaufs kurze Auszeiten und Genüsse. Beginnen Sie schon am Morgen damit. Sorgen Sie für einen abwechslungsreichen und aktiven Tagesablauf, und finden Sie Sinn in wirklich allem, was Sie tun.

Sagen Sie: »Ich liebe mein Leben. Ich freue mich.« Können Sie das voller Überzeugung sagen?

Warum sind Lebensfreude und Begeisterung so wichtig? Und warum kommen Sie ohne Lebensfreude nur schleppend voran? Weil Lebensfreude und Begeisterung Energien mit überragend starker und fördernder Resonanz sind. Mit Ihrer Lebensfreude ziehen Sie noch mehr Lebensfreude an, Sie ziehen noch mehr freudige Situationen in Ihr Leben. Die kleinen Freuden des Alltags erzeugen Ihre positive Grundstimmung, und diese ist das Tor zu Ihrem Unterbewusstsein.

Wenn ich Ihnen sage, dass Ihre Lebensfreude ein Schlüsselfaktor in Bezug auf Ihre Zielverwirklichung ist, hört sich das ganz einfach an und leuchtet ein. Doch genau dieser Faktor findet bei vielen Menschen keine Beachtung mehr.

Erfolg ist keine mathematische Formel im Sinne von mehr Leistungsdruck = mehr Erfolg. Erfolg unterliegt einem mentalen Gesetz: Mehr Lebensfreude = mehr Erfolg. Wenn Sie merken, dass Sie nicht vorwärtskommen, befassen Sie sich zuerst einmal mit dem Erfolgsfaktor »Lebensfreude«.

Sie können unterschiedlichste Dinge wählen und in Ihren Tagesablauf integrieren. Das kann ein Spaziergang mit Ihrem Hund sein, eine Tasse Tee, eine Kurzmeditation, ein Telefonat mit einer geliebten Person. Werden Sie erfinderisch. Wenn Ihnen im gegebenen Augenblick nichts einfallen will, dann beginnen Sie, eine Liste zu führen, was Sie wieder einmal tun könnten. Was Sie immer wieder in gute Stimmung bringt.

Unterschätzen Sie die positive Wirkung dieser kleinen Alltagsfreuden nicht. Diese »Glücksfaktoren« beeinflussen Ihre Grundstimmung, Sie werden optimistischer und aus dem »gewöhnlichen« Film Ihres Lebens wird ein freudvoller. Nach dem Gesetz der Resonanz und der Aufmerksamkeit ziehen Sie dann noch mehr Freude in Ihr Leben.

Da Körper, Geist und Seele eine Einheit sind, lässt sich das eine vom anderen nicht trennen. Wenn Sie in einer optimistischen Grundstimmung sind, tun Sie auch etwas für die Gesundheit Ihres Körpers. Die Energie fließt durch jede Zelle ihres Körpers, Ihr Energietank füllt sich, und Sie ermüden weniger.

Beachten Sie: Ob Sie sich an kleinen oder großen Dingen des Lebens erfreuen, spielt für das Universum keine Rolle. Sie erzeugen in beiden Fällen die gleichen Energien. Die Resonanz der kleinen Freuden ist ebenso wirksam wie die Resonanz der großen Freuden. Es bedarf keiner großen und umwerfenden Glückserlebnisse, lernen Sie, sich an ganz kleinen Dingen zu erfreuen. Ihre Stimmung ist nichts Nebensächliches. Ganz im Gegenteil: Sie ist alles. Machen Sie sich deshalb Begeisterung zum Lebensprinzip. Entscheiden Sie sich, alles was Sie tun, begeistert zu tun. Ihre Einstellung, sich für das, was Sie tun, zu begeistern, macht den Unterschied, und bringt Sie weit nach vorne.

Vielleicht denken Sie jetzt, um glücklich zu sein braucht es mehr als Ihren alltäglichen Kleinkram. Erstens geht folgende Gleichung auf: Alltäglicher Kleinkram + Begeisterung = Glückserlebnisse, und zweitens: Zu über 90 Prozent bedeutet gewinnen, begeistert zu sein. Sie können das abwechslungsreichste Leben führen – wenn Sie sich daran nicht erfreuen, ist alles für nichts. Umgekehrt muss gar nichts Besonderes oder Spektakuläres geschen: Wenn Sie das Kleine und Einfache genießen, haben Sie ein erfülltes Leben. Lernen Sie also die Kunst, sich an allem zu erfreuen und begeistert zu sein. Ergänzen Sie Ihren alltäglichen Kleinkram mit eingestreuten Glanzpunkten. Wiederholen Sie immer wieder: »Ich bin begeistert, ich bin begeistert, ich bin begeistert.«

Unbeugsamer Optimismus

Ihre Entschlossenheit, optimistisch ins Leben zu schauen, wird entscheidend zu Ihrem Erfolg und Ihrem Glück beitragen. Deshalb sollte Ihnen Optimismus zur Gewohnheit werden.

Woran erkennen Ihre Mitmenschen, dass Sie ein Optimist sind?

› Optimisten suchen in jeder Situation, in jedem Misserfolg das Gute, die Lernchance. Sie machen Fehler und lernen aus ihren Fehlern. Dieses Lernen hilft ihnen, Erfolg zu haben.

> Optimisten packen ihre Probleme an. Sie lösen ihre Probleme und schieben sie nicht weg. Sie wissen, dass jedes Problem, das nicht gelöst wird, die Tendenz hat, größer zu werden. Sie dramatisieren ihre Probleme nicht, weil sie wissen, dass Probleme zum Leben dazugehören.
> Optimisten sind Menschen, die sich nicht als »Mülleimer« fremder negativer Gedanken und Aussagen missbrauchen lassen. Sie wählen ihr Umfeld sorgsam aus und sind sich der Gefahr negativer Nachrichten aus Zeitungen und Fernsehen vollkommen bewusst.
> Optimisten sehen nach vorne. Ihr wichtigstes Wort heißt »wie« – *Wie* heißt mein nächster Schritt? Wie löse ich mein Problem?
> Optimisten sind Menschen, die überzeugt sind, dass ihre Probleme vorübergehend sind, dass sie ihre Probleme kontrollieren können und diese nur mit einer bestimmten Situation im Zusammenhang stehen. Optimisten bewahren in jeder Situation die Kontrolle.

Pessimisten hingegen denken, dass ihre Schwierigkeiten nie aufhören werden, und diese auch nicht kontrollierbar sind. Machen Sie sich bewusst: Ihren unbeugsamen Optimismus sieht man Ihnen an, er macht Ihre Ausstrahlung einzigartig.

Kennen Sie die Geschichte von dem positiven, lebensfrohen und dem negativ eingestellten kleinen Jungen? Ihre Eltern machten sich Sorgen, weil die beiden so gegensätzlich waren. An Weihnachten beschlossen sie, diesen Unterschied etwas auszugleichen. Die Familie saß beim Weihnachtsbaum und alle Geschenke darunter waren für den negativen Jungen. Dieser öffnete jedes Geschenk und beklagte sich. Er fand immer etwas, das nicht in Ordnung war. Der positive Junge saß daneben, und am Ende sagte er: »Bekomme ich auch etwas?«
»Ja«, sagten die Eltern, »dein Geschenk ist in der Garage.«
Der positive Junge ging in die Garage und fand dort einen zwei Meter hohen Haufen Pferdedung.
»Das ist dein Geschenk«, sagten die Eltern.
»Danke vielmals«, sagte der positive Junge, und die Eltern kehrten zurück ins Haus. Nach einer halben Stunde fiel den Eltern auf, dass der positive Junge noch nicht zurückgekehrt war. So gingen sie in die Garage, um nachzuschauen. Sie fanden den Jungen auf dem Haufen sitzen und spielen. Er wühlte im Pferdedung, warf ihn lachend umher und hatte eine wunderbare Zeit.
Die Eltern fragten: »Was machst du da?«
Der Junge lachte und sagte: »Ich suche das Pony. Wenn das alles Pferdedung ist, dann muss doch ein Pony darin versteckt sein.«

So ist es auch in Ihrem Leben. Da gibt es bestimmt eine Menge »Pferdedung«, Sie benennen es einfach anders. Sie sagen »Problem« oder »Misserfolg«. Der springende Punkt ist Ihre Sichtweise und Ihre Art, wie Sie den angeblichen Misserfolg interpretieren. Ihre Fähigkeit, aus einem Misserfolg Ihren persönlichen Nutzen und eine Lernerfahrung herauszuziehen, ist ein entscheidender Erfolgsfaktor.

Wie gesagt, auch wenn Sie zu 99 Prozent alles richtig machen, wenn Sie keine optimistische Einstellung haben, werden Sie verlieren.

Stellen Sie sich einmal folgendes Bild vor: Draußen im Universum befindet sich ein Raum, und in diesem Raum sitzt an einem runden Tisch eine Versammlung. Diese Versammlung, das sind Ihre Wünsche, Ihre Intuition, Ihre Stärken und Ihre Schwächen, alle sitzen gemeinsam an einem Tisch. Ihr einziges Anliegen ist es, Sie zum Erfolg zu bringen. Diese Versammlung ist auf Ihrer Seite, und Sie müssen ihr vertrauen. Alles, was sich in Ihrem Leben offenbart, wird von dieser Versammlung beschlossen.

Optimismus ist Ihre Einstellung, Ihre Überzeugung, dass Sie Ihr Ziel erreichen und gewinnen. Dazu gehört das uneingeschränkte Vertrauen in diese Versammlung: Alles, was geschieht, hat seinen Sinn und ist für Ihr Weiterkommen gut.

Mit dieser Einstellung werden Sie jedes Problem als Herausforderung annehmen. Sie wissen jetzt, dass dieses Problem etwas Gutes hat, etwas Gutes haben *muss*. Und dieses Gute werden Sie suchen und daraus lernen. Sie werden eine Erkenntnis erhalten, die Sie einige Schritte nach vorne bringt.

Wenn Sie sich immer wieder dieses Bild der Versammlung im Universum vor Ihr inneres Auge holen und Vertrauen zu dieser haben, wird es Ihnen leichter fallen, in guter Laune zu bleiben, auch wenn Sie Unangenehmes erleben. Sie wissen jetzt, dass alles Unangenehme eine tiefere Bedeutung hat, und deshalb bleiben Sie zufrieden, zielbewusst und begeistert. Und das ist das Entscheidende: trotz äußerer unangenehmer Situationen die Resonanz eines positiven Gefühls erzeugen. Oft können Sie unangenehme Situationen nicht vermeiden, aber wenn Sie es schaffen, sich in diesen Situationen eine konstruktive Denk-Art zu erhalten, wird es Ihnen einfach besser gehen. Sie fühlen sich nicht ohnmächtig, sondern selbstbestimmt.

Probieren Sie es einmal aus: Wenn Sie das nächste Mal in eine unangenehme Situation geraten, bleiben Sie bewusst optimistisch. Das heißt, Sie entscheiden sich ganz klar, positiv zu bleiben. Dabei nehmen Sie sich bewusst vor, sich mit aufbauenden Selbstgesprächen zu unterstützen. Verbieten Sie sich zu jammern. Verbieten Sie sich, als Opfer dazustehen und sich selbst zu bemitleiden. Bleiben Sie sachlich.

Optimismus stärken – Neue Aussagen suchen

Stellen Sie aus jeder unangenehmen Situation heraus Aussagen auf, die Ihnen einen Weg in ein positives Denken weisen und Sie an das Gute in Ihrem Leben erinnern. Beginnen Sie mit dem Wort »obwohl«:

› »Obwohl mich diese Sache quält, bleibe ich zuversichtlich, denn ich finde in meinem Leben viel Erfreuliches.«
› »Obwohl ich einen großen Fehler gemacht habe, bleibe ich entspannt. Ich habe schon viel Gutes zustande gebracht.«
› »Obwohl ich große Angst habe, bleibe ich konzentriert und auf meine Aufgabe fokussiert. Ich erinnere mich daran, dass ich Aufgaben früher bereits erfolgreich gelöst habe.«

Stellen Sie sich eine Sammlung solcher »Obwohl«-Aussagen zusammen. Diese werden Ihnen helfen, mental nicht abzurutschen. Die

Fähigkeit, Ihren inneren Zustand bewusst zu wählen, also bewusst konstruktiv zu bleiben, wird Sie von äußeren Einflüssen unabhängig machen. Sehr wirksam sind auch Erlaubnis-Aussagen:

› »Trotz dieser schlechten Nachricht erlaube ich mir, zufrieden zu sein.«
› »Trotz der Kündigung, erlaube ich mir, den Glauben an mich aufrechtzuerhalten.«
› »Trotz … , erlaube ich mir heute, mich über … zu freuen.«

Die Tagesregie

Sie sind erwacht, es ist Morgen. Neben Ihrem Leselämpchen sehen Sie ein halb leeres Wasserglas. Oder ist es ein halb volles Wasserglas? Was sehen Sie? Das, was Sie und wie Sie etwas am Morgen sehen, bestimmt den Verlauf Ihres ganzen Tages. Wer sind Sie am Morgen? Herr oder Frau Miesmut oder Herr oder Frau Fröhlich? Herr und Frau Miesmut sehen das halb leere Wasserglas. Herr und Frau Fröhlich sehen das halb volle Glas.

Es ist schwierig, gut gelaunt in den Tag zu starten, wenn Sie ein klassischer Morgenmuffel sind. In diesem Fall ist es ganz besonders wichtig, sich bereits am Morgen in gute Laune zu versetzen. Vermeiden Sie jede unnötige Hektik, legen Sie alles, was Sie am Morgen brauchen, bereits am Abend zurecht. Das kann viel zu Ihrer guten Laune beitragen. Wenn Sie aktiv und fröhlich in den Morgen starten, haben Sie die besten Chancen, auch den ganzen Tag über gut drauf zu sein. Hören Sie schöne Musik, bereiten Sie ein gesundes Frühstück vor, singen Sie beim Duschen.

Letztlich entscheiden Ihre Bilder, Ihr Kopfkino über das Wasserglas Ihres täglichen Lebens. Halten Sie am Morgen direkt nach dem Aufwachen eine »Tagesvorschau«. Beantworten Sie dabei die Fragen: Wofür bin ich dankbar? Worauf freue ich mich? Bereits diese Antworten lenken Ihre Gedanken auf eine positive Sichtweise. Wenn Sie Verabredungen haben, malen Sie sich diese aus. Stellen Sie sich die bevorstehenden Situationen als Erfolgsbilder vor: Mühelos bewältigen Sie Schwierigkeiten und bleiben innerlich gelassen.

Mit der »Tagesvorschau« beginnen Sie am besten bereits am Abend zuvor. Dabei speisen Sie Ihr Unterbewusstsein mit aufbauenden Gedanken und Bildern, die sich während Sie schlafen verfestigen. Ihre letzten Gedanken vor dem Einschlafen bestimmen Ihre Stimmung beim Erwachen.

Optimismus stärken – Das eigene fröhliche Wesen visualisieren

Pflegen Sie immer ein überzeugendes und fröhliches Auftreten. Wenn es in Ihrem Inneren nicht so fröhlich aussieht, dann spielen Sie vorerst die fröhliche Rolle. Tun Sie so als ob, es wird große Wirkung haben. Je öfter Sie diese Rolle spielen, desto schneller wird sie Ihnen zur Gewohnheit. Die neue Gewohnheit wird ein Teil Ihres Charakters und verändert ihn dementsprechend. Sie werden die Rolle nicht mehr spielen müssen, sie wird ein Bestandteil Ihrer Persönlichkeit sein.

Mit dieser Übung bereiten Sie Ihren nächsten »Auftritt« vor. Schreiben Sie auf ein Blatt Papier eine Situation nieder, in der Sie fröhlicher, konstruktiver und überzeugender wirken wollen. Denken Sie sich nun drei Dinge aus, die Sie tun werden, um die Rolle der Ruhe und Fröhlichkeit zu spielen. Schreiben Sie einen kleinen Film auf, der diese drei Punkte beinhaltet. Stellen Sie sich den Film möglichst lebhaft vor. Wenn die Gelegenheit kommt, realisieren Sie diese drei Dinge nach Plan. Auch hier gilt: Wenn Sie die drei Dinge in verschiedenen Situationen trainieren, entsteht aus einem Plan eine Gewohnheit, und aus der Gewohnheit wird ein Teil Ihrer Persönlichkeit.

Ein Schutzschild für die Seele

Sie können Ihre optimistische Ausstrahlung aufrechterhalten, indem Sie Ihr Unterbewusstsein vor Negativeinflüssen schützen. Stellen Sie Wächter vor das Tor Ihres Unterbewusstseins, die akribisch aussortieren.

Wovor sollen die Wächter Ihr Unterbewusstsein und damit Sie beschützen?

› Vor negativer Dauerberieselung
› Vor Miesmacher-Menschen
› Vor Versagensprophezeiungen

Die negative Dauerberieselung ist zur Dauergewohnheit des heutigen Menschen geworden. Darunter verstehe ich das stündliche Abhören derselben Radionachrichten, das Konsumieren der erschütternden Pressefotos und Sensationsblätter, das ständige Vor-dem-Fernseher-Sitzen. Man müsse ja schließlich informiert sein, werden Sie jetzt widersprechen. Doch fragen Sie sich, und beobachten Sie, was das Gehörte und das Gesehene in Ihnen auslöst. Wie lange wirkt eine Negativnachricht nach? Sie werden staunen, 30 Sekunden Nachdenken über einen emotional wichtigen positiven oder negativen Inhalt reichen aus, den Stimmungsgrundton für einen ganzen Tag vorzugeben.

Hinzu kommt, dass es in der Filmindustrie keine Grenzen mehr gibt. Je realistischer und negativer die Misere und die Verzweiflung von Menschen dargestellt wird, desto sicherer wird der Zuschauer gefesselt und schaut hin. Welchen Schaden trägt Ihr Unterbewusstsein davon? Haben Sie sich schon einmal überlegt, wie viele Adrenalinausschüttungen Ihr Körper erleidet, nur, weil Sie sich mit Negativnachrichten, die Sie keinen Schritt nach vorne bringen, füllen?

Auch Kriegs- und Dokumentarfilme stehen hoch im Kurs. Ich möchte Ihnen einen Fall von einer 16-jährigen Schülerin schildern, die zu mir in die Praxis kam. Zu dem Zeitpunkt, als sie bei mir Unterstützung suchte, war sie gerade erst von der Abschlussfahrt mit ihrer Klasse zurückgekehrt. Ihr Geschichtslehrer hielt einen dreitägigen Aufenthalt in Auschwitz für genau richtig. In den Tagen vor der Klassenreise studierten die Schüler Berichte und schauten sich Dokumentarfilme an. In Auschwitz besuchten sie das Museum und alle drei Lager, sie schritten durch die ehemaligen Gaskammern.

Nun saß die junge Frau vor mir, konnte nicht mehr schlafen, bekam die entsetzlichen Bilder der Filme nicht mehr aus Ihrem Kopf, weinte oft und fand das Leben beängstigend. Mich machte die ganze Geschichte wütend. Gehört es wirklich zur Allgemeinbildung, sich jede erdenkliche Grausamkeit vor Augen zu führen?

Selbstverständlich besitzt der Mensch einen freien Willen, und er kann sich für eine Sache entscheiden oder eben gegen sie. Ich fordere Sie nur auf, ein Bewusstsein für Ihre Entscheidungen, mit welchen Nachrichten Sie sich umgeben wollen, zu entwickeln. Es ist erlaubt, die eigenen Entscheidungen zu hinterfragen, sie zu revidieren und »Stopp« zu sagen. Niemand zwingt Ihnen eine Entscheidung auf.

Wenn sich die Katastrophenmeldungen auf zwei Beinen bewegen, wird es noch schwieriger. Haben Sie auch schon erlebt, dass Sie sich nach einer Begegnung und einem Gespräch mit jemandem anschließend nicht mehr wohlgefühlt haben? Ihre zuvor gute Stimmung war einfach weg.

Es ist nicht gleichgültig, mit welchen Menschen Sie sich umgeben. Werden Sie sensibel, und achten Sie darauf, welche Menschen Sie in Ihr Umfeld lassen. Es gibt solche, die über alle Tageskatastrophen Bescheid wissen und Ihnen, dem freiwilligen Zuhörer, nochmals jedes Detail berichten. Für diesen Klatsch und Tratsch haben Sie weder Zeit noch Lust. Gehen Sie solchen Zeiträubern aus dem Weg. Sie haben keine Zeit zu verlieren – lassen Sie sich daher nicht ablenken.

Dann gibt es die gutmütigen Miesmacher. Nach der Begrüßung werden Sie im Detail gemustert und besorgt gefragt, ob Sie nicht gut geschlafen hätten, ob Sie im Stress seien, oder wo Sie sonst so der Schuh drückt, schließlich sähen Sie heute besonders blass aus, hätten Augenringe und wirkten müde.

Und eine weitere Kategorie von Menschen, die Sie ab jetzt unbedingt meiden sollten, sind Menschen, die nur Versagerbotschaften für Sie bereithalten. Diese Menschen sind Ihre härteste Prüfung, denn die Versagerbotschaften kommen meistens aus dem eigenen Familien- und Freundeskreis. Lassen Sie es mich Ihnen an einem Beispiel aufzeigen: Sie haben ein Ziel, und Sie haben viele Ideen und einen Plan, wie Sie Ihrem Ziel immer näherkommen. Das gibt Ihnen Lebenskraft, Sie sind voller Tatendrang und möchten, dass die Menschen um Sie herum an Ihren Träumen und Ihrer Zuversicht teilhaben. Sie erzählen Ihre Pläne. Nun wird es eine Menge Menschen geben, die Sie davon überzeugen wollen, dass Ihre Träume sinnlos sind, weil Sie sie ja doch nicht erreichen. Diese Menschen werden Ihnen aufzählen, wer alles gescheitert ist, und Sie sollen sich mit dem begnügen, was Sie bereits haben.

Diese Versagerbotschaften wollen Ihnen signalisieren, dass Sie falsch liegen. Die meisten Menschen werden Sie mit Versagerbotschaften überhäufen. »Das ist nichts für dich!« »Andere haben es auch nicht geschafft!« »Du verstehst doch nichts davon!« Deshalb müssen Sie sehr stark sein. Treffen Sie eine wichtige Entscheidung: »Ich beschließe heute, nicht auf die Versagerbotschaften anderer zu hören.«

Oder noch besser: Sie können beschließen, über Ihre Pläne und Ziele gar nicht zu sprechen. »Wenn du still bist, bist du sicher – Stille verrät dich nie«, sagte John Boyle O'Reilly. Je weniger Menschen von Ihren Plänen wissen, desto geringer ist die Wahrscheinlichkeit, dass sie entmutigt oder ausgelacht werden.

Entwickeln Sie ein Netzwerk mit Menschen, die so denken wie Sie. Es ist eine wichtige Erfahrung, eine Inspiration, sich mit Gleichgesinnten zu treffen und zu unterhalten. Dadurch wächst Ihre Selbstsicherheit, und Ihre Leistung wird besser.

Es ist ganz falsch zu denken, Sie seien verpflichtet, negativen Menschen zuzuhören. Sich als psychischer »Mülleimer« missbrauchen zu lassen, hat nichts mit Empathie zu tun. Gar nichts. Der Umgang mit negativen Menschen hat Ihnen noch nie positive Ergebnisse gebracht, oder? Also ändern Sie etwas. Sie müssen sich nicht mit negativen Menschen umgeben.

Affirmative Körperhaltung

Es ist absolut kontraproduktiv, wenn Sie ein Ziel visualisieren, von Erfolg träumen und dann wie ein Versager durch die Gegend schleichen – mit dem Argument, Sie seien halt in keiner guten Stimmung.

Nehmen Sie sich ernsthaft vor: Alles, was Sie anstreben, unterstützen Sie mit einer affirmativen Körperhaltung. Die affirmative Körperhaltung wird heute auch als »Body-Management« bezeichnet und meint eine Methode, mit der Sie in 2 Minuten sofort und dauerhaft Ihre Stimmung zum Positiven verändern können.

Es gilt: Je aufrechter Ihre Körperhaltung, desto aufrechter ist Ihre Stimmung. Eine positive Körperhaltung verursacht positive Gefühle und eine positive Stimmung.

Stellen Sie sich einmal vor, Ihnen gegenüber sitzt jemand, der sich im Zustand tiefer Niedergeschlagenheit befindet. Was vermuten Sie?

> › Wie hält dieser Mensch seinen Kopf – gerade oder eher nach unten gesenkt?
> › Wohin sind seine Augen gerichtet – nach oben oder zu Boden?
> › Sind seine Schultern nach vorne gesunken?
> › Weisen seine Mundwinkel nach oben oder eher nach unten?

Nehmen Sie einmal diese Körperhaltung ein, atmen Sie zusätzlich flach und ruckartig. Ganz gleich, wie es Ihnen dabei emotional geht, sagen Sie mit weinerlichen Stimme: »Ich bin ein echter Power-Typ und so richtig gut drauf.« Ist das möglich? Hier stimmt etwas nicht. Körperhaltung und Aussage sind nicht kongruent.

Nehmen Sie nun die entgegengesetzte Körperhaltung ein. Am besten stellen Sie sich ein Portrait von Napoleon vor. Ihr Rücken ist aufrecht und gerade, der Bauch geht rein, Sie halten den Kopf gerade und lächeln. Mit geballter Faust (Power-Faust) schlagen Sie in Ihre andere Hand und sagen dabei mit kraftvoller Stimme: »Ich bin vollkommen am Boden zerstört.« Ist das möglich? Natürlich nicht, auch hier sind Ihre Körperhaltung und Aussage nicht kongruent.

In der Power-Haltung können Sie sich gar nicht schlecht fühlen. Sie müssen sich ordentlich anstrengen, um in dieser Haltung Niedergeschlagenheit und Minderwertigkeit zu kultivieren.

Diese Experiment zeigt uns: Nicht nur Ihre Stimmung beeinflusst die Körperhaltung, sondern Ihre Körperhaltung beeinflusst auch Ihre Stimmung. Über Ihre Körperhaltung können Sie Ihre Stimmung verändern. Das ist eine wunderbare Entdeckung, oder? Das Gehirn registriert die Körperhaltung als Botschaft, als Impuls, und beginnt, in kurzer Zeit die dazugehörigen Gefühle zu produzieren. Zu einem aufrechten Lebensgefühl gehört eine aufrechte Haltung. Körper, Bewusstsein und Unterbewusstsein sind eins. Bewusstsein und Unterbewusstsein wirken direkt auf Ihren Körper. Über den Körper drücken Sie Ihre Gefühle und Ihre Stimmung aus.

Doch es läuft auch in umgekehrter Richtung: Ihre Gefühle und Ihre Stimmung werden durch den Körper beeinflusst.

Zusammengefasst: 2 Minuten »so tun als ob«, und Sie sind in einer besseren Stimmung.

Wie wichtig eine affirmative Körperhaltung ist, zeigen uns erfolgreiche Sportler. Betrachten Sie zum Beispiel die Athleten beim Betreten des Stadions. Ihre Körperhaltung signalisiert die völlige Gewissheit ihres Sieges.

Vor dem Start visualisiert der Sportler den gesamten Ablauf seines Erfolges. Unzählige Male durchläuft er in Gedanken seine Bewegungen und konzentriert sich auf das Ziel. Alle aktiven Gedanken werden ausgeschaltet. Im Geist verschmilzt er vollkommen mit seiner Leistung. In diesen Momenten befindet sich der Sportler in völliger Resonanz mit seinem Ziel.

Haben Sie schon einmal beobachtet, was ein Spitzensportler macht, bevor er zum Start geht? Er springt, er ballt die Siegerfaust, er brüllt, er klatscht in die Hände, er motiviert sich. Er nutzt die Körper-Geist-Beziehung. Sein Körper und sein Geist sind eins und stehen gegenseitig in Resonanz. Kurz: Wie der Geist, so der Körper. Wie der Körper, so der Geist.

Fröhlichkeit durch körperliche Betätigung

Machen Sie diese Übung, wenn Sie traurig oder bedrückt sind.

Denken Sie an Ihre gegenwärtige Situation, in der Sie nicht glücklich sind. Nehmen Sie Ihre Körperhaltung wahr. Korrigieren Sie diese Haltung bewusst, indem Sie die Schultern nach hinten nehmen und den Kopf gerade halten. Machen Sie das, was die Sportler auch tun: Klatschen Sie in die Hände, und ballen Sie die Fäuste. Machen Sie Freudensprünge, und singen oder brüllen Sie dazu.

Wie fühlen Sie sich jetzt? Sind Sie so energiegeladen, dass Sie Bäume ausreißen könnten?

Finden Sie Ihre eigene »Es-geht-mir-hervorragend-Bewegung«, die Sie in eine gute Stimmung versetzt. Die geballte Hand zur Sieger-Faust könnte so eine Bewegung sein.

Mit Power-Haltung durch den Tag

Sind Sie schon einmal müde und zerschlagen aufgewacht? Haben Sie sich ins Badezimmer geschlichen und wagten kaum, in den Spiegel zu schauen? Haben Sie im Vorbeigehen den Kaffee stehend getrunken, sich mit einem »Bis später« von Ihrem Partner verabschiedet und sind zum Auto geschlurft? Den Tag verbrachten Sie dann mehr oder weniger in einer geduckten Körperhaltung und warteten vergeblich auf jemanden, der Sie motiviert?

ÜBUNG

Stellen Sie sich nun vor, eine versteckte Kamera würde Sie filmen und zwar vom ersten Augenblick an, in dem Sie Ihre Augen öffnen, bis zu dem Zeitpunkt am Abend, in dem Sie zu Bett gehen. Würden Sie etwas verändern? Vermutlich schon. Verändern Sie auch ohne die versteckte Kamera etwas!

So können Sie mehr Stimmung in Ihr Leben bringen:

› Nach dem Aufwachen vervielfacht ausgiebiges Gähnen die Sauerstoffzufuhr. Strecken und rekeln Sie sich nach Herzenslust.
› Schleichen Sie verschlafen ins Badezimmer oder signalisiert Ihr Schritt Lebensfreude und Neugierde auf den bevorstehenden Tag?
› Kleben Sie einen Smiley an den Rand Ihres Badezimmerspiegels, der Sie augenblicklich in gute Laune versetzt.
› Befestigen Sie an der Badezimmerwand einen Zettel mit der Affirmation: »Ich bin mir ganz sicher, dass ich heute etwas Wundervolles erleben werde!«
› Ihre Atemübungen und Ihre Morgenmeditation sorgen für einen gelassenen und kraftvollen Einstieg in den Tag.
› Begrüßen Sie ihren Partner mit einem strahlendem Lächeln und liebevollen Worten.
› Ohne Katastrophennachrichten aus dem Radio und ohne Zeitunglesen genießen Sie bewusst den Morgenkaffee.
› Mit dynamischem Schritt und vor sich hin pfeifend steigen Sie in Ihr Auto und fahren zur Arbeit. Freuen Sie sich auf Ihre Arbeit.
› Mittags essen Sie eine gesunde und leckere Mahlzeit und runden alles mit einem kurzen Spaziergang ab.

Schaffen Sie neue Gewohnheiten, die Sie glücklich machen und Ihren Tag verschönern. Das Leben setzt sich aus Gewohnheiten zusammen.

Ein Geschäftsmann kam zum Meister und wollte von ihm wissen, was das Geheimnis eines erfolgreichen Lebens sei.
Der Meister antwortete: »Mache jeden Tag einen Menschen glücklich!«

Nach einer Weile fügte er hinzu: »… auch wenn du selbst dieser Mensch bist.«
Und schließlich sagte er: »Vor allem, wenn du selbst dieser Mensch bist.«

Was ist für Sie Lebensqualität?

Haben Sie den Morgen kraftvoll begonnen, kann praktisch nichts mehr schiefgehen. Es lohnt sich daher, noch einen Schritt weiterzu-gehen und über den Feierabend nachzudenken. Vielleicht haben Sie sich am Abend, nachdem Sie müde nach Hause gekommen waren, vorgenommen, sich nur ein Viertelstündchen auf die Couch zu legen, um sich auszuruhen. Mit Erstaunen haben Sie dann fest-gestellt, dass Sie das Liegen noch müder gemacht hat. Ihr Vorsatz, noch dieses oder jenes zu tun, blieb damit auch liegen. Ihre Stim-mung wird sich zwischen lustlos und gereizt bewegt haben.

Was ist zu tun, wenn Sie sich vorgenommen hatten, etwas zu er-ledigen und dann einfach keine Lust mehr dazu haben? Was ist zu tun, wenn Sie sich für Bewegung in der Natur entschlossen hatten und dann doch zu Hause geblieben sind?

Die Gegenmaßnahme ist ganz einfach. Beginnen Sie. Tun Sie es trotzdem. Gehen Sie joggen oder spazieren, auch wenn Sie müde sind oder es draußen regnet. Sie werden selbst erleben, wie sich durch Bewegung auch Ihre Stimmung bewegt. Ihr Körper setzt stimmungsaufhellende Hormone (Endorphine) frei. Bald werden Sie sich weniger müde fühlen.

Zur Lebensfreude gehört Bewegung, Bewegung führt zu Lebens-freude. Bewegen Sie sich nach eigenen Möglichkeiten, und wählen Sie nach eigenem Geschmack die Art der körperlichen Betätigung. Denken Sie nicht nach dem Motto »Alles oder nichts«. Beginnen Sie mit wenig und leicht und steigern Sie. Wenig ist besser als nichts.

ÜBUNG

DEM LEBEN EINEN
SINN GEBEN

Ich bin überzeugt, dass sich jeder Mensch ein Leben wünscht, das mit Sinn erfüllt ist. Wer will sich schon abmühen und abstrampeln, ohne zu wissen warum, bis die Batterie vollkommen leer ist. Ein Ziel, eine Ausrichtung gibt dem Menschen die Kraft, die er braucht, um mit einem guten Gefühl vorwärtszugehen. Somit ist der Lebenssinn immer mit einer Ausrichtung auf ein Ziel verbunden, worin auch immer dieses Ziel bestehen mag. Die Herausforderung ist, in jeder noch so einfachen Tätigkeit einen Sinn zu finden.

Tun Sie es nicht dem Fisch aus folgender Geschichte gleich, der irgendwo im Ozean schwamm:
Als er auf einen anderen Fisch traf, fragte er diesen: »Entschuldige bitte, du bist so viel älter und erfahrener als ich. Sag mir, wo ich die Sache finden kann, die man Ozean nennt? Ich habe bisher überall vergeblich danach gesucht.«
»Der Ozean«, sagte der ältere Fisch, »ist das, worin du jetzt gerade schwimmst.«
»Das? Aber das ist nur Wasser. Ich suche doch den Ozean!«, rief der junge Fisch enttäuscht und schwamm davon, um woanders weiterzusuchen. Ersetzen Sie in dieser Geschichte das Wort »Ozean« durch »Sinn«, »Wasser« durch »Leben«.

Sinnfindung ist eine wünschenswerte Voraussetzung für ein kraftvolles Leben. Sinn gibt Energie, erzeugt Freude, Zufriedenheit und Glück. Sinn mobilisiert die Fähigkeit, auch Entbehrungen, Mühe und Enttäuschungen gesund zu überstehen. Sinnlosigkeit hingegen kann zu Apathie führen, im Extremfall zu Lethargie. Sinnlosigkeit ist lebensgefährlich, da sie in letzter Konsequenz zu Suizid führen kann.

Immer wieder mache ich die Erfahrung, dass Mentaltraining falsch verstanden wird. Selbstverständlich kann es sehr gut eingesetzt werden, um negative Gefühle, negative Glaubenssätze, Misserfolge – alles, was den Menschen bedrückt –, aufzulösen und zu behandeln.

Es ist Zeit, den Fokus zu verändern und Mentaltraining als das zu betrachten, was es wirklich ist: Die Stärkung und die Vermehrung des Positiven. Sinn, Erfolg und Gefühle wie Freude und Glück stehen im Vordergrund und sollen gefestigt werden. Dies ist die wahre Aufgabe des Mentaltrainings.

Die Behauptung, der Lebenssinn könne von jedem in jeder Tätigkeit gefunden werden, ist keineswegs übertrieben. Wie Sie sich erinnern, besitzt der Mensch die Fähigkeit, seine Gedanken in jede Richtung zu steuern. Das ist möglich, weil Gedanken grundsätzlich richtungslos sind. Die Richtung geben Sie vor! Denken Sie an die Geschichte mit dem Fisch. Sie sind der Fisch. Sie schwimmen bereits im Ozean. Sie müssen ihn nur noch erkennen.

So ist in letzter Konsequenz die Sinnfindung eine Frage der Entscheidung. Jederzeit können Sie Ihr Leben als sinnvoll betrachten oder nicht, in dieser Entscheidung liegt Ihre Freiheit. Von dieser Entscheidung hängt es ab, ob Sie sich wohlfühlen oder nicht, ob Sie glücklich sind oder nicht.

Ihr Entschluss, ob Sie etwas als sinnvoll oder als sinnlos erleben wollen, hat einen großen Einfluss auf Ihre Zufriedenheit, auf Ihre Energie und auf die Ergebnisse, die Sie erzielen. Zögern Sie deshalb nicht länger, geben Sie jeder Tätigkeit, die Sie tun, einen Sinn. Oder lassen Sie die Tätigkeit ganz sein.

Ihre Entscheidung zählt. Vielleicht denken Sie jetzt: »Ich bin machtlos und den Umständen ausgeliefert, ich kann doch nicht selbst entscheiden, ich muss Geld verdienen.« In diesem Fall haben Sie nur drei Möglichkeiten:

1. Sie treffen die Entscheidung, es nicht zu tun.

2. Sie treffen die Entscheidung des Perspektivenwechsels, und Sie suchen in Ihrer Tätigkeit einen Sinn.

3. Sie leiden, weil alles so bleibt, wie es ist.

Möglicherweise widersprechen Sie: »Ich kann mich weder für die erste noch für die zweite Möglichkeit entscheiden.« Sind Sie sicher oder vermuten Sie nur?

Machen wir zusammen ein etwas makabres Experiment: Stellen Sie sich vor, ich halte Ihnen einen geladenen Revolver an die Schläfe und sage: »Wenn Sie sich für drei entscheiden, drücke ich ab.« Wie entscheiden Sie sich jetzt?

Viele Menschen befinden sich in einer Warteschleife. Sie leben vor sich hin und warten, bis da draußen jemand auftaucht und sagt: »Hier ist ein Ziel. Es zu erreichen, wird deinem Leben einen Sinn geben.« Dieser Mensch von da draußen kommt aber nicht. Und so lassen sich viele treiben wie ein Segelschiff ohne Hafen. Sie vergeuden unendlich viel Energie durch Zweifel und Angst oder Reue und Schuldgefühle durch nie endendes Warten. In ihrer Unzufriedenheit gefangen, nehmen sie ihre Situation als gegeben hin.

Doch wer sagen kann: »Mein Leben macht Sinn, das, was ich tue ist sinnvoll, ich liebe das, was ich tue«, darf sich glücklich schätzen. Dem Leben einen Sinn abzugewinnen, ist das Geheimnis der inneren Motivation. Dieser Sinn ist der innere Motor.

Wie kommt der Mensch mit dem Sinn des Lebens in Berührung? Wie fühlt sich Sinn an – und wie die Sinnlosigkeit?

Das sinnvolle Leben wahrnehmen

Schließen Sie Ihre Augen, und vergegenwärtigen Sie sich eine private oder berufliche Begebenheit, die Sie als absolut sinnlos bewertet haben. Was ist geschehen? Was gab Ihnen die Überzeugung, dass sie sinnlos war? Wie hat sich diese Sinnlosigkeit angefühlt?

Nun vergegenwärtigen Sie sich eine private oder berufliche Gegebenheit, die Sie als sinnvoll erlebt haben. Was geschah in diesem Beispiel? Warum war sie sinnvoll? Welches Gefühl empfanden Sie dabei?

Nun vergleichen Sie diese beiden Gegebenheiten. Worin unterscheiden sie sich grundsätzlich? Welche Rolle spielten Sie jeweils? Mit welcher Einstellung sind Sie in die jeweilige Situation eingestiegen? Hatten Sie die Kontrolle über die Situationen, in welcher Situation fühlten Sie mehr Kontrolle? Hatten Sie sich bewusst für diese Situationen entschieden, oder passten Sie sich Umständen an, indem Sie äußeren Zwängen nachgaben?

Situationen erleben Sie tendenziell als sinnvoller, wenn

› Sie sich bewusst dafür entscheiden.
› Sie Kontrolle über das Geschehene bewahren.

Sinn ist überall

Zusammengefasst: Ohne das eigene Leben als sinnvoll zu erleben, sind positive Empfindungen wie Freude, Lebenslust, Kreativität, Optimismus, Motivation und innere Gelassenheit nur bedingt möglich. Wenn Sie diese Eigenschaften nicht wenigstens zeitweise aufbringen, können Sie keinen dauerhaften Erfolg haben. Erfolg setzt voraus, sich verändern und entwickeln zu wollen. Erfolg heißt, Risiken einzugehen und den sicheren Boden zu verlassen. Erfolg bedeutet, an sich zu glauben und unbeirrt den eigenen Weg zu gehen. Ist das möglich, wenn der eigene Lebenssinn in Frage steht?

Erinnern Sie sich daran: Ihre schöpferische Kraft kann erst wirksam werden, wenn sie mit Ihrem guten Gefühl einhergeht. Ihr gutes Gefühl ist das Fundament Ihrer Ausstrahlung. Das und die Fähigkeit, Ihr Leben als sinnvoll anzusehen, stehen in direktem Zusammenhang und bedingen einander. Am Beispiel »Selbstsicherheit« will ich Ihnen diesen Zusammenhang erläutern:

Damit Sie erfolgreich sind, bedarf es eben dieser wichtigen Eigenschaft: Ihrer Selbstsicherheit. Diese trägt wesentlich zu Ihrer einnehmenden Ausstrahlung bei. Je selbstsicherer Sie auftreten, desto charismatischer ist Ihre Ausstrahlung. Alle oben aufgeführten positiven Empfindungen wie Freude, Lebenslust, Kreativität, Optimismus, Motivation oder innere Gelassenheit korrelieren mit Ihrer Selbstsicherheit. Das bedeutet: Ist Ihre Selbstsicherheit gering, werden Sie wenig Mut zur Kreativität aufbringen, Ihre Motivation ist nur mittelmäßig, und Ihre Lebenslust hält sich in Grenzen. Da Sie sich mangels Selbstsicherheit bedroht fühlen, ziehen Sie sich gerne zurück und gehen keine Risiken ein. Ihr Erfolg bleibt aus.

Sie stehen an einer Weggabelung: Wollen Sie erfolgreich sein, müssen Sie Selbstsicherheit trainieren. Ansonsten wird Ihnen Ihr Leben sinnlos erscheinen, und Sie sehen keinen Grund darin, über Ihren eigenen Schatten zu springen und Ihre Selbstsicherheit zu optimieren. Kreative Gedankenblitze lassen Sie unbeachtet, Sie bleiben lieber in der Passivität, als eine Veränderung vorzunehmen.

Umgekehrt gilt: Ihre Selbstsicherheit führt zu Freude, zum Glauben an sich selbst und damit zu Motivation: »Ja, ich will mein Leben verändern und die erforderlichen Schritte tun.«

Nicht zuletzt verleiht Ihnen Selbstsicherheit ein hohes Maß an innerer Gelassenheit.

Es ist ein Kreislauf: Sinn – Lebensfreude – Selbstsicherheit.

Nun wird Selbstsicherheit einem nicht einfach so geschenkt. Sie muss erarbeitet werden. Wer lernt, sich Problemen zu stellen und diese zu lösen, wer Enttäuschungen und Misserfolge überwunden und Angst und Schwierigkeiten bewältigt hat, wird mit einem hohen Maß an Selbstsicherheit belohnt. Das Gefühl der Bewältigung führt zu Würde und beeinflusst in hohem Maß die Selbstsicherheit und den Selbstwert.

Erfolg zu haben ist, das Ergebnis einer Kettenreaktion: Wenn Sie das, was Sie tun, als sinnvoll empfinden, werden Sie es gerne tun. Daraus resultiert Lebensfreude.

Diese mobilisiert die Bereitschaft, sich Herausforderungen und Problemen zu stellen. Die Bewältigung der Probleme führt zu mehr Selbstsicherheit.

Selbstsicherheit ist ein Erfolgsfaktor.

Am Anfang dieser Kette steht der Sinn. Am Ende dieser Kette steht der Erfolg. Was ist Ihnen in Ihrem Leben wichtig? Welche Werte leben Sie?

Werte sind Ihre Vorstellungen, die Sie über Ihr Leben haben. Sie fühlen sich dann am wohlsten, wenn Sie in Übereinstimmung mit diesen Werten leben. Diese Werte können Charisma, Ehrlichkeit, Häuslichkeit, Kinder, Erholung, Höflichkeit, Geld, Pflichtbewusstsein, oder Sportlichkeit sein. Dies sind nur einige wenige Beispiele.

Menschen, die nach Ihren Wertvorstellungen handeln, leben glücklicher, erfolgreicher und beurteilen Ihr Leben als sinnvoller.

Den Lebenssinn erkennen

Machen Sie diese Übung vor allem dann, wenn Sie Ihr Leben als vorwiegend sinnlos erachten. Diese Übung kann Ihnen überdies die Frage beantworten, ob Sie wirklich nach Ihren Werten leben.

Nehmen Sie ein Blatt Papier, und teilen Sie es in der Mitte durch einen senkrechten Strich. Auf der linken Seite notieren Sie die wichtigsten Werte für Ihr Leben. Hier könnte zum Beispiel Familie, Natur, Gesundheit, geistige Entwicklung, Zeit, finanzielle Sicherheit, Arbeitsplatz, Entspannung, Ruhe, Kreativität und Ehrlichkeit stehen. Vermutlich werden sich die für Sie wichtigeren Werte am Anfang der Liste befinden.

Nun widmen Sie sich der rechten Seite. Notieren Sie hier, wie Ihr üblicher Tagesablauf aussieht, ein ganz gewöhnlicher Arbeitstag.

ÜBUNG

Beginnen Sie zum Beispiel mit: »Sechs Uhr aufstehen, schnell Kaffee trinken ...«

Vergleichen Sie jetzt die beiden Spalten. Wahrscheinlich vermuten Sie bereits die Botschaft dieser Übung: Wenn für Sie Gesundheit ein hoher Wert ist, wie passt das mit Ihrem modernen Junkfood zusammen? Wenn Natur weit oben auf der Liste steht, wie passt es dann dazu, dass Sie Ihren Feierabend täglich bei gemütlichem Fernsehkonsum verbringen? Wenn Familie für Sie ganz weit oben steht, warum arbeiten Sie dann täglich 10 Stunden, gehen danach an dem einen Abend direkt ins Fitness-Studio und am nächsten in den Schachclub?

Denken Sie über die Erkenntnisse nach, die Sie aus dieser Übung ziehen. Bringen Sie Ihre Lebensführung mit Ihren Werten in Einklang. Was lässt sich sofort verändern? Welche größeren Veränderungen sind notwendig? Nehmen Sie sich zuerst kleine Veränderungen vor, die größeren notieren Sie als längerfristige Ziele.

Den Sinn in der Arbeit finden

Der Sinn ist überall, ob Sie einen Bus fahren, Post verteilen oder ein Unternehmen leiten. Ihre Tätigkeit sollte Ihnen so viel Vergnügen bereiten, dass Sie sich jeden Abend darauf freuen, am nächsten Tag weiterzumachen.

Wenn Sie zurzeit Ihre Arbeit als etwas betrachten, das mit Ihrem eigentlichen Leben nichts zu tun hat, und Sie diese nur verrichten, um zu überleben, graben Sie jetzt ganz tief, und entdecken Sie eine Verbindung zwischen Ihrer Arbeit und Ihren Wertevorstellungen. Damit geben Sie Ihrer Arbeit einen Sinn. Graben Sie, auch wenn Sie einen Job ausführen, den Sie zu hassen glauben.

Den Sinn in der eigenen Tätigkeit entdecken

Legen Sie das Buch kurz beiseite, und denken Sie über Ihre tägliche Tätigkeit nach. Was sehen Sie in Ihrer Vorstellung? Zum Beispiel: »Ich bin Zahnarztassistentin und sehe mich für die bevorstehende Behandlung die Instrumente bereitlegen.«

Zerpflücken Sie in Ihrer Vorstellung die Tätigkeit in kurze Episoden: »Ich empfange den Patienten, ich begleite ihn ins Behandlungszimmer, ich weise ihm den Platz, ich lege die Instrumente bereit, ...«

Reihen Sie die einzelnen Teiltätigkeiten aneinander, und beginnen Sie jede Aussage folgendermaßen:

› »Ich sehe einen Sinn darin, den Patienten zu empfangen, weil ...«
› »Ich sehe einen Sinn darin, ihn ins Behandlungszimmer zu begleiten, weil ...«
› »Ich sehe einen Sinn darin, ihm den Platz zu weisen, weil ...«

Fahren Sie auf diese Weise geduldig fort. Sie werden folgende Entdeckung machen: In jeder noch so kurzen Teiltätigkeit war der Sinn immer schon da, Sie haben ihn nur vergessen oder übersehen.

Mit dieser Übung beleben Sie ihn wieder. Selbstverständlich können Sie jede Tätigkeit auf diese Weise zerlegen: Haus putzen, Einkaufen, Büroarbeiten erledigen ...

Zum Abschluss die Geschichte von den drei Dombauern ...

... an einer großen Baustelle kam einmal ein Spaziergänger vorbei und fragte drei Arbeiter: »Was macht ihr hier?«
Der erste drehte sich zum Spaziergänger um und gab zur Antwort: »Ich klopfe hier Steine.«

ÜBUNG

»Ich verdiene hier mein Geld«, antwortete der zweite.
Und der dritte? Der überlegte kurz und sagte voller Stolz in seiner Stimme: »Ich helfe mit, an einem Dom zu bauen.«

Um die positive und beglückende Einstellung des dritten Arbeiters zu erlangen, formulieren Sie Ihre Arbeitssituation wie in der Geschichte so, dass sie dieser Einstellung entspricht.

Ein motivierender Arbeitsplatz unterstützt Sie wesentlich dabei, Ihre Arbeit gerne zu verrichten. Fühlen Sie sich an Ihrem Arbeitsplatz wohl, ist er ein »Wohlfühl-platz«. Es sind meistens Kleinigkeiten, die dafür sorgen, dass Sie Ihren Arbeitsplatz als einen angenehmen oder eher unangenehmen Ort wahrnehmen. Es beginnt bereits mit ganz einfachen Dingen wie dem Licht. Ein zu grelles oder zu schumm-riges Licht schlägt schnell auf das Gemüt.

Bringen Sie etwas von Ihrer Persönlichkeit an Ihrem Arbeitsort ein. Um das Weiß oder Grau der Bürowände etwas aufzumuntern, hängen Sie ein stimmungsvolles Bild auf oder einen motivierenden Sinnspruch, der sie täglich be-gleiten soll. Kurz: Umgeben Sie sich mit Dingen, die Sie mögen. Mit einer Blume verbessern Sie sogar das Raumklima.

Sie fühlen sich zudem unmittelbar wohler, wenn Sie Blickfreiheit haben. Was sehen Sie, wenn Sie von Ihrer Arbeit aufblicken? Beim Arbeiten gegen eine Wand zu sehen, ist nicht besonders schön und sorgt für bedrückte Stimmung. Blickfreiheit schaffen Sie auch damit, dass Ihre Augen nicht auf überborden-de Regale und überfüllte Abfallkörbe blicken müssen. Wenn am Morgen ein aufgeräumter Arbeitsplatz auf Sie wartet, werden Sie schwungvoller beginnen. Öffnen Sie kurz das Fenster, machen Sie einige bewusste Atemzüge, lächeln Sie, und beginnen Sie danach mit Ihrer sinnvollen Tätigkeit.

Schluss mit Jammern

Wenn Sie Mühe haben, Ihre Arbeit als sinnvoll zu betrachten, dann ist es nicht zuletzt ratsam, das eigene Verhalten am Arbeitsplatz unter die Lupe zu nehmen.

Es gibt ein Verhalten, das eine sinnvolle Verbindung zu Ihrem Beruf, Ihrer Arbeit und damit zu Ihrer Lebensfreude erschwert. Das Mentaltraining bietet wirksame Werkzeuge für Verhaltensänderungen. Doch zuerst beherzigen Sie diese beiden wichtigen Aspekte:

› Stellen Sie das Jammern und Beklagen ein. Zugegeben, manchmal tut es so richtig gut, sich zu beschweren, vor allem dann, wenn es bezüglich Ihrer Tätigkeit einen echten Anlass zur Beschwerde gegeben hat. Dann erscheinen das Jammern und das Sich-Beklagen so richtig sinnvoll. Ist es aber nicht, denn es zerstört Ihre echte Beziehung zu Ihrer Arbeit.

   Das Schimpfen raubt Ihrer Arbeit den Sinn. Bevor Sie sich das nächste Mal beschweren, prüfen Sie einmal, ob etwas wirklich Wichtiges vorliegt, oder ob Sie inzwischen gewohnheitsmäßig negative Gefühle mit ihrer Arbeit verbinden.

› Meiden Sie die »Klatsch-und-Tratsch-Zirkel«, in denen bei einer Tasse Kaffee über die »schrecklichen« Verhältnisse gelästert wird. Wenn das Mitjammern zu Ihrer Gewohnheit geworden ist, wird Sinnlosigkeit zu Ihrem ständigen Begleiter. Dann stimmt Ihr Fokus nicht mehr. Erinnern Sie sich daran: Worauf Sie sich konzentrieren, das ziehen Sie vermehrt in Ihr Leben.

Legen Sie für eine kurze Zeit das Buch beiseite. Schließen Sie Ihre Augen, und vergegenwärtigen Sie sich eine Situation am Arbeitsplatz, mit der Sie nicht einverstanden waren, und in der Sie sich gehörig beschwerten.

ÜBUNG

Wie fühlten Sie sich danach? Wie gehen Sie gewohnheitsmäßig mit Negativem am Arbeitsplatz um? Sehen Sie eine Möglichkeit, den Blickwinkel zu verändern?

Vielleicht sind Sie noch nicht so geübt mit dem Wechsel des Blickwinkels. Das lässt sich trainieren, indem Sie in widrigen Situationen bewusst positive Aspekte suchen.

Stellen Sie sich folgende Situationen vor:

› Sie verlieren heute Ihren Job. Suchen Sie 10 positive Aspekte.
› Sie werden ins Gefängnis gesteckt. Suchen Sie 10 positive Aspekte.
› Ihr Haus ist abgebrannt. Suchen Sie 10 positive Aspekte.

Wahrscheinlich werden Sie am Anfang nicht viele positive Aspekte finden. Doch üben Sie, Sie werden Spaß daran bekommen, und als zusätzliche Belohnung werden Sie lebensfreudiger.

Tun, was man gerne tut

Vielleicht haben Sie trotz andauernder Suche nach dem Sinn in Ihrer Arbeit noch keine Ergebnisse erzielt. Dann stellen Sie sich die Frage: »Liebe ich meinen Beruf? Tue ich das, was ich am liebsten tue?«

Klarheit verschafft Ihnen auch die Antwort auf folgende Frage: »Würde ich meinen Job auch dann tun, wenn ich die kommenden 3 Monate keinen Lohn dafür bekäme?« Heißt Ihre Antwort »Nein«, sollten Sie sich nach etwas anderem umsehen.

Letztendlich sind Sie frei, eine andere Arbeitsstelle zu suchen oder den Beruf generell zu wechseln.

Alle erfolgreichen Menschen haben etwas gemeinsam: Sie lieben ihre Arbeit. Legen Sie für einen Moment das Buch auf die Seite, schließen Sie die Augen und sagen Sie: »Ich liebe meine Arbeit, ich liebe meine Arbeit, ich liebe meine Arbeit.«

Ist das möglich, oder haben Sie ein fremdes Gefühl dabei? Ihre große Verantwortung besteht darin, herauszufinden, was Sie wirklich zu tun lieben.

Träumen Sie nun: Wie stellen Sie sich einen Beruf vor, in dem Sie wirklich gerne arbeiten würden? Diese Antwort kann die entscheidende Wende zu einem kraftvollen Leben bringen.

Der Sinn im Hier und Jetzt

Es ist sehr überflüssig und nervenaufreibend, wenn Sie sich von nun an ständig beobachten und pedantisch Buch darüber führen, ob das, was Sie jetzt gerade tun, sinnvoll ist oder nicht. Dadurch lenken Sie Ihre Gedanken buchstäblich von Ihrem Tun weg.

Seien Sie einfach im gegenwärtigen Augenblick ganz da. Achtsamkeit ist die direkte Verbindung zum Sinn des Lebens.

Der Sinn des Lebens ist das Leben selbst, und zwar in jedem einzelnen Moment. Es geht primär um die Frage *wie* Sie es erleben, und erst dann fragen Sie, *was* Sie erleben.

Wie = Sie suchen die richtige Perspektive.
Was = Sie prüfen, ob das Tun Ihren Werten und Ihrer Berufung entspricht, ansonsten verändern Sie etwas.

Verhalten Sie sich wie der Wanderer, der zu einem Berggipfel unterwegs ist. Sein Weg ist mühsam und steinig. Gelegentlich – aber nicht zu oft – schaut er zum Gipfel, um sich anschließend wieder ganz dem Weg zu widmen. Er will sich auf jeden einzelnen Schritt konzentrieren.

Selbstverständlich treibt ihn das Ziel voran, die Bergspitze zu erreichen. Es verleiht Richtung, Sinn und Durchhaltewillen. Doch nur wenn jeder Schritt als sinnvoll erlebt wird, wird der Weg – so mühsam er auch sein mag – bereitwillig und mit Freude gegangen.

Ein Zen-Schüler fragte seinen Meister: »Was ist das Wichtigste im Leben?«
»Aufmerksamkeit«, erwiderte der Meister.
»Vielen Dank«, sagte der Schüler. »Aber kannst du mir auch das Zweitwichtigste verraten?«
Und der Meister antwortete: »Aufmerksamkeit«.

Das
TÄGLICHE
Training

WIR SIND AM ENDE DES BUCHES ANGEKOMMEN

Möglicherweise bedeutet dieses Ende für Sie den Anfang. Der Anfang eines Weges, der Sie einem erfüllten Leben näherbringt. An dieser Stelle warne ich Sie. Hüten Sie sich vor einer Täuschung: Nehmen Sie es sich nicht zum Ziel, *immer* gut drauf zu sein, *immer* gelassen zu bleiben, *immer* motiviert zu sein, *immer* an allen Dingen Freude zu haben. Es wird *immer* Situationen geben, in denen Sie Ihren erwünschten Idealzustand nicht erreichen werden. Das ist gut so. Diese Erfahrung der Grauzone macht Sie erst menschlich.

Hierzu gebe ich Ihnen ein Bild. Sie besäßen ein Stück Land. Sorgfältig sortieren Sie die Saat aus, bereiten den Acker vor, säen aus und schauen täglich, ob die Saat keimt, sprießt und gedeiht. Immer wieder kommt da und dort Unkraut hervor. Ziehen Sie es heraus, ohne große Aufruhr, ohne Beachtung, ganz nebenbei.

Im Folgenden erhalten Sie Trainingsvorschläge, um sich Schritt für Schritt zu verändern, in Ihrer Entwicklung vorwärtszukommen und dadurch erfolgreicher zu werden. Genießen Sie jede noch so kleine Veränderung, genießen Sie den Weg, Ihre täglichen Übungen. Schauen Sie auf Ihre Fortschritte, und freuen Sie sich über diese. Akzeptieren Sie großzügig Ihre Rückschläge. Sprechen Sie mit sich selbst, wie eine gutmütige und verständnisvolle Mutter es tut.

Alles, was Sie jetzt noch brauchen, sind

› ein Rotstift: Sie markieren in den einzelnen Teilen des Buches diejenigen Übungen, mit denen Sie noch heute beginnen.
› ein Tagebuch: In dieses schreiben Sie möglichst jeden Tag, was Ihnen gut gelungen ist. Halten Sie jeden noch so kleinen Fortschritt fest.
› Zeit und Geduld mit sich selbst: Sie sind dabei, jahrzehntelange Denkgewohnheiten zu durchbrechen und umzulernen. Erlauben Sie sich, dafür Zeit zu brauchen.

Wissen Sie, wer Sie sind?

Stürzen Sie sich nicht blindlinks in Übungen. Sie können keinen Soll-Zustand an-
streben, wenn Sie Ihren Ist-Zustand nicht kennen. Tun Sie also den ersten Schritt:
Beobachten Sie sich in nächster Zeit, und machen Sie einen Selbstcheck: Wer sind
Sie? Führen Sie diesen Selbstcheck schriftlich durch – das ist sehr wichtig.
Machen Sie sich zuerst Gedanken über Ihre Persönlichkeit. Dazu kann Ihnen eine
Skala von 0 bis 10 behilflich sein. Diese Methode ist sehr konventionell, jedoch
absolut klar und aufschlussreich. Definieren Sie Ihre Persönlichkeit anhand Ihrer
Wesensmerkmale. Untereinander schreiben Sie Eigenschaften auf wie:

> Standhaftigkeit
> Selbstsicherheit
> Beeinflussbarkeit
> Optimismus
> Durchhaltevermögen
> Ängstlichkeit
> Lebensmut

Ergänzen Sie mit eigenen Ideen, und geben Sie
sich zu jeder Eigenschaft eine Punktzahl. 0 steht
für wankelmütig, unzufrieden, pessimistisch,
beeinflussbar, unsicher, ängstlich, geringes
Durchhaltevermögen …, und 10 steht für absolut selbstsicher, optimistisch, unternehmungs-
freudig, lebensmutig, robust, widerstandsfähig,
Durchhaltevermögen …

In welchem Bereich liegt Ihr absoluter
Schwachpunkt? Daraus leiten Sie ab: Wovon möchte ich mehr?

Nun beobachten Sie Ihre Reaktion auf Stress und Widrigkeiten. Können Sie Stress
und Enttäuschungen gut verkraften und eine positive mentale Haltung beibehal-
ten? Ist es Ihre innere Unruhe, die Sie daran hindert, längere Zeit konzentriert bei
einer Sache zu bleiben? Denken Sie in schwierigen Situationen: »Was will mir diese schwierige Situation sagen, was lerne ich daraus?« Oder jammern Sie: »Warum
muss gerade mir das passieren?«

Wie ist Ihre Reaktion auf andere Menschen? Können Sie über einen längeren Zeitraum mit anderen Menschen auskommen ohne sie zu kritisieren, zu beurteilen oder zu bewerten? Sind Sie bereit, anderen Menschen zu verzeihen? Sind Sie eine sehr nachtragende Persönlichkeit, so ist das innere Loslassen Ihr Übungsfeld.

Wie sieht es mit Ihrem Job aus: Ist Ihr Beruf Ihre Berufung? Prüfen Sie diesen Punkt sehr sorgfältig. Ist das, was Sie tun, auch wirklich das, was Sie erfüllt – Ihre Lebensaufgabe?

Auf diese Weise tasten Sie jeden Bereich Ihres Lebens ab. Denken Sie über Ihre Partnerschaft nach, über Ihre Gesundheit, über Ihre finanzielle Situation. Ziehen Sie aus Ihren Beobachtungen Schlüsse: Das muss weg. – Das muss sich ändern. – Davon will ich mehr.

Schreiben Sie Ihr Veränderungsziel auf. Wohin soll Ihr Weg führen? Wählen Sie sorgfältig Ihre Formulierung, bis Sie voller Überzeugung sagen können: »Das ist es. So will ich es haben.« Lassen Sie sich auch hier Zeit. Durch das Beantworten dieser Fragen schaffen Sie ein Gesamtbild Ihrer Persönlichkeit und Ihrer Situation, Sie bewegen Energien, Sie bewegen sich in Richtung Erfolg, Ihres ganzheitlichen Erfolgs. Im Kapitel *Die richtige Formulierung der Ziele* (siehe S. 69) können Sie nachlesen, wie Sie Ihr Ziel am besten benennen.

Nun haben Sie mein Buch praktisch zu Ende gelesen und Ihr Veränderungsziel formuliert. Trotzdem stehen Sie am Anfang. Am Anfang steht immer eine Entscheidung. Sie müssen sich entscheiden. Jetzt. Hier. Überlegen Sie nicht lange: Ihr Leben ist Ihnen zu eng geworden, sonst würden Sie dieses Buch nicht in Ihren Händen halten.

Sagen Sie laut und mit fester Stimme: »Ich bin fest entschlossen, mein Ziel zu erreichen.«

Jetzt schreiben Sie diesen Satz auf, setzen Sie ein Datum darunter und Ihre Unterschrift. Es gibt kein Zurück mehr.

Hinein in die tägliche Übung!

Ihr tägliches Training

Ihr tägliches Training erfolgt nach folgendem Grundschema: sich entspannen – neue Kräfte schöpfen – Ihr Leben gestalten.

Üben Sie möglichst immer zur gleichen Tageszeit, so wird das Training zur Gewohnheit. Am Morgen als entspannter und bewusster Einstieg in den Tag. Am Abend als reinigender und bewusster Abschluss.

Lassen Sie das Training nie aus, denn nur stete Wiederholung bringt Resultate. Nach drei Wochen gehört das Training zu Ihrem Leben wie selbstverständlich dazu, und Sie werden es nicht mehr missen wollen. Nach 3 Wochen wird aus Ihrem Training eine Gewohnheit.

Einstieg in das Mentaltraining

Wenn Mentaltraining für Sie noch Neuland ist, praktizieren Sie zuerst diese Übungen. Auch für »trainierte Füchse« stellen sie eine gute Möglichkeit dar, die elementaren Methoden des Mentaltrainings aufzufrischen. Alle folgenden Übungen wurden in diesem Buch beschrieben.

Atemübung (am Morgen):
› Schauen Sie in den Spiegel, und sagen Sie laut: »Ich bin begeistert!«
› Danach: Einfache Atemübung
› Verlängern Sie den Ausatem

Beobachten Sie Ihre Gedanken (immer wieder den ganzen Tag über):
› STOPP-Übung
› Gedankenwolken

ÜBUNG

Beobachten Sie Ihre Selbstgespräche (immer wieder den ganzen Tag über):
› Formulieren Sie eine unterstützende Affirmation, sprechen Sie diese am Morgen nach der Atemübung und am Abend vor dem Einschlafen. Innerlich wiederholen Sie diese mehrmals täglich.

Arbeiten Sie an Ihrem Veränderungsziel:
› Schreiben Sie das Ziel nach der beschriebenen Methode auf.
› Kreieren Sie einen inneren Film.
› Nehmen Sie sich morgens und abends je 10 Minuten Zeit, und visualisieren Sie diesen Film.

Arbeiten Sie an Ihrer Selbstsicherheit (von nun an und für immer):
› Prüfen Sie Ihre Körperhaltung.
› Prüfen Sie Ihren äußeren Dialog: Sprechen Sie aufbauend, oder verbreiten Sie Negativnachrichten?
› Formulieren Sie eine Affirmation für Selbstsicherheit

Beobachten Sie Ihre Gefühle (immer wieder den ganzen Tag über):
› Ärgerliche Situationen bewusst benennen
› Ärgerliche Situationen in Gedanken umerleben

Seien Sie dankbar:
› Machen Sie sich täglich bewusst, wofür Sie dankbar sind.
› Führen Sie ein Dankbarkeitstagebuch. Damit richten Sie Ihre Aufmerksamkeit auf das, was gut war und vermehren es dadurch.

Vertrauen Sie:
› Sie haben alles getan, was zu tun ist. Im Vertrauen, dass alles zu Ihrem Besten geschieht, widmen Sie sich glücklich, selbstsicher und zielbewusst Ihrem täglichen Leben.

Erweiterte Übungen

Sie sind sicherer geworden. Die Atemübungen laufen wie von selbst, das Visualisieren fällt Ihnen schon leichter. Jetzt geht es darum, Ihren Kontakt zum Unterbewusstsein zu intensivieren und bewusst zu pflegen. Es folgen ergänzende und vertiefende Übungen.

Atemübung:
› Ergänzen Sie Ihre Atemübung durch die Energieatmung, die Sie auf ein höheres Energieniveau bringt.

Vertiefte Arbeit an Ihrem Veränderungsziel:
› Bevor Sie Ihr Ziel visualisieren, nehmen Sie sich Zeit für eine tiefe Körperentspannung.
› Meditieren Sie an Ihrem Kraftort, und visualisieren Sie Ihr Ziel.

Wenn innere Unruhe Sie quält

Beachten Sie den Teil *Mit Ruhe und Gelassenheit zu Leichtigkeit und Erfolg* (siehe S. 119). Folgende Übungen werden Ihnen helfen:

› Alle Atemübungen
› Sensibilisierung der Wahrnehmung
› Beobachten der eigenen Gedanken
› Beobachten der eigenen Gefühle
› Achtsamkeitstraining im Alltag

SCHLUSSWORT

Sie haben durchgehalten. Mutig sind Sie bereits an die Umsetzung gegangen und haben Mentaltraining zu einem Bestandteil Ihres Lebens gemacht. Ich freue mich für Sie und mit Ihnen!

Alles, was Sie in diesem Buch gelesen haben, hat Ihnen die Gesetzmäßigkeiten des Mentaltrainings ins Bewusstsein gebracht. Sie haben gelernt, mit Ihrem Unterbewusstsein zu sprechen. Das Allerwichtigste haben Sie erkannt: Sie gestalten von nun an Ihr Leben selbst. Vielleicht wehren Sie sich innerlich noch dagegen, sind noch nicht bereit dazu und möchten lieber, dass alles so bleibt, wie es ist. Warten Sie nicht zu lange. Übernehmen Sie Verantwortung, denn die Erkenntnis, dass Sie für Ihr Leben selbst verantwortlich sind, haben Sie unmissverständlich gewonnen, da kommen Sie nicht mehr drum herum. Sie wissen es jetzt.

Praktizieren Sie Wertschätzung, bestärken und ermutigen Sie sich selbst und andere. Statt zu grübeln, was genau falsch läuft, richten Sie Ihre Aufmerksamkeit auf die Fragen: »Was läuft bereits gut? Was bereitet mir Freude?«

Beziehen Sie Mentaltraining in Ihren Alltag mit ein, jetzt, hier, sofort und unaufhörlich. Sie halten dafür das richtige Buch in den Händen. Durch Mentaltraining setzen Sie jene Kräfte frei, die Ihr Leben in ganz neue Bahnen lenken werden. Und das sehr schnell. Sie können sich nicht verirren, auch wenn es manchmal so aussehen kann.

Sie befinden sich auf dem Weg, ganz zu werden. Denken Sie daran, jeden Schritt dieser Reise zu genießen. Gehen Sie daher jeden Schritt sanft und nachsichtig. Freuen Sie sich über jeden Augenblick. Sie haben nur diesen.

Ihre
Marjeta Gurtner

Gerne können Sie Kontakt zu mir aufnehmen

Wenn Sie mir von Ihren Veränderungen erzählen möchten, wenn Sie mir Feedback geben wollen, ich freue mich sehr darüber. Falls Sie alleine nicht mehr weiterwissen, unterstütze und begleite ich Sie gerne mit Einzeltraining.

Marjeta Gurtner
Ganzheitliches Mentaltraining
direct@mg-erfolg.ch
www.mg-erfolg.ch

Auf meiner Website www.mg-erfolg.ch finden Sie ausführliche Informationen zu meinen Seminaren.

Marjeta Gurtner

ist diplomierte Mentaltrainerin nach Kurt Tepperwein. Neben ihrer Arbeit als selbstständige Beraterin, Seminarleiterin und Dozentin ist sie Reiki-Meisterin nach Dr. Mikao Usui und arbeitet als Mentaltrainerin für Schüler und Studenten an der Privatschule Olten sowie der Informatikschule Olten.

In ihrer Arbeit verknüpft sie verschiedene mentale Ansätze zu einer ganzheitlichen Methode, die sie in Vorträgen, Seminaren sowie in ihrer eigenen Akademie weitergibt.

Die GMMG Akademie (Ganzheitliches Mentaltraining Marjeta Gurtner) bietet die professionelle Ausbildung zum Dipl. Mentaltrainer an.

Von Grund auf lernen die Klienten von Marjeta Gurtner hier das ganzheitliche Mentaltraining. Am Anfang steht ein gezieltes Selbstmanagement, danach die Ausbildung zu einer Trainerpersönlichkeit.

ÜBUNGSVERZEICHNIS

LITERATUR

Birkenbihl, Vera F.: Freude durch Stress, München 2013.

Brown, Brené: Die Gaben der Unvollkommenheit, Bielefeld 2014.

Burns, David D.: Feeling Good. Depressionen überwinden. Selbstachtung gewinnen, Paderborn 2011.

Christiani, Alexander: Weck den Sieger in dir! In 7 Schritten zu dauerhafter Selbstmotivation, Wiesbaden 2000.

Coué, Emile: Autosuggestion. Wie man die Herrschaft über sich selbst gewinnt. Die Kraft der Selbstbeeinflussung durch positives Denken, Zürich 1997.

Coué, Emile, Mentaltraining und Autosuggestion. Das Unbewußte in uns selbst und wie wir lernen, es sinnvoll zu nutzen, Zürich 1998.

Dilts, Robert B.; Kierdorf, Theo: Die Magie der Sprache. Sleight of Mouth. Angewandtes NLP, Paderborn 2001.

Dilts, Robert B.: Die Veränderung der Glaubenssysteme. NLP Glaubensarbeit, Paderborn 2010.

Felser, Georg: Selbstmotivation. Mit Energie und Tatkraft zum Erfolg, Berlin 2012.

Franckh, Pierre: Das Gesetz der Resonanz, München 2012

Freitag, Erhard F.; Zacharias, Carna: Die Macht Ihrer Gedanken. Das Praxisbuch zur Kraftzentrale Unterbewusstsein, München 1986.

Gawain, Shakti: Stell dir vor. Kreativ visualisieren, Reinbeck bei Hamburg 1986.

Grün, Anselm: Dem Alltag eine Seele geben, Freiburg im Breisgau 2003.

Grün, Anselm: Herzensruhe. In Einklang mit sich selber sein, Freiburg im Breisgau 1998.

Hamann, Brigitte: Wie Sie Ihre Selbstheilungskräfte aktivieren. Das Geheimnis von Gesundheit, Vitalität und Glück, Rottenburg 2012.

Horie, Hildegard; Horie, Michiaki: Wenn Gedanken Mächte werden. Vom Ausstieg aus dem alten Denken, Wuppertal 1989.

Hull, Raymond: Alles ist erreichbar. Erfolg kann man lernen, Reinbek bei Hamburg 1973.

King, Serge Kahili: Ihr Körper glaubt, was Sie ihm sagen, Bielefeld 2013.

Krotoschin, Henry: Huna Praxis. Bewusste Lenkung des Schicksals, Darmstadt 2012.

Kuby, Clemens: Heilung. Das Wunder in uns. Selbstheilungsprozesse entdecken, Pössneck 2010.

Lukas, Elisabeth: Der Seele Heimat ist der Sinn, Logotherapie in Gleichnissen von Viktor E. Frankl, München 2011.

Metzig, Werner; Schuster, Martin: Prüfungsangst und Lampenfieber. Verhaltenstipps für Prüfungssituationen. Fundiert und leicht anwendbar. Weniger Prüfungsangst – bessere Ergebnisse!, Köln 2009.

Millman, Dan: Die universellen Lebensgesetze des friedvollen Kriegers, München 2014.

Moestl, Bernhard: Shaolin. Du musst nicht kämpfen, um zu siegen! Mit der Kraft des Denkens zu Ruhe, Klarheit und innerer Stärke, München 2010.

Murphy, Joseph: Die Macht Ihres Unterbewusstseins, Pössneck 2011.

Nhat Hanh, Thich: Ich pflanze ein Lächeln. Der Weg der Achtsamkeit, München 1992.

Nhat Hanh, Thich: Schritte der Achtsamkeit. Eine Reise an den Ursprung des Buddhismus, Freiburg im Breisgau 1998.

Oesterle, Mark: Gedanken werden Dinge, BOD 2015.

Pattakos, Alex: Gefangene unserer Gedanken. Viktor Frankls 7 Prinzipien, die Leben und Arbeit Sinn geben, Wien 2011.

Pizzecco, Toni: Optimismus-Training, München 2007.

Robbins, Anthony: Das Prinzip des geistigen Erfolgs. Der Schlüssel zum Power-Programm, Berlin 2004.

Schäfer, Bodo: Die Gesetze der Gewinner. Erfolg und ein erfülltes Leben, Frankfurt am Main 2003.

Schröder, Jörg-Peter: Burnout keine Chance – Übungen für effizientes Präventionstraining, Berlin 2012.

Seligmann, Martin E. P.: Der Glücksfaktor. Warum Optimisten länger leben, Ulm 2003.

Seligmann, Martin E. P.. Erlernte Hilflosigkeit, Weinheim 1992.

Sterr, Christian: Mentaltraining im Sport. Bessere Leistung bei Training und Wettkampf, Hamburg 2007.

Stoop, David: Der Perfektionist in mir. Mut zu einem zufriedeneren Leben, Marburg an der Lahn 1993.

Tepperwein, Kurt: 1001 Schlüssel zum Glück, Ulm 2005.

Tepperwein, Kurt: Die geistigen Gesetze. Erkennen, verstehen, integrieren, Pössneck 2002.

Tepperwein, Kurt: Kraftquelle Mentaltraining. Eine umfassende Methode, das Leben selbst zu gestalten, Pössneck 1993.

Tepperwein, Kurt: Wunder vollbringen durch schöpferische Imagination. Mentaltraining in Aktion, Berlin 2003.

Tracy, Brian: Das Maximum-Prinzip, Frankfurt am Main 2003.

Tracy, Brian, Thinking Big. Von der Vision zum Erfolg, Bremen 2004.

Tracy, Brian; Scheelen, Frank M.: Personal Leadership, 24 Bausteine für persönlichen Erfolg und Spitzenleistung im Team, Frankfurt am Main 2005.

Williams, Arthur L.: Das Prinzip Gewinnen. Tun sie alles, was Sie tun können, und Sie werden alles erreichen!, Heidelberg 2006.

BILDNACHWEIS

Viele Wege führen zum Erfolg ...

Alexandra Herzog-Windeck
Das sprechende Unternehmen
Wie Sie Ihr Unterbewusstsein für
Ihren Geschäftserfolg nutzen
224 Seiten
ISBN: 978-3-8434-1160-8

Im Business-Alltag sind unentwegt Entscheidungen zu treffen: Welche Ziele sollen erreicht werden? Was will die Zielgruppe wirklich? Passt die Werbung zum Unternehmen? Die Marketingspezialistin und erfahrene Aufstellungsleiterin Alexandra Herzog-Windeck zeigt Ihnen, wie Sie diesen Elementen eine Stimme verleihen - und dadurch sicherer und unabhängiger entscheiden. Kommen Sie effektiver voran mit Kopf-Wissen und Bauch-Gefühl!

Christof Steinhauser
Du wirst nicht älter, sondern besser
Das Geheimnis der Junggebliebenen –
E in einzigartiges mentales und
spirituelles Anti-Aging-Programm
144 Seiten
ISBN: 978-3-8434-1288-9

Ewig jung und schön bleiben, Lebensglück bis ins hohe Alter – wer wünscht sich das nicht? Unzählige Pflegeprodukte, Vitalstoffpräparate oder ästhetische Chirurgie versprechen hier Lösungen. Dabei beginnt Anti-Aging im Kopf – mit der richtigen mentalen Einstellung. Erfahren Sie, wie Sie sich mit einfachen täglichen Übungen innerhalb von acht Wochen auf geistige Jugend, körperliche und seelische Gesundheit, Lebensfreude und Erfolg ausrichten können.

Schirner
Verlag

Su Rihs
Erfolgsessenz
56 Botschaften zur Selbstreflexion
für ein profitables Unternehmen von
morgen
56 Karten mit Anleitung
ISBN: 978-3-8434-9084-9

Erfolg fliegt uns nicht einfach zu,
sondern ist etwas, was wir uns aktiv
erarbeiten können – und zwar mit den
Karten von Su Rihs. Die Grafikdesigne-
rin und Unternehmerin hat erkannt,
dass alle erfolgreichen Menschen eines
miteinander verbindet: die »Erfolgs-
essenz«. Diese hat sie mithilfe einer
Kombination aus klaren Botschaften
und kraftvollen Energiebildern nun
erfahrbar gemacht.
So können Sie sich selbst und Ihr
Unternehmen auf Erfolgskurs bringen
– und diesen langfristig halten.

Petra Schwermer-Brokopp
Mediales Hypnocoaching
Der Weg in die eigene Stärke
144 Seiten
ISBN: 978-3-8434-1293-3

Wir alle möchten ein selbstbestimm-
tes Leben führen, das uns Freude und
Erfüllung bietet. Wir sabotieren uns
jedoch unbemerkt selbst, weil unser
Unbewusstes fortwährend alte Pläne
verfolgt … Petra Schwermer-Brokopp
zeigt uns, warum wir so ticken, wie
wir ticken. Mit dem von ihr entwickel-
ten Medialen HypnoCoaching®, das
Gedankenfokussierung, Hypnose und
Coaching in sich vereint, können wir
leicht unseren Alltag entsprechend
unseren Wünschen gestalten: